LOMBARDO LUCIANO
2006

**L'assurance de personnes et l'assurance sociale –
Notions de base**

Association pour la formation professionnelle en assurances

L'assurance de personnes et l'assurance sociale – Notions de base

VERLAG:SKV

Commission de rédaction
Blattmann Alexandra, CREDIT SUISSE
Geltner Silvia, CREDIT SUISSE
Lera Marco, AXA
Marte Erich, Allianz Suisse
Pavlovic Vesna, Allianz Suisse
Pordenon Luigi, Bâloise
Schmidt Pius, Swiss Life
Zangger Gerhard, La Suisse

Rédacteur
Gery Aeschlimann

Traduction
Marguerite Abriel

Direction du projet
Stephan Kessler, AFA

Direction de la production
Peter Heim, Verlag SKV, Zurich

Editrice
Association pour la formation
professionnelle en assurances AFA
www.vov.ch

1re édition 2004

ISBN 3-286-33861-3

Verlag SKV, Zurich
www.verlagskv.ch

© 2003 Association pour la formation
professionnelle en assurances AFA

Tous droits réservés.
La reproduction de cet ouvrage, même partielle
et sous quelque forme que ce soit,
est interdite sans l'autorisation de l'AFA.

Avant-propos

La sécurité sociale joue un rôle essentiel dans la vie de notre pays. Depuis le milieu du XXe siècle, le réseau des assurances sociales s'est constamment densifié. Il a mission de garantir une base d'existence à la personne tombée dans le besoin par suite d'invalidité, de décès ou de vieillesse.

En Suisse, le système de sécurité sociale repose sur le concept des trois piliers ancré depuis 1972 dans la Constitution fédérale et qui a valeur de modèle sur le plan international.

Le besoin de protection personnelle et de prévoyance accompagne l'être humain tout au long de sa vie: naissance, majorité, mariage, famille, réorientation professionnelle, construction de sa maison, passage à la retraite sont des étapes dans lesquelles il devient nécessaire de réfléchir à sa situation de prévoyance.

En raison précisément de la portée de cette réflexion à long terme, on attend des professionnels de la banque et de l'assurance des connaissances approfondies en matière d'assurances sociales et de solutions de prévoyance privées, vaste domaine qui entre obligatoirement dans la formation de tout conseiller, qu'il soit spécialiste de la banque, des assurances ou de la planification financière. Car le marché exige la qualité.

Ce manuel spécialisé présente sous une forme concise l'ensemble du secteur des assurances de personnes et des assurances sociales. Synthèse de l'essentiel, il se veut l'outil d'une activité de conseil approfondi. Un autre objectif de cet ouvrage de base était de présenter les aspects complexes de la sécurité sociale de manière aussi pratique et lisible que possible.

Ce livre servira d'une part à l'étude de la branche *Bases des assurances de personnes et de l'assurance sociale* et d'autre part à la préparation des examens pour le brevet fédéral dans les services financiers. Il sera utile aussi à quiconque souhaite s'informer et acquérir des connaissances de base sur les assurances de personnes et les assurances sociales.

La structure uniforme des chapitres facilite la consultation. La liste d'ouvrages de référence figurant en annexe est une aide à la recherche d'informations complémentaires. Graphiques, illustrations et tableaux visualisent les notions et leurs corrélations. Une liste des mots-clés et une bibliographie permettent de trouver rapidement des thèmes particuliers.

Par souci de lisibilité, les auteurs ont adopté dans la désignation des personnes le genre masculin qui, naturellement, inclut les deux sexes. Un ouvrage de ce genre ne pourra jamais être à la pointe de l'actualité: les lois changent, de nouveaux textes s'ajoutent. La date de référence est le 1er janvier 2003. Toutes les modifications légales ont été prises en compte jusqu'à cette date, notamment la *Loi fédérale sur la partie générale du droit des assurances sociales (LPGA)*.

Le groupe de projet institué par l'AFA, auquel on doit la sortie de cet ouvrage, était composé de spécialistes de l'assurance, de la banque et du Bureau de médiation de l'assurance-maladie sociale. Tous ces spécialistes mettent aussi à disposition leur vaste expérience professionnelle comme enseignants et/ou experts aux examens professionnels et supérieurs. Ils ont rédigé les manuscrits, revu les textes du rédacteur quant à leur pertinence spécifique aux branches et leur concordance avec la pratique, fourni des exemples, bref contribué de manière décisive à la réussite du projet, par un travail intensif et un sens critique aigu.

L'AFA remercie de leur collaboration et de leur engagement: Alexandra Blattmann (CREDIT SUISSE), Silvia Geltner (CREDIT SUISSE), Marco Lera (AXA Assurances), Rudolf Luginbühl (Bureau de médiation de l'assurance maladie sociale), Erich Marte (Allianz Suisse), Vesna Pavlovic (Allianz Suisse), Luigi Pordenon (Bâloise), Pius Schmidt (Swisslife) et Gerhard Zangger (La Suisse); sans oublier le rédacteur Gery Aeschlimann qui a élaboré et mis en forme les textes à partir de documents isolés, remanié les manuscrits et veillé à l'unicité de la langue dans l'ensemble de l'œuvre.

L'AFA ne doute pas de l'intérêt que devrait rencontrer cette publication. Sachant que tout projet, aussi soigneusement élaboré qu'il soit, comporte immanquablement des lacunes et un potentiel de perfectionnement, elle accueillera avec reconnaissance les réactions, critiques et propositions d'amélioration des lectrices et lecteurs.

Berne, février 2004

L'assurance de personnes et l'assurance sociale – Notions de base

Table des matières générale

	Avant-propos	5
	Liste des abréviations	20
1	Concept des trois piliers	25
2	AVS/AI	39
3	ACI – Assurance-chômage	73
4	LAA – Loi sur l'assurance-accidents	95
5	Assurance-accidents privée	117
6	LPP	131
7	Assurance-vie	167
8	LAMal	201
9	IJM – Assurance d'indemnités journalières maladie	225
10	Coordination dans l'assurance sociale	241
	Annexe	263

Tables des matières

	Avant-propos	**5**
	Liste des abréviations	**20**
1	**Concept des trois piliers**	**25**
1.1	**Fondement**	**26**
	1.1.1 Historique	26
	1.1.2 But	28
	1.1.3 Objectifs	28
1.2	**Bases légales**	**29**
1.3	**Les assurances sociales en résumé**	**31**
	1.3.1 Les branches des assurances sociales	31
1.4	**Les assurances privées en résumé**	**32**
	1.4.1 Classification selon le risque assuré	32
	1.4.2 Classification selon la prestation assurée	32
	1.4.3 Statut juridique de l'assureur	32
	1.4.4 Appartenance de l'objet du risque assuré	33
	1.4.5 Nombre de risques assurés	33
	1.4.6 Caractère facultatif ou obligatoire	33
1.5	**Caractéristiques et différences essentielles**	**34**
	1.5.1 Principales caractéristiques des assurances sociales	34
	1.5.2 Méthodes de financement	34
	1.5.2.1 Répartition des dépenses	34
	1.5.2.2 Capitalisation	35
	1.5.2.3 Répartition de la valeur des rentes	35
	1.5.2.4 Méthode de la couverture des besoins	35
	1.5.3 Principales caractéristiques des assurances privées	35
	1.5.4 Différences entre assurance sociale et assurance privée	36

2	**AVS/AI**		**39**
2.1	Fondement		40
	2.1.1	Historique	40
	2.1.2	But	40
2.2	Bases légales		42
2.3	Organisation de l'AVS/AI		44
2.4	Personnes assurées		47
	2.4.1	Assurance obligatoire	47
	2.4.2	Assurance facultative	47
	2.4.3	Personnes non assurées	48
2.5	Début et fin de l'assurance		49
	2.5.1	Début	49
	2.5.2	Fin	49
2.6	Financement		50
	2.6.1	Obligation de cotiser	51
	2.6.2	Définition du salaire AVS – Salariés	52
	2.6.2.1	Eléments du salaire déterminant	52
	2.6.3	Définition du salaire AVS – Indépendants	52
	2.6.3.1	Notion	52
	2.6.3.2	Détermination du revenu	52
	2.6.4	Montant des cotisations	53
	2.6.4.1	Salarié et employeur	53
	2.6.4.2	Assurés exerçant une activité indépendante	53
	2.6.4.3	Assurés sans activité lucrative	54
	2.6.4.4	Taux de cotisation de l'assurance facultative	54
	2.6.4.5	Obligation de cotiser des époux	54
2.7	Droit à la rente – conditions		55
	2.7.1	Ressortissants suisses	55
	2.7.1.1	Domicile en Suisse	55
	2.7.1.2	Domicile à l'étranger	55
	2.7.2	Etrangers	55
	2.7.2.1	Domicile en Suisse	55
	2.7.2.2	Domicile à l'étranger	55
	2.7.3	Réfugiés et apatrides	55
	2.7.3.1	Domicile en Suisse	55
2.8	Prestations		56
	2.8.1	Rentes de l'AVS	56
	2.8.1.1	Rentes de vieillesse	56
	2.8.1.2	Rentes de survivants	58
	2.8.2	Allocation pour impotent versée à des rentiers AVS	59
	2.8.3	Moyens auxiliaires de l'AVS	59
	2.8.4	Mesures de réintégration de l'AI	60
	2.8.5	Prestations de l'AI sous forme de rentes	60
	2.8.5.1	Rentes d'invalidité	60
	2.8.5.2	Rentes complémentaires	61

	2.8.5.3	Rentes pour enfants	61
	2.8.5.4	Allocation pour impotent	61
2.8.6		Moyens auxiliaires de l'AI	61
2.8.7		Montant des rentes AVS/AI	62
	2.8.7.1	Bonifications	62
	2.8.7.2	Rente complète et rente partielle	63
	2.8.7.3	Comblement de lacunes dans la durée de cotisation	66
	2.8.7.4	Rente ordinaire et rente extraordinaire	67
2.9	**Procédure**		**68**
2.9.1		Exercice du droit aux prestations AVS	68
2.9.2		Exercice du droit aux prestations de l'AI	68
2.9.3		Contentieux	69
2.9.4		Adaptation au renchérissement	69
2.9.5		Restitution de rentes	69
2.10	**L'AVS/AI en bref**		**70**

3   ACI – Assurance-chômage   73

3.1	**Fondement de l'assurance-chômage**		**74**
3.1.1		Historique	74
3.1.2		But	74
3.2	**Bases légales**		**75**
3.3	**Organisation de l'assurance-chômage**		**76**
3.4	**Personnes assurées**		**77**
3.4.1		Assurance obligatoire	77
3.4.2		Personnes non assurées	77
3.4.3		Assurance facultative	77
3.4.4		Particularité	77
3.5	**Début et fin de la protection d'assurance**		**78**
3.5.1		Début	78
3.5.2		Fin	78
3.6	**Financement**		**78**
3.6.1		Sources de financement	78
3.6.2		Fonds de roulement des caisses	78
3.6.3		Contributions/primes	79
3.7	**Exercice du droit aux prestations – conditions**		**80**
3.7.1		Aide sociale aux chômeurs	80
3.7.2		Indemnité en cas de réduction de l'horaire de travail	81
3.7.3		Indemnité en cas d'intempéries	81
3.7.4		Indemnité en cas d'insolvabilité de l'employeur	82
3.7.5		Mesures relatives au marché du travail	82
3.8	**Prestations**		**83**
3.8.1		Prestations en cas de chômage	83
	3.8.1.1	Délai-cadre	86

	3.8.1.2	Délais d'attente	87
	3.8.1.3	Jours de suspension	88
	3.8.2	Indemnité en cas de réduction de l'horaire de travail	88
	3.8.3	Indemnité en cas d'intempéries	88
	3.8.4	Indemnité en cas d'insolvabilité de l'employeur	88
	3.8.5	Mesures relatives au marché du travail	89
3.9	**Contentieux**		**91**
	3.9.1	Moyens de droit	91
3.10	**L'ACI en bref**		**92**
4	**LAA – Loi sur l'assurance-accidents**		**95**
4.1	**Fondement**		**96**
	4.1.1	Historique	96
	4.1.2	But	96
	4.1.3	Définition de l'accident	98
	4.1.3.1	L'accident et ses conséquences – rapport de causalité	98
	4.1.3.2	Lésion corporelle assimilée aux conséquences d'un accident	98
	4.1.3.3	Accident professionnel	98
	4.1.3.4	Accident non professionnel	98
	4.1.3.5	Maladies professionnelles	99
4.2	**Bases légales**		**101**
4.3	**Organisation**		**102**
4.4	**Personnes assurées**		**103**
	4.4.1	Assurance obligatoire	103
	4.4.1.1	Travailleurs	103
	4.4.1.2	Assurance-accidents des chômeurs	103
	4.4.2	Personnes non assurées	103
	4.4.3	Assurance facultative	103
4.5	**Début et fin de l'assurance**		**104**
	4.5.1	Début	104
	4.5.2	Fin	104
	4.5.2.1	Assurance par convention	104
4.6	**Financement**		**105**
	4.6.1	Primes	105
	4.6.1.1	Accident professionnel	105
	4.6.1.2	Accident non professionnel	105
	4.6.1.3	Montant des primes	105
4.7	**Prestations**		**106**
	4.7.1	Prestations pour soins	106
	4.7.1.1	Traitement médical	106
	4.7.2	Remboursement des frais	107
	4.7.2.1	Moyens auxiliaires	107
	4.7.2.2	Frais de voyage, de transport et de sauvetage	107
	4.7.2.3	Transport du corps et frais funéraires	107

	4.7.3	Prestations en espèces	107
	4.7.3.1	Gain assuré	108
	4.7.3.2	Indemnité journalière LAA	108
	4.7.3.3	Rentes d'invalidité	109
	4.7.3.4	Indemnité pour atteinte à l'intégrité	109
	4.7.3.5	Rentes de survivants	109
	4.7.3.6	Allocation pour impotent	110
	4.7.3.7	Rente complémentaire	110
	4.7.3.8	Adaptation au renchérissement	110
	4.7.4	Réduction des prestations	111
	4.7.4.1	Concours de plusieurs causes de dommage	111
	4.7.4.2	Accident causé par une faute	111
	4.7.4.3	Dangers extraordinaires et entreprises téméraires	112
	4.7.4.4	Violation des obligations	112
	4.7.4.5	Surindemnisation	113
4.8	**Assurances complémentaires LAA**		114
4.9	**La LAA en bref**		115

5 Assurance-accidents privée — 117

5.1	**Fondement**		118
	5.1.1	Historique	118
	5.1.2	But	118
5.2	**Bases légales**		119
5.3	**Organisation**		120
5.4	**Personnes assurées**		120
	5.4.1	Assurance obligatoire	120
	5.4.2	Assurance facultative	120
	5.4.2.1	Assurance accidents individuelle	121
	5.4.2.2	Assurance accidents des enfants	121
	5.4.2.3	Assurance accidents familiale	121
	5.4.2.4	Assurance accidents visiteurs	121
	5.4.2.5	Assurance accidents pour écoliers	121
	5.4.2.6	Assurance accidents pour l'organisation de manifestations	121
	5.4.2.7	Formes particulières d'assurance	121
	5.4.3	Personnes non assurables	122
	5.4.4	Admission dans l'assurance	122
5.5	**Début et fin de l'assurance**		123
	5.5.1	Début	123
	5.5.2	Fin	123
5.6	**Financement**		123
5.7	**Prestations**		125
	5.7.1	Risques assurables	125
	5.7.1.1	Frais médicaux	125
	5.7.1.2	Indemnité journalière d'accident	126

	5.7.1.3	Rente d'invalidité	126
	5.7.1.4	Indemnité journalière d'hospitalisation	126
	5.7.1.5	Capital invalidité	126
	5.7.1.6	Capital décès	127
	5.7.2	Etendue de la couverture	127
5.8	**Différences d'avec la LAA**		**128**
5.9	**L'assurance-accidents privée en bref**		**129**

6 LPP 131

6.1	**Fondement**		**132**
	6.1.1	Historique	132
	6.1.2	But	132
6.2	**Bases légales**		**134**
6.3	**Organisation**		**135**
	6.3.1	Fondation propre à l'entreprise	136
	6.3.2	Fondation collective	137
	6.3.3	Fondation commune	137
	6.3.4	Institution supplétive	138
	6.3.5	Fonds de garantie	138
6.4	**Personnes assurées**		**140**
	6.4.1	Assurance obligatoire	140
	6.4.1.1	Risques assurés	140
	6.4.2	Salariés non soumis à l'assurance obligatoire	141
	6.4.3	Assurance facultative	141
6.5	**Début et fin de la protection d'assurance**		**142**
	6.5.1	Début	142
	6.5.2	Fin	142
	6.5.3	Maintien temporaire de l'assurance	142
6.6	**Financement**		**143**
	6.6.1	Salaire assuré	143
	6.6.2	Bonifications de vieillesse	144
	6.6.3	Primes de risque	145
	6.6.4	Compensation obligatoire du renchérissement sur les prestations de risque	145
	6.6.5	Mesures spéciales	145
	6.6.6	Fonds de garantie	145
	6.6.7	Frais administratifs	145
	6.6.8	Réserves de cotisations de l'employeur	146
	6.6.9	Rachat dans la caisse de pension	146
6.7	**Prévoyance obligatoire, supraobligatoire**		**147**
6.8	**Droit aux prestations**		**149**
	6.8.1	Prestations de vieillesse	149
	6.8.1.1	Rente de vieillesse	149

6.8.1.2	Rente pour enfant	149
6.8.2	**Prestations d'invalidité**	**149**
6.8.2.1	Rente d'invalidité	149
6.8.2.2	Rente pour enfant	149
6.8.3	**Prestations pour survivants**	**149**
6.8.3.1	Rente de veuve	150
6.8.3.2	Indemnité en capital pour veuve	150
6.8.3.3	Femmes divorcées	150
6.8.3.4	Rente d'orphelin	150
6.9	**Montant des prestations**	**151**
6.9.1	Prestations de vieillesse	152
6.9.1.1	Rente de vieillesse	152
6.9.1.2	Rente pour enfant	152
6.9.2	Prestations d'invalidité	152
6.9.2.1	Rente d'invalidité	152
6.9.2.2	Rente pour enfant	153
6.9.3	Prestations pour survivants	153
6.9.3.1	Rente de veuve et rente d'orphelin	153
6.9.4	Attestation de prévoyance	154
6.10	**Libre passage**	**155**
6.10.1	Primauté des cotisations	156
6.10.2	Primauté des prestations	156
6.10.3	Entrée, sortie	157
6.10.4	Prestation de libre passage, calcul de la prestation	157
6.11	**Encouragement à la propriété du logement**	**160**
6.11.1	Conditions	160
6.11.2	Versement anticipé	160
6.11.3	Mise en gage	161
6.11.4	Avantages et inconvénients du versement anticipé et de la mise en gage	161
6.12	**Impôts**	**162**
6.12.1	Traitement fiscal des institutions de prévoyance	162
6.12.2	Traitement fiscal des cotisations	162
6.12.3	Traitement fiscal des droits d'expectative	163
6.12.4	Traitement fiscal des prestations	163
6.13	**La LPP en bref**	**164**
7	**Assurance-vie**	**167**
7.1	**Fondement**	**168**
7.1.1	Historique	168
7.1.2	But	170
7.2	**Bases légales**	**171**
7.3	**Bases du contrat**	**172**
7.3.1	Parties au contrat	172

	7.3.2	La proposition d'assurance	172
	7.3.3	Analyse du risque	173
	7.3.4	Acceptation en cas normal	173
	7.3.5	Acceptation à des conditions pour risque aggravé	173
	7.3.6	Refus de la proposition	174
	7.3.7	Fin de l'assurance-vie	174
7.4	**Financement**		**175**
	7.4.1	Primes	175
	7.4.2	Eléments de la prime	175
	7.4.3	Le dépôt de primes/compte de primes	176
	7.4.3.1	Imposition du dépôt de primes	176
7.5	**Prestations**		**177**
	7.5.1	Cas ouvrant droit aux prestations	177
	7.5.1.1	Cas de vie	177
	7.5.1.2	Cas de décès	177
	7.5.1.3	Cas de vie et de décès	177
	7.5.1.4	Assurances invalidité et perte de gain	177
	7.5.2	Formes de prestation	178
	7.5.3	Classement des assurances sur la vie	178
	7.5.3.1	Assurances de capitaux	178
	7.5.3.2	Assurances de risque	180
	7.5.3.3	Assurances complémentaires	181
	7.5.3.4	Assurance de rente viagère	181
	7.5.4	Nantissement, mise en gage, valeur de rachat, réserve mathématique	182
	7.5.4.1	Nantissement, mise en gage	182
	7.5.4.2	Valeur de rachat et réserve mathématique	182
	7.5.4.3	Valeur de réduction	183
7.6	**Impôts**		**184**
	7.6.1	Principes d'imposition du 3e pilier	184
	7.6.2	Impôt sur le revenu	184
	7.6.2.1	La prévoyance individuelle liée (pilier 3a)	185
	7.6.2.2	La prévoyance libre (pilier 3b)	186
	7.6.2.3	Versement du capital	186
	7.6.3	Impôt sur la fortune	187
	7.6.3.1	Prévoyance liée	187
	7.6.3.2	Prévoyance libre	187
	7.6.3.3	Impôts sur les successions et les donations	188
	7.6.3.4	Prestations en capital	188
	7.6.3.5	Prestations sous forme de rentes	188
7.7	**Bases de calcul**		**192**
	7.7.1	Bases de calcul du tarif	192
	7.7.1.1	Intérêt technique	192
	7.7.1.2	Mortalité	192
	7.7.1.3	Mise en invalidité	193
	7.7.1.4	Frais	194

7.8	Rachat, réduction ou renonciation	195
7.9	Participation aux excédents	196
	7.9.1 Utilisation des excédents	196
7.10	Clause bénéficiaire	197
	7.10.1 Attribution bénéficiaire dans la prévoyance liée	197
	7.10.1.1 Attribution bénéficiaire irrévocable	197
7.11	Privilèges en droit successoral et en droit des poursuites	198
7.12	Contentieux	198
7.13	L'assurance-vie en bref	199

8 LAMal — 201

8.1	Fondement	202
	8.1.1 Historique	202
	8.1.2 But	202
8.2	Bases légales	203
8.3	Organisation	204
	8.3.1 Surveillance	205
8.4	Personnes assurées	206
	8.4.1 Assurance obligatoire	206
	3.4.1.1 L'assurance obligatoire des soins	206
	3.4.2 Assurance facultative	207
	3.4.2.1 Assurance d'indemnités journalières selon la LAMal	207
	3.4.2.2 Assurance complémentaire des soins	208
	3.4.2.3 Assurances traitées à titre d'intermédiaire	208
8.5	Début et fin de l'assurance	209
	8.5.1 Début	209
	8.5.2 Fin	209
	8.5.2.1 Changement d'assureur	209
8.6	Financement	210
	8.6.1 Primes	210
	8.6.1.1 Méthode de financement	210
	8.6.1.2 Réduction des primes	211
	8.6.2 Participation aux coûts	211
	8.6.3 Rendements des capitaux	212
	8.6.4 Recettes provenant de recours contre des tiers	212
	8.6.5 Compensation des risques	212
	8.6.6 Financement de l'assurance facultative d'indemnités journalières	212
8.7	Prestations	213
	8.7.1 Prestations de l'assurance obligatoire des soins	213
	8.7.1.1 Traitement par des médecins	215
	8.7.1.2 Traitement par des chiropraticiens	215
	8.7.1.3 Traitement par du personnel paramédical	215

	8.7.1.4	Analyses	215
	8.7.1.5	Médicaments	215
	8.7.1.6	Moyens et appareils	215
	8.7.1.7	Cures balnéaires	215
	8.7.1.8	Réadaptation	216
	8.7.1.9	Traitement hospitalier	216
	8.7.1.10	Etablissements médico-sociaux	216
	8.7.1.11	Transports et sauvetage	216
	8.7.1.12	Prévention	216
	8.7.1.13	Infirmité congénitale	216
	8.7.1.14	Prestations en cas de maternité	216
	8.7.1.15	Interruption de grossesse	217
	8.7.1.16	Soins dentaires	217
	8.7.2	**Fournisseurs de prestations**	**217**
	8.7.2.1	Médecins	217
	8.7.2.2	Pharmaciens	217
	8.7.2.3	Autres fournisseurs de prestations ambulatoires	217
	8.7.2.4	Hôpitaux et autres institutions	217
	8.7.2.5	Etablissements de cure balnéaire	217
	8.7.2.6	Libre choix de l'assuré	218
	8.7.3	**Conventions, tarifs, protection tarifaire**	**218**
	8.7.3.1	Fixation des tarifs	218
	8.7.3.2	Conventions tarifaires	218
	8.7.3.3	Tarifs édictés par les autorités	218
	8.7.3.4	Protection tarifaire et garantie du traitement	219
	8.7.3.5	Systèmes de facturation	219
	8.7.4	**Contrôle du caractère économique et de la qualité**	**220**
	8.7.4.1	Caractère économique	220
	8.7.4.2	Médecins-conseil	220
	8.7.4.3	Garantie de la qualité	220
	8.7.5	**Prestations de l'assurance facultative d'indemnités journalières**	**220**
8.8	**Contentieux**		**221**
	8.8.1	Voie de droit dans l'assurance sociale	221
	8.8.2	Voie de droit dans l'assurance complémentaire	221
	8.8.3	Dispositions pénales	222
	8.8.4	Devoir de discrétion et protection des données	222
8.9	**La LAMal en bref**		**223**

9   IJM – Assurance d'indemnités journalières maladie   225

9.1	**Fondement**		**226**
9.2	**Bases légales concernant le versement du salaire**		**227**
	9.2.1	Article 324a CO	227
	9.2.2	Notion de maladie	227
	9.2.3	Rapports contractuels de travail	227
	9.2.4	La convention collective de travail	228
	9.2.4.1	Convention collective de travail avec extension	228

	9.2.4.2	Convention collective de travail sans extension	228
	9.2.5	Le contrat individuel de travail	228
	9.2.6	Le contrat-type de travail	229
	9.2.7	Pratique des tribunaux en matière de versement du salaire	229
9.3.	**Personnes assurées**		**230**
9.4.	**Critères d'admission**		**231**
	9.4.1	Examen de santé	231
	9.4.2	Admission à des conditions aggravées	231
	9.4.2.1	Supplément de prime	231
	9.4.2.2	Assainissement	231
	9.4.2.3	Réserve	231
	9.4.2.4	Réduction des prestations	232
	9.4.2.5	Refus d'admission	232
	9.4.3	Calcul de la prime et excédents	232
	9.4.3.1	Calcul de la prime	232
	9.4.3.2	Notification de la prime au personnel	232
	9.4.3.3	Formation et utilisation des excédents	232
9.5	**Début et fin de la protection d'assurance**		**233**
	9.5.1	Début	233
	9.5.2	Fin	233
	9.5.2.1	Droit de passage dans l'assurance individuelle	233
9.6	**Prestations assurables, genres de couverture**		**234**
	9.6.1	Aperçu des principaux produits IJM	234
	9.6.1.1	Assurance collective d'indemnités journalières maladie	234
	9.6.1.2	Indemnité journalière accident	234
	9.6.1.3	Indemnité journalière maternité	234
	9.6.1.4	Indemnité journalière hospitalisation	234
	9.6.1.5	Salaire dû après décès	235
	9.6.2	Genres de couverture	235
	9.6.2.1	Assurance de somme	235
	9.6.2.2	Assurance de dommage	235
	9.6.2.3	Couverture intégrale	235
	9.6.2.4	Couverture échelonnée	235
	9.6.2.5	Couverture coordonnée avec la LPP	235
	9.6.3	Différence entre couverture selon la LAMal et selon la LCA	235
	9.6.3.1	Couverture LCA	235
	9.6.3.2	Couverture LAMal	235
	9.6.3.3	Versement des prestations	236
9.7	**Obligations de l'employeur**		**237**
	9.7.1	Paiement des primes	237
	9.7.2	Devoir d'information	237
	9.7.3	Paiement du salaire	237
9.8	**L'IJM en bref**		**238**

10 Coordination dans l'assurance sociale — 241

10.1 Fondement — 242
- 10.1.1 Historique — 242
- 10.1.2 Buts — 243

10.2 Genres de coordination — 244

10.3 Méthodes et techniques de coordination — 245

10.4 Prestations à coordonner — 246
- 10.4.1 Prestations du premier et du deuxième piliers — 248
- 10.4.2 Etendue de la prestation — 249

10.5 Coordination dans le cas d'invalidité — 250
- 10.5.1 Invalidité par suite de maladie — 250
- 10.5.1.1 Solution sans indemnité journalière maladie — 250
- 10.5.1.2 Solution avec indemnité journalière maladie — 251
- 10.5.2 Invalidité par suite d'accident — 253
- 10.5.2.1 Salaire maximum LAA — 253

10.6 Coordination en cas de décès — 256
- 10.6.1 Décès par suite de maladie — 256
- 10.6.2 Décès par suite d'accident — 258

10.7 La coordination en bref — 261

Annexe — 263

Liens et publications utiles — 264

Liste des mots clés — 266

Liste des abréviations

AA	Assurance-accidents
AC	Assurance-chômage
ACF	Arrêté du Conseil fédéral
AF	Arrêté fédéral
AI	Assurance-invalidité
AM	Assurance militaire
APG	Allocations pour perte de gain
ASA	Association suisse d'assurance
ATF	Arrêts du Tribunal fédéral
AVS	Assurance vieillesse et survivants
CA	Certificat d'assurance
CAF	Caisse d'allocations familiales
CAMS	Concordat des assureurs maladie suisses
CC	Caisse de compensation
CC	Code civil suisse
CCT	Convention collective de travail
CdC	Centrale de compensation
CDS	Conférence des directeurs cantonaux des affaires sanitaires
CGA	Conditions générales d'assurance
CH	Confédération Helvétique
CI	Compte individuel (AVS)
CICR	Comité international de la Croix-Rouge
CIT	Contrat individuel de travail
CNA	Caisse nationale d'assurance en cas d'accidents (SUVA)
CO	Code des obligations, loi fédérale complétant le Code civil suisse (Livre cinquième: Droit des obligations)
COMAI	Centre d'observation médicale (AI)
COPAI	Centre d'observation professionnelle (AI)
CP	Code pénal suisse
CPA	Conditions particulières d'assurance
CRP	Centres régionaux de placement

Liste des abréviations

Cst.	Constitution fédérale
CSIAP	Conférence suisse des institutions d'assistance publique
CTT	Contrat type de travail
DAA	Directives sur l'assujettissement aux assurances AVS et AI
DAC	Directives sur l'affiliation des assurés et des employeurs aux caisses de compensation
DDC	Direction du développement et de la coopération
DDPS	Département fédéral de la défense, de la protection de la population et des sports
DFE	Département fédéral de l'économie
DFI	Département fédéral de l'intérieur
DIN	Directives sur les cotisations des travailleurs indépendants et des personnes sans activité lucrative
DMF	Département militaire fédéral
DP	Directives sur la perception des cotisations dans l'AVS, AI et APG
DPC	Directives concernant les prestations complémentaires à l'Assurance vieillesse, survivants et invalidité
DR	Directives concernant les rentes
DSD	Directives sur le salaire déterminant
FMH	Fédération des médecins suisses
H+	Les Hôpitaux de Suisse
HMO	Health Maintenance Organization
IJM	Indemnité journalière maladie
J+S	Jeunesse & Sport
LA	Liste des analyses
LAA	Loi fédérale sur l'assurance-accidents
LACI	Loi fédérale sur l'assurance-chômage obligatoire et l'indemnité en cas d'insolvabilité
LAI	Loi fédérale sur l'assurance-invalidité
LAM	Loi sur l'assurance militaire
LAMA	Loi fédérale (du 13 juin 1911) sur l'assurance en cas de maladie et d'accidents
LAPG	Loi fédérale sur le régime des allocations pour perte de gain
LAMal	Loi fédérale sur l'assurance-maladie

LAS	Loi fédérale sur la compétence en matière d'assistance
LAVS	Loi fédérale sur l'assurance vieillesse et survivants
LBA	Loi fédérale sur le blanchiment d'argent
LCA	Loi fédérale sur le contrat d'assurance
LFA	Loi fédérale fixant le régime des allocations familiales dans l'agriculture
LFLP	Loi fédérale sur le libre passage
LiMA	Liste des moyens et appareils
LMT	Liste des médicamentes avec tarif
LP	Loi sur la poursuite pour dettes et la faillite
LPC	Loi fédérale sur les prestations complémentaires à l'assurance vieillesse, survivants et invalidité
LPGA	Loi fédérale sur la partie générale du droit des assurances sociales
LPP	Loi fédérale sur la prévoyance professionnelle
LPT	Loi sur les produits thérapeutiques
LS	Liste des spécialités
LSA	Loi fédérale sur la surveillance des institutions d'assurance privées
O	Ordonnance
OACI	Ordonnance sur l'assurance-chômage
OAF	Ordonnance concernant l'assurance-vieillesse, survivants et invalidité facultative des ressortissants suisses résidant à l'étranger
OAI	Ordonnance sur l'assurance-invalidité
OAMal	Ordonnance sur l'assurance-maladie
OCC	Ordonnance sur la Centrale de compensation
OCOR	Ordonnance sur la compensation des risques dans l'assurance-maladie
OEPL	Ordonnance réglant l'encouragement de la propriété du logement au moyen de la prévoyance professionnelle
OFAP	Office fédéral des assurances privées
OFAS	Office fédéral des assurances sociales
OFG	Ordonnance sur le fonds de garantie LPP
OFLP	Ordonnance sur le libre passage
OIC	Ordonnance concernant les infirmités congénitales
OLAA	Ordonnance sur l'assurance-accidents
OMAA	Ordonnance sur la remise de moyens auxiliaires par l'assurance-accidents
OMAI	Ordonnance sur la remise de moyens auxiliaires par l'assurance-invalidité
OMAV	Ordonnance concernant la remise de moyens auxiliaires par l'assurance-vieillesse
OMPC	Ordonnance relative à la déduction de frais de maladie et de dépenses faites pour des moyens auxiliaires en matière de prestations complémentaires
OMS	Organisation mondiale de la santé
ONU	Organisation des Nations Unies
OPA	Ordonnance sur la prévention des accidents
OPAS	Ordonnance du DFI sur les prestations de l'assurance des soins
OPGA	Ordonnance sur la partie générale du droit des assurances sociales
OPP 1	Ordonnance sur la surveillance et l'enregistrement des institutions de prévoyance professionnelle
OPP 2	Ordonnance sur la prévoyance professionnelle vieillesse, survivants et invalidité
OPP 3	Ordonnance sur les déductions admises fiscalement pour les cotisations versées à des formes reconnues de prévoyance
ORESp	Ordonnance du DFI sur la reconnaissance d'écoles spéciales dans l'AI
ORP	Offices régionaux de placement

Liste des abréviations

ORPM	Ordonnance sur les subsides fédéraux destinés à la réduction des primes dans l'assurance-maladie
PC	Prestations complémentaires
PP	Prévoyance professionnelle
RAMA	(RKUV) Assurance-maladie et accidents: Jurisprudence et pratique administrative
RAPG	Régime des allocations pour perte de gain
RAVS	Règlement sur l'assurance-vieillesse et survivants
RO	Recueil officiel des lois fédérales
seco	Secrétariat d'Etat à l'économie
SUVA	Sigle allemand de la CNA
TF	Tribunal fédéral
TFA	Tribunal fédéral des assurances
TVA	Taxe sur la valeur ajoutée
UE	Union européenne
WHO	World Health Organization

**L'assurance de personnes
et l'assurance sociale –
Notions de base**

1 Le concept des trois piliers

1.1 Fondement des assurances sociales

1.1.1 Historique
(art. 111-113 Cst.)

L'aide sociale, ou assistance, est le dernier maillon du système de la sécurité sociale. A la différence de ce qui est la règle pour les assurances sociales, seules y ont droit les personnes en mesure de prouver qu'elles sont dans le besoin. L'aide sociale est fournie en argent ou sous forme de prestations en nature ou encore d'une assistance personnelle en conseil et accompagnement.

Au XIXe siècle, l'avènement de l'industrialisation accompagné d'inventions techniques révolutionnaires – la machine à vapeur par exemple – a marqué un tournant radical de l'économie et de la société, ce qui permit de relayer peu à peu les structures traditionnelles de sécurité qu'étaient jusqu'alors la famille, la communauté villageoise. Pour faire face aux aléas du sort : incapacité de travail, maladie, accident, vieillesse et décès qui plongeaient dans l'indigence et la misère les familles et les personnes concernées, des mesures et des initiatives de sécurité sociale virent alors le jour. L'Etat entreprit d'améliorer les conditions de vie des plus faibles et de leur assurer une protection, souvent par le biais de l'assurance, et ce fut le début de l'assurance sociale.

L'intention première des assurances sociales était d'atténuer ou de supprimer la pauvreté. Aujourd'hui, en protégeant le citoyen, la politique sociale cherche davantage à favoriser l'équilibre des chances. Le droit à une base d'existence, autrement dit le passage de l'assistance à la prévoyance, a constitué un véritable bond en avant dans la politique sociale suisse.

Le concept des trois piliers

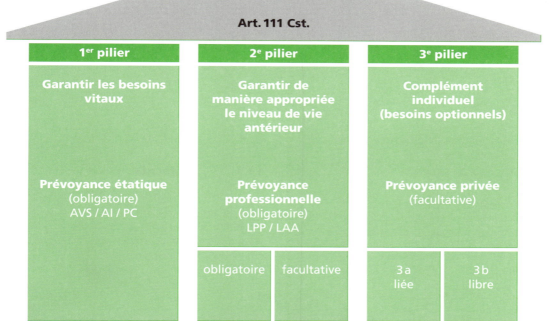

Pourtant, les assurances sociales sont nées et se sont développées avec un grand retard dans notre pays. Ce n'est qu'au temps de la haute conjoncture qui a suivi la Deuxième Guerre mondiale que l'Etat les a renforcées. Aujourd'hui, nous disposons d'un système dense et bien construit qui repose sur le concept des trois piliers ancré dans la Constitution fédérale: prévoyance étatique, prévoyance professionnelle et prévoyance individuelle.

1.1.2 But

Les assurances sociales, en tant que partie de la sécurité sociale, ont pour but d'atténuer les effets des pertes financières touchant le citoyen et les familles.

Ces pertes financières peuvent atteindre tout un chacun :

- dans la vieillesse
- en cas de décès
- en cas d'incapacité de gain temporaire ou permanente
  - par suite de maladie
  - par suite d'accident
- en cas de chômage
- en cas de perte de gain pour cause de service militaire ou de service civil
- en raison de charges familiales extraordinaires.

1.1.3 Objectifs

Le concept des trois piliers tend à garantir en premier lieu des prestations financières en cas de perte ou de diminution du revenu de l'activité lucrative. Ces prestations sont couvertes à trois niveaux :

1er pilier — Prévoyance étatique

Elle comprend, en tant que prévoyance relevant de l'Etat, l'assurance-vieillesse et survivants (AVS) et l'assurance-invalidité (AI). Elle vise ainsi à garantir aux assurés et aux survivants une base d'existence en cas d'incapacité de gain, de décès ou d'entrée à la retraite. Si la rente attribuée ne suffit pas à assurer ce minimum, l'assuré a droit aux prestations complémentaires.

2e pilier — Prévoyance professionnelle

La prévoyance professionnelle doit compléter la rente dans une mesure qui garantisse à tout assuré, à hauteur d'un revenu déterminé, le maintien adéquat de son niveau de vie antérieur. Cet objectif se réalise par le versement des prestations obligatoires de la LPP et de la LAA.

3e pilier — Prévoyance individuelle

La prévoyance individuelle a pour but d'encourager le citoyen à se constituer personnellement un complément aux prestations des 1er et 2e piliers. Cela peut se faire par la prévoyance liée (pilier 3a) et par la prévoyance libre (pilier 3b). Pour la plupart des assurés, ni le 1er pilier seul, ni même les 1er et 2e piliers réunis ne suffisent généralement à couvrir les besoins effectifs.

Le concept des trois piliers

1.2 Bases légales

Le concept suisse des trois piliers se fonde essentiellement sur les textes légaux ci-après :

■ Constitution fédérale

Art. 111 à 113

Textes tirés de la Constitution fédérale :

Art. 111 Prévoyance vieillesse, survivants et invalidité

1 La Confédération prend des mesures afin d'assurer une prévoyance vieillesse, survivants et invalidité suffisante. Cette prévoyance repose sur les trois piliers que sont l'assurance-vieillesse, survivants et invalidité fédérale, la prévoyance professionnelle et la prévoyance individuelle.

2 La Confédération veille à ce que l'assurance-vieillesse, survivants et invalidité fédérale ainsi que la prévoyance professionnelle puissent remplir leur fonction de manière durable.

3 Elle peut obliger les cantons à accorder des exonérations fiscales aux institutions relevant de l'assurance-vieillesse, survivants et invalidité fédérale ou de la prévoyance professionnelle, ainsi que des allégements fiscaux aux assurés et à leurs employeurs sur les cotisations versées et les sommes qui sont l'objet d'un droit d'expectative.

4 En collaboration avec les cantons, elle encourage la prévoyance individuelle, notamment par des mesures fiscales et par une politique facilitant l'accession à la propriété.

Art. 112 Assurance-vieillesse, survivants et invalidité

1 La Confédération légifère sur l'assurance-vieillesse, survivants et invalidité.

2 Ce faisant, elle respecte les principes suivants :
   a) l'assurance est obligatoire ;
   b) les rentes doivent couvrir les besoins vitaux de manière appropriée ;
   c) la rente maximale ne dépasse pas le double de la rente minimale ;
   d) les rentes sont adaptées au moins à l'évolution des prix.

3 L'assurance est financée:
  a) par les cotisations des assurés; lorsque l'assuré est salarié, l'employeur prend à sa charge la moitié du montant de la cotisation;
  b) par des aides financières de la Confédération et, si la loi le prévoit, par celles des cantons.
4 Ensemble, les aides de la Confédération et des cantons n'excèdent pas la moitié des dépenses.
5 Les prestations de la Confédération sont financées prioritairement par le produit net de l'impôt sur le tabac, de l'impôt sur les boissons distillées et de l'impôt sur les recettes des maisons de jeu.
6 La Confédération encourage l'intégration des personnes handicapées et soutient les efforts entrepris en faveur des personnes âgées, des survivants et des invalides. Elle peut utiliser à cette fin les ressources financières de l'assurance-vieillesse, survivants et invalidité.

Art. 113   Prévoyance professionnelle

1 La Confédération légifère sur la prévoyance professionnelle.
2 Ce faisant, elle respecte les principes suivants:
  a) la prévoyance professionnelle conjuguée avec l'assurance-vieillesse, survivants et invalidité permet à l'assuré de maintenir de manière appropriée son niveau de vie antérieur;
  b) la prévoyance professionnelle est obligatoire pour les salariés; la loi peut prévoir des exceptions;
  c) l'employeur assure ses salariés auprès d'une institution de prévoyance; au besoin, la Confédération lui donne la possibilité d'assurer ses salariés auprès d'une institution de prévoyance fédérale;
  d) les personnes exerçant une activité indépendante peuvent s'assurer auprès d'une institution de prévoyance à titre facultatif;
  e) la Confédération peut déclarer la prévoyance professionnelle obligatoire pour certaines catégories de personnes exerçant une activité indépendante, d'une façon générale ou pour couvrir des risques particuliers.
3 La prévoyance professionnelle est financée par les cotisations des assurés; lorsque l'assuré est salarié, l'employeur prend à sa charge au moins la moitié du montant de la cotisation.
4 Les institutions de prévoyance doivent satisfaire aux exigences minimales fixées par le droit fédéral; la Confédération peut, pour résoudre des problèmes particuliers, prévoir des mesures s'appliquant à l'ensemble du pays.

■ **Lois fédérales**

- Loi fédérale sur l'assurance-vieillesse et survivants (LAVS), en vigueur depuis le 1er janvier 1948
- Loi fédérale sur l'assurance-invalidité (LAI), en vigueur depuis le 1er janvier 1960
- Loi fédérale sur les prestations complémentaires à l'assurance-vieillesse, survivants et invalidité (LPC), en vigueur depuis le 1er janvier 1966
- Loi fédérale sur la prévoyance professionnelle vieillesse, survivants et invalidité (LPP), en vigueur depuis le 1er janvier 1985
- Loi fédérale sur l'assurance-accidents (LAA), en vigueur depuis le 1er janvier 1984

1.3 Les assurances sociales en résumé

1.3.1 Les branches des assurances sociales

Les institutions suivantes comptent parmi les assurances sociales :

- Assurance-vieillesse et survivants
- Assurance-invalidité
- Régime des allocations pour perte de gain
- Assurance-chômage et indemnité en cas d'insolvabilité
- Prévoyance professionnelle
- Allocations familiales
- Assurance-accidents
- Assurance-maladie sociale
- Assurance militaire
- Prestations complémentaires

1.4 Les assurances privées en résumé

Plusieurs approches sont possibles pour la classification des assurances. Nous retenons ici la plus courante.

1.4.1 Classification selon le genre de risque assuré

Assurances de personnes	Elles protègent contre les conséquences financières des événements qui menacent la vie ou la santé des personnes. Exemples : assurance sur la vie, assurance-accidents, assurance-maladie, assurance-invalidité.
Assurances de choses	Elles protègent contre les conséquences financières pouvant découler de l'endommagement, de la destruction ou de la soustraction de choses. Exemples : assurances incendie, dégâts d'eau, bris de glaces, casco.
Assurances du patrimoine	Elles protègent les biens de la personne assurée pour le cas de survenance de l'événement assuré. Exemples : assurance responsabilité civile, assurance crédit, assurance cautionnement, perte d'exploitation, protection juridique.

1.4.2 Classification selon le genre de prestation assurée

Assurance de dommage	Le dommage effectif est indemnisé au maximum jusqu'à hauteur de la somme d'assurance. Exemples : assurance de la responsabilité civile, assurance mobilière, assurance casco.
Assurance de somme	C'est la somme d'assurance convenue d'avance qui est payée. Exemples : assurance sur la vie, assurance-accidents.

1.4.3 Statut juridique de l'assureur

Assurance de droit public	L'Etat ou une institution de droit public intervient en tant qu'assureur. Exemples : AVS/AI, SUVA, établissement cantonal d'assurance des bâtiments (Cette distinction n'est plus aussi nette avec la LAA, cette assurance pouvant être assumée aussi bien par la SUVA comme établissement de droit public que par les assureurs privés).
Assurance privée	L'assureur est une société de droit privé. Exemples : société anonyme ou société coopérative.

1.4.4 Appartenance de l'objet du risque assuré

Propre assurance	Assurance de sa propre personne ou de ses propres objets.
Assurance pour le compte de tiers	Assurances pour le compte de tiers. Exemple : l'hôtelier assure les effets de ses hôtes. Assurance sur la vie d'autrui. Exemple : l'employeur assure ses salariés.

1.4.5 Nombre de risques assurés

Assurance individuelle	Elle concerne une seule personne ou une seule chose. Exemples : Assurance-vie individuelle, assurance casco
Assurance à forfait	Les objets assurés sont récapitulés dans un contrat d'assurance. Exemples : assurance ménage, assurance bris de glaces
Assurance collective	Elle couvre plusieurs personnes ou plusieurs objets qui sont récapitulés dans le même contrat d'assurance. Exemples : assurance-accidents et assurance-maladie d'entreprise, assurance-vie collective (caisses de pension)

1.4.6 Caractère facultatif ou obligatoire

Assurance facultative	La décision de conclure une assurance pour un risque donné est laissée à l'appréciation de chacun. Exemples : assurance vol, responsabilité civile privée, assurance de la protection juridique
Assurance obligatoire	Il existe une obligation légale ou contractuelle de conclure une assurance. Les assurances obligatoires répondent à des objectifs socio-politiques. Exemples : assurance-maladie de base, AVS, assurance responsabilité civile du détenteur de véhicule à moteur

1.5 Caractéristiques et différences essentielles

1.5.1 Principales caractéristiques des assurances sociales

On qualifie d'assurance sociale une institution destinée à remplir pour des personnes physiques des objectifs socio-politiques, p. ex. garantir le statut social de la famille contre les aléas de la vie. L'assurance sociale est organisée ou ordonnée par les pouvoirs publics. En Suisse, les assurances sociales sont aménagées comme dépendant du revenu. Elles sont financées dans une large mesure par des pour cents sur le salaire. C'est pourquoi le montant des cotisations dépend souvent de la hauteur du revenu. Dans l'assurance sociale comme dans toutes les autres assurances, le principe de solidarité est primordial et dans bien des cas, p. ex. dans l'assurance-maladie sociale, l'assurance-chômage, etc., la prime n'est pas conforme au risque.

Les systèmes de financement suivants sont appliqués

- Répartition des dépenses
- Capitalisation
- Répartition de la valeur des rentes
- Couverture des besoins

1.5.2 Méthodes de financement

1.5.2.1 Répartition des dépenses

Les recettes réalisées au cours d'une période servent à financer les dépenses échues durant le même laps de temps. L'AVS et l'AI appliquent la méthode dite de la répartition modifiée des dépenses, c.-à-d. qu'il existe un fonds de compensation.

Assurances qui appliquent cette méthode :

- AVS
- AI
- Régime des allocations pour perte de gain
- Assurance-chômage
- Assurance-maladie sociale
- Assurance-accidents (uniquement pour les prestations à court terme)

1.5.2.2 Capitalisation

Les cotisations sont épargnées individuellement. En cas de rente, l'avoir de vieillesse (réserve mathématique) est versé avec intérêts.

Cette méthode s'applique à :

- la prévoyance professionnelle (LPP)
- la prévoyance libre, 3e pilier

1.5.2.3 Répartition de la valeur des rentes

C'est une variante de la méthode de la capitalisation ; elle s'applique au financement des rentes de l'assurance-accidents. Les prestations à court terme, telles que les indemnités journalières et frais de guérison, sont couvertes d'après cette méthode.
Au moment du sinistre, le capital est calculé selon l'âge / le sexe et mis à disposition pour le paiement des futures rentes.

1.5.2.4 Méthode de la couverture des besoins

C'est la méthode de financement usuelle dans l'assurance des dommages privée. Les primes fixées d'avance et constantes sur toute la durée de l'assurance financent aussi bien les paiements courants que les engagements futurs. La prime est aussi calculée en fonction du cours des sinistres.

1.5.3 Principales caractéristiques des assurances privées

Il y a en principe autonomie de contrat entre l'assureur et le preneur d'assurance. La loi sur le contrat d'assurance fixe certaines limites en vue de protéger le client.
Selon le principe d'équivalence individuelle, les primes correspondent aux prestations assurées, c.-à-d. que contributions et prestations s'équilibrent.

1.5.4 Différences entre assurances sociales et assurances privées

Les assurances sociales et privées se différencient sur de nombreux points. Les caractéristiques et différences essentielles figurent dans le tableau* ci-dessous.

Critères	Assurance sociale	Assurance privée
Fonction	L'assurance sociale est une partie de la sécurité sociale. Sa principale fonction est de garantir la sécurité d'existence. Celle-ci étant souvent liée à une répartition du revenu, l'assurance sociale a généralement caractère obligatoire.	L'assurance privée peut aussi être partie de la sécurité sociale. Elle complète le plus souvent les prestations de l'assurance sociale, presque toujours selon la libre appréciation de l'assuré et facultativement.
Prestations	Les prestations d'assurance sont fixées par la loi.	Les prestations sont généralement convenues librement.
Assureurs	Les tâches de l'assurance sociale peuvent être confiées à un secteur administratif de l'Etat (p. ex. la Centrale de compensation AVS), à une institution de droit public (caisses de compensation AVS ou caisses de chômage), à un service administratif autonome de la Confédération (Assurance militaire), à un établissement de droit public (SUVA), ou encore à des organisations de droit privé.	L'assurance privée s'organise selon le droit privé en société anonyme, société coopérative, fondation ou association.
Financement	En général selon la méthode de la répartition, exceptionnellement d'après la méthode de répartition de la valeur des rentes (p. ex. rentes de survivants dans le cadre de la LAA).	Dans toutes les branches, sauf l'assurance-vie, c'est la méthode de la couverture des besoins qui est appliquée (répartition de la charge annuelle des sinistres). L'assurance-vie applique le système de la capitalisation.
Rapport juridique avec les assurés	Le rapport d'assurance est de droit public; il est créé par la loi.	Le rapport d'assurance naît du contrat de droit privé conclu entre parties.
Communication avec les assurés	L'assurance sociale rend des décisions. Les décisions font partie du droit public; elles doivent être munies des voies de droit.	Les décisions des assureurs privés sont des déclarations de volonté de droit privé, sans caractère de souveraineté.

Critères	Assurance sociale	Assurance privée
Contentieux	Les décisions de l'assurance sociale peuvent faire l'objet de recours devant une autorité cantonale de recours, soit le tribunal cantonal des assurances (première instance). Les jugements de première instance sont sujets à recours de droit administratif devant le Tribunal fédéral des assurances à Lucerne.	Les litiges dans le cadre de l'assurance privée sont jugés par les tribunaux civils ordinaires (et non par le Tribunal fédéral des assurances); ils peuvent selon le cas être portés jusqu'au Tribunal fédéral à Lausanne.
Surveillance	La surveillance est exercée dans presque tous les cas par l'Office fédéral des assurances sociales qui dépend du Département fédéral de l'intérieur.	Les institutions d'assurance privée sont surveillées par l'Office fédéral des assurances privées qui dépend, depuis le 1er juillet 2003, du Département fédéral des finances.

* Tableau de Haller/Ackermann: Industrie de l'assurance – axée sur la clientèle, Zurich (Editions SSEC) 1995, p. 7/13-14 (actualisé)

**L'assurance de personnes
et l'assurance sociale –
Notions de base**

2 AVS/AI

2.1 Fondement

2.1.1 Historique

La naissance de l'AVS remonte à 1925, année où le peuple accepta un article constitutionnel relatif à une assurance vieillesse et survivants. En 1948 enfin, l'AVS entre en vigueur et les premières rentes sont versées.

Depuis 1960, l'assurance-invalidité (AI) est une partie des assurances sociales. Obligatoire comme l'AVS, elle englobe l'ensemble de la population suisse et son but est de garantir une base d'existence en cas d'invalidité.

2.1.2 But

L'AVS est le principal pilier de la prévoyance sociale en Suisse. Ses rentes doivent garantir la base d'existence lorsque le revenu du travail baisse en raison de l'âge de l'assuré ou vient à manquer totalement ensuite de décès.

Le but premier de l'AI est de réintégrer ou réinsérer l'assuré dans la vie active avant qu'une rente ne lui soit versée. Le principe est : priorité à l'intégration sur la rente.

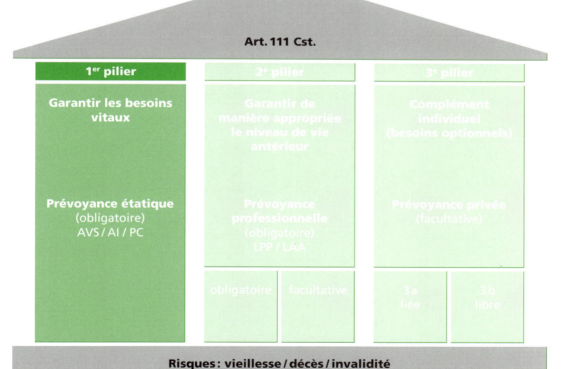

2.2 Bases légales

■ Constitution fédérale

Articles 111 et 112

■ Lois fédérales

- Loi fédérale sur l'assurance-vieillesse et survivants (LAVS), en vigueur depuis le 1er janvier 1948
- Loi fédérale sur l'assurance-invalidité (LAI), en vigueur depuis le 1er janvier 1960

■ Règlements et ordonnances

AVS
- Règlement sur l'assurance-vieillesse et survivants (RAVS)
- Ordonnance concernant l'assurance facultative des ressortissants suisses résidant à l'étranger (OAF)
- Ordonnance concernant l'administration du Fonds de compensation AVS
- Ordonnance concernant la remise de moyens auxiliaires par l'AVS (OMAV)
- etc.

AI
- Règlement sur l'assurance-invalidité (RAI)
- Ordonnance concernant les infirmités congénitales (OIC)
- Ordonnance concernant les contributions des cantons à l'AI
- Ordonnance sur les adaptations à l'évolution des salaires et des prix dans le régime de l'AVS/AI
- etc.

■ **Autres règlements et directives**

- Règlement de la Caisse fédérale de compensation (personnel fédéral)
- Règlement sur la Caisse suisse de compensation (Suisses de l'étranger)
- Directives sur la perception des cotisations (DP)
- Directives sur le salaire déterminant (DSD)
- Directives sur les cotisations des indépendants et des personnes sans activité lucrative (DIN)
- Directives sur les rentes (DR)
- etc.

2.3 Organisation de l'AVS/AI

Sont parties prenantes dans l'organisation de l'AVS et de l'AI:

- les assurés
- les employeurs
- les caisses de compensation et leurs agences
- la Centrale de compensation (CdC)
- les Offices AI

■ Assurés
Les assurés paient leurs cotisations par l'intermédiaire des employeurs ou directement aux caisses de compensation (personnes de condition indépendante et assurés sans activité lucrative); les prestations éventuelles leur sont versées par les caisses de compensation.

■ Employeurs
Les employeurs remplissent une importante fonction dans l'AVS. Ils transmettent les cotisations des salariés ainsi que les leurs propres à la Caisse de compensation avec laquelle ils décomptent.

■ Caisses de compensation
Elles assument la majeure partie des tâches administratives. Elles reçoivent les cotisations et paient les rentes. Les cotisations des assurés se répartissent entre les caisses de compensation (plus d'une centaine) que compte la Suisse, soit caisses de compensation professionnelles, cantonales, une caisse fédérale ainsi qu'une caisse pour les Suisses de l'étranger.

■ Centrale de compensation (CdC)
La Centrale de compensation sert de lien entre les caisses de compensation. Elle tient le compte des mouvements de fonds avec ces caisses (cotisations encaissées et rentes versées). A la Centrale de compensation affluent aussi les cotisations de la Confédération et des cantons ainsi que les intérêts provenant du Fonds de compensation.

■ Offices AI
Dans l'AI, les offices AI des cantons ont la charge d'évaluer le degré d'invalidité des assurés concernés. Il leur appartient également de déterminer les mesures de réadaptation et de contrôler la réinsertion professionnelle des bénéficiaires.

■ Révision
L'activité des bureaux de révision est surveillée par l'organe de révision de l'AI. Cette surveillance s'exerce par des contrôles des employeurs et la révision des caisses. La haute surveillance incombe à l'Office fédéral des assurances sociales (OFAS).

D'autres organes et services coopèrent à l'exécution de l'AVS:

Ainsi les administrations fiscales cantonales communiquent aux caisses de compensation les chiffres déterminants du revenu et de la fortune des personnes de condition indépendante et des assurés sans activité lucrative, indications qui servent à fixer les cotisations. Les offices des poursuites interviennent au besoin pour recouvrer des cotisations impayées. Les rentes sont versées par poste ou par banque. Dans l'assurance facultative des Suisses de l'étranger, les ambassades et consulats suisses reçoivent les déclarations d'adhésion et prêtent leur concours à l'encaissement des cotisations.

■ Organigramme de l'AVS

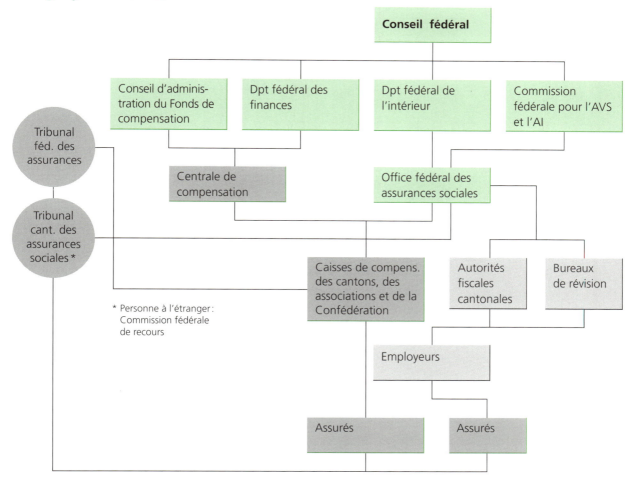

Légendes

- Organes de surveillance
- Organes d'exécution
- Offices coopérants
- Autorités juridictionnelles

L'assurance de personnes et l'assurance sociale – Notions de base

■ **Organigramme de l'AI**

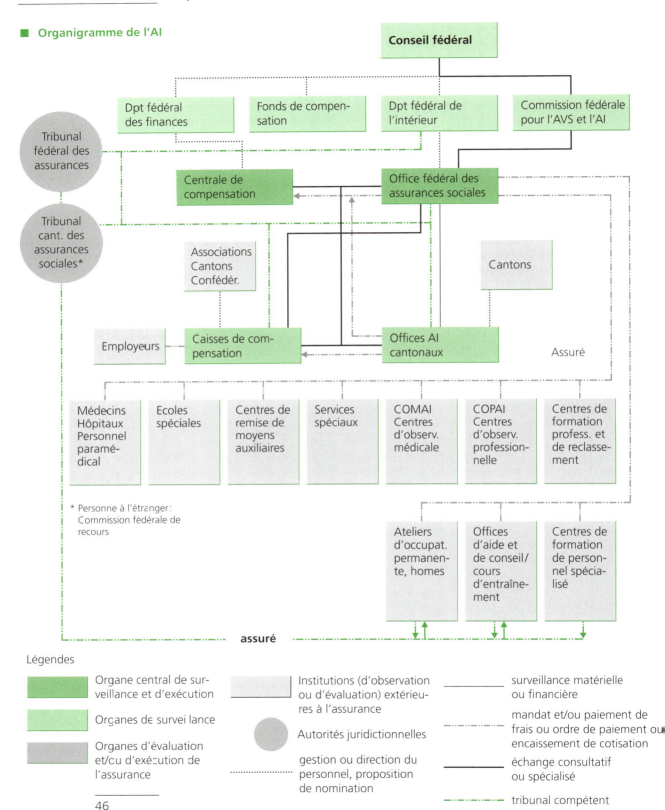

2.4 Personnes assurées
(art. 1 et 2 LAVS; art. 1 à 5 RAVS)

2.4.1 Assurance obligatoire

L'AVS/AI est une assurance populaire obligatoire. Sont assurées:

- les personnes qui travaillent en Suisse, soit également les frontaliers et les travailleurs étrangers
- les personnes qui ont leur domicile en Suisse, soit également les enfants et autres personnes sans activité lucrative telles qu'étudiants, invalides, rentiers, ménagères.

Sont aussi assujettis à l'assurance obligatoire les citoyens suisses qui travaillent à l'étranger:

- au service de la Confédération
- au service d'organisations internationales avec lesquelles le Conseil fédéral a conclu un accord de siège (p. ex. collaborateurs de la Direction du développement et de la coopération (DDC)
- au service d'organisations d'entraide privées subventionnées dans une mesure notable par la Confédération (p. ex. CICR).

2.4.2 Assurance facultative
(art. 5b RAVS)

Les ressortissants suisses et de l'UE qui quittent la Suisse ne sont en principe pas assujettis à l'assurance. S'ils ont leur domicile en dehors de l'Union européenne, ils peuvent adhérer à l'assurance facultative. Les personnes qui travaillent à l'étranger pour un employeur ayant son siège en Suisse et sont rémunérées par cet employeur peuvent rester affiliées à l'assurance moyennant l'accord de l'employeur. En ce qui concerne les cotisations et les prestations, les mêmes règles sont applicables, que ce soit dans l'assurance facultative ou obligatoire.

L'adhésion à l'assurance facultative est subordonnée aux conditions cumulées suivantes:

- être ressortissant suisse ou d'un Etat de l'UE
- avoir son domicile en dehors de l'Union européenne
- au moment du départ de Suisse, avoir été assuré à l'AVS/AI sans interruption pendant 5 ans. Il n'est pas nécessaire d'avoir payé des cotisations pendant ces 5 ans mais la qualité d'assuré doit être prouvée. Pour les mineurs et les personnes sans activité lucrative qui ne sont pas astreints au paiement de

> cotisations, les années de domicile en Suisse comptent comme années d'assurance.
> - l'accord de l'employeur et du salarié doit être donné (dans les 3 mois).

> L'AVS s'est adaptée à l'accord bilatéral sur la libre circulation des personnes. Les citoyens de l'UE et les Suisses (domiciliés dans un Etat non-membre de l'UE) peuvent ainsi adhérer à l'assurance aux mêmes conditions. L'affiliation à l'assurance facultative n'est plus possible pour les Suisses de l'étranger domiciliés dans un Etat de l'UE. Les affiliés à l'assurance facultative qui ont leur domicile dans un Etat de l'UE peuvent rester dans l'assurance jusqu'au 31.3.2007; jusqu'à l'âge de la retraite s'ils ont plus de 50 ans.

L'adhésion à l'assurance facultative concerne toujours une seule personne. Les membres d'une famille qui veulent entrer dans l'assurance facultative doivent s'annoncer eux-mêmes individuellement. La demande d'adhésion doit être présentée dans le délai d'un an à compter de la sortie de l'assurance obligatoire (en dehors de l'UE). Les personnes qui travaillent pour un employeur suisse ont la possibilité de conserver la protection d'assurance AVS/AI. A cet effet les conditions suivantes doivent toutes être remplies:

> - Les personnes concernées ont été assurées auparavant pendant au moins cinq années consécutives.
> - L'employeur et l'employé approuvent l'adhésion (double accord).
> - L'adhésion a lieu dans les six mois à compter du début de l'activité lucrative à l'étranger.

Les étudiants sans activité lucrative qui quittent leur domicile en Suisse pour suivre une formation à l'étranger peuvent aussi rester dans l'assurance obligatoire. Cette possibilité est donnée jusqu'au 31 décembre de l'année dans laquelle ils ont 30 ans accomplis.

2.4.3 Personnes non assurées

Ne sont pas assurés:

- Les ressortissants étrangers au bénéfice de privilèges diplomatiques et d'exemptions fiscales selon les règles du droit international public
- Les personnes – de quelque nationalité que ce soit – pour lesquelles le paiement de cotisations à la fois à l'assurance sociale suisse et à une assurance sociale étrangère représenterait une double charge trop lourde
- Les personnes – de quelque nationalité que ce soit – qui ne remplissent les conditions précitées que pour une courte période (p. ex. le temps de formation, de vacances, de visite)
- Les citoyens suisses qui travaillent à l'étranger pour une organisation internationale ayant un accord de siège (ONU, OMS).

2.5 Début et fin de l'assurance

2.5.1 Début

La protection de l'assurance obligatoire AVS/AI commence

- à la **naissance**
- à la **prise de domicile en Suisse**
- au début d'une **activité lucrative en Suisse.**

Les enfants sont coassurés avec leurs parents ou l'un ou l'autre des parents jusqu'à ce qu'ils remplissent eux-mêmes les conditions d'assujetissement.

2.5.2 Fin

L'assurance obligatoire AVS/AI prend fin

- lorsque **l'assuré quitte la Suisse et lorsqu'il met fin à son activité lucrative**
- à **l'âge ordinaire de la retraite AVS**
- au **décès de l'assuré**

L'assurance facultative prend fin à l'expiration du contrat de travail ou lorsqu'une des parties retire son accord. L'exécution a lieu par la caisse de compensation AVS à laquelle l'employeur est affilié.

2.6 Financement
(art. 102 à 107, 111 LAVS)

Le financement de l'AVS et de l'AI se fait par la méthode de la répartition des dépenses. Autrement dit, les cotisations encaissées au cours d'une période servent à couvrir les prestations de la même période. Les caisses de compensation AVS décomptent chaque mois la différence avec la Centrale de compensation (CdC).

Les recettes de l'AVS sont constituées essentiellement par les cotisations :

- des **employeurs**
- des **salariés**
- des **personnes de condition indépendante**
- des **personnes sans activité lucrative**
- de la **Confédération**
  - droits de douane sur le tabac
  - imposition des eaux distillées
  - taxes sur l'exploitation des maisons de jeux
- des **cantons**

Autres sources de financement :

- **Fonds de compensation**
- **Créances en recours** (recours contre des tiers responsables)
- **Pourcentage de la Taxe sur la valeur ajoutée (TVA).**

■ Le Fonds de compensation

Parallèlement à l'AVS il a été créé un Fonds dit de compensation dont le rôle est de compenser à court terme les fluctuations des recettes qui pourraient se produire dans la procédure de répartition en raison de la situation économique. Si les paiements annuels de l'AVS dépassent les recettes de la même année, les prestations peuvent néanmoins être fournies grâce au Fonds de compensation. Le fonds doit présenter un avoir suffisant pour verser les rentes d'une année. Il garantit ainsi la continuité des prestations même en période économique difficile.

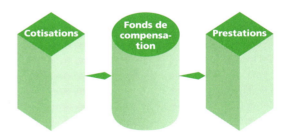

2.6.1 Obligation de cotiser
(art. 3 à 16 LAVS ; art. 6 à 43 RAVS)

Sont tenues de payer des cotisations toutes les personnes domiciliées en Suisse et/ou qui y travaillent. Tous les assurés à l'AVS doivent verser des cotisations à partir du 1er janvier suivant la date de leur 20e anniversaire jusqu'au moment où ils atteignent l'âge ordinaire de la retraite. Cela vaut aussi pour les étudiants. Les personnes qui exercent déjà une activité lucrative avant l'âge de 20 ans sont astreintes à l'obligation de cotiser à partir du 1er janvier qui suit l'année durant laquelle elles accomplissent leur 17e année.

L'obligation de cotiser s'étend

- **pour les femmes, jusqu'à l'âge ordinaire de la retraite**
- **pour les hommes, jusqu'à l'âge ordinaire de la retraite.**

> Dans la 10e révision de l'AVS, l'âge de la retraite pour les femmes a été élevé de 62 à 64 ans en deux étapes, soit : en 2001 il a été porté à 63 ans et en 2005 il sera finalement de 64 ans.

Les personnes qui touchent la rente de vieillesse par anticipation restent soumises à l'obligation de cotiser en tant qu'assuré sans activité lucrative jusqu'au moment où elles ont atteint l'âge ordinaire de la retraite.

Cette règle s'applique aussi aux personnes qui ont atteint l'âge ordinaire de la retraite et qui restent en activité. Pour elles, il est fixé une franchise par employeur (1400 fr. par mois ou 16 800 fr. par an) qui est exonérée des cotisations.

■ **En résumé : Durée de l'obligation de cotiser à l'AVS / AI**

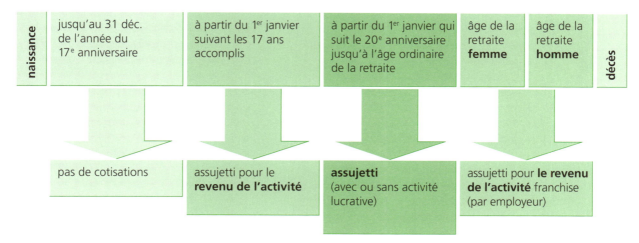

2.6.2 Définition du salaire AVS – salariés

2.6.2.1 Eléments du salaire déterminant

Font partie du salaire déterminant tout ce que le salarié perçoit et qui a un lien économique avec le rapport de travail. En tant que revenu d'une activité dépendante soumis à cotisation, il faut considérer non seulement la rétribution directe du travail fourni, mais en principe toute indemnité ou attribution perçue du fait du rapport de travail, à moins qu'elles ne soient, de par la loi, exemptées de l'obligation de cotiser.

Les principaux éléments du salaire déterminant sont :

- salaire au temps, aux pièces (à la tâche) et à la prime, y compris indemnités pour heures supplémentaires, travail de nuit et en remplacement
- allocations de résidence et de renchérissement
- gratifications, primes de fidélité et au rendement ainsi que la valeur d'actions remises aux salariés, dans la mesure où celle-ci dépasse le prix d'acquisition
- pourboires, s'ils représentent une part importante du salaire (10 pour cent)
- prestations en nature ayant un caractère régulier
- provisions et commissions
- tantièmes, indemnités fixes et jetons de présence
- prestations de l'employeur pour compenser des pertes de salaire par suite d'accident, de maladie et de service militaire
- indemnités de vacances ou pour jours fériés
- cotisations AVS/AI/APG/AC et impôts dus par l'employé et pris en charge par l'employeur. Sont exceptées les cotisations dues par le salarié sur les prestations en nature, les salaires globaux et les prestations spéciales uniques qui ne dépassent pas, dans l'année civile, un salaire mensuel brut
- prestations accordées par l'employeur à la cessation des rapports de service
- etc.

2.6.3 Définition du salaire AVS – indépendants

2.6.3.1 Notion

Sont considérés comme revenu tous les revenus acquis dans une situation indépendante provenant de l'exploitation d'une entreprise commerciale, industrielle, artisanale, agricole ou sylvicole; il en va de même du produit de l'exercice d'une profession libérale ou de toute autre activité indépendante.

2.6.3.2 Détermination du revenu

Le revenu d'une activité lucrative indépendante s'établit en déduisant du revenu brut les positions suivantes :

- les frais d'acquisition du revenu
- les amortissements et réserves justifiés selon l'usage commercial
- les pertes commerciales subies et comptabilisées
- les versements de l'employeur à des institutions de prévoyance en faveur de son personnel ainsi que les sommes affectées exclusivement à des buts d'utilité publique. Sont exceptées les cotisations AVS/AI/APG dont l'indépendant doit s'acquitter pour lui-même.
- les versements personnels à des institutions de prévoyance professionnelle pour autant qu'ils correspondent à la part usuelle de l'employeur
- l'intérêt du capital investi dans l'entreprise.

2.6.4 Montant des cotisations
(art. 28 à 32 LAVS; art. 28 à 32 RAVS; art. 2001-2130 DIN)

Dans l'AVS, les assurés sont répartis selon les groupes suivants:

2.6.4.1 Salarié et employeur

	AVS	AI	APG	Total
Salarié	4,20 %	0,70 %	0,15 %	5,05 %
Employeur	4,20 %	0,70 %	0,15 %	5,05 %
Total	**8,40 %**	**1,40 %**	**0,30 %**	**10,10 %**

2.6.4.2 Assurés exerçant une activité lucrative indépendante

Les personnes de condition indépendante doivent financer entièrement de leurs propres deniers les cotisations AVS/AI. Pour tous les indépendants dont le revenu est inférieur à 50 700 fr., un «barème dégressif» est appliqué. Depuis janvier 2001, les cotisations sont fixées pour chaque année. L'année de cotisation correspond à l'année civile. Les caisses de compensation sont liées par les données des autorités fiscales cantonales.

	AVS	AI	APG	Total
Indépendants	7,80 %	1,40 %	0,30 %	9,5 %

barème dégressif si le revenu est inférieur à 50 700 fr.

2.6.4.3 Personnes sans activité lucrative

Sont considérées comme n'exerçant aucune activité lucrative les personnes qui ne paient pas ou que de faibles cotisations AVS/AI sur le revenu d'une activité lucrative. Ce sont principalement:

- écoliers et étudiants
- globe-trotters
- invalides (s'ils ne touchent pas d'indemnités journalières de l'AI)
- chômeurs exonérés de l'impôt
- personnes qui prennent leur retraite avant d'avoir atteint l'âge ouvrant droit à la rente
- veuves sans activité lucrative qui n'ont pas encore atteint l'âge AVS
- personnes qui ne sont pas exonérées par les cotisations de leur conjoint

Le montant des cotisations est déterminé par la fortune dont dispose l'assuré, à laquelle s'ajoute le revenu annuel acquis sous forme de rente, multiplié par 20. Les cotisations AVS/AI/APG sont calculées sur la base de cette fortune totale. Elles vont de 425 fr. à 10 100 fr. par an.

Font partie du revenu tiré de rentes:

- rentes et pensions de tout genre, y compris celles qui proviennent de l'étranger
- prestations d'entretien de la femme ou de l'homme divorcé, à l'exception de celles pour enfants
- rentes pour enfants sur lesquelles les enfants n'ont pas un propre droit (p. ex. rentes pour enfants de la LPP)
- indemnités journalières des assurances maladie et accidents
- bourses et prestations analogues
- etc.

Ne font pas partie du revenu tiré de rentes:

- prestations de l'AVS et de l'AI
- prestations complémentaires à l'AVS et à l'AI
- revenus de la fortune
- contributions légales d'entretien et de soutien versées par des membres de la famille
- rentes pour enfants, dans la mesure où les enfants y ont un propre droit (p. ex. rentes pour orphelins de la LAA).

2.6.4.4 Taux de cotisation dans l'assurance facultative

Au 1er janvier 2001, le taux de cotisation de l'assurance facultative a été augmenté et porté à 9,8 %, minimum 824 fr., afin d'atténuer le déficit chronique dont souffre ce secteur. Les fonds manquants pour le financement ont été couverts par les pouvoirs publics et par l'assurance obligatoire. Les adhérents à l'assurance facultative ont ainsi bénéficié d'un privilège.

2.6.4.5 Obligation de cotiser des époux

Lorsque l'un des époux paie le double de la cotisation minimale, son conjoint est libéré de l'obligation de cotiser.

Épouse	Mari	Cotisation
avec activité lucrative	avec activité lucrative	les deux assujettis
avec activité lucrative	sans activité lucrative	mari exonéré
sans activité lucrative	avec activité lucrative	épouse exonérée
sans activité lucrative	sans activité lucrative	les deux paient des cotisations sur la moitié de la fortune du couple et la moitié du revenu de remplacement

2.7 Droit à la rente – conditions
(art. 18 LAVS)

2.7.1 Suisses et ressortissants de l'UE

2.7.1.1 Domicile en Suisse

Les personnes auxquelles au moins une année complète de revenu ou de bonification d'éducation et/ou de soins peuvent être comptées ont droit à une rente ordinaire. Il y a année complète de cotisation dès lors qu'une personne a été assurée obligatoirement ou facultativement pendant plus de onze mois et a donc payé des cotisations pendant cette période.

2.7.1.2 Domicile à l'étranger

Les mêmes conditions que pour les Suisses domiciliés en Suisse sont applicables aux Suisses résidant à l'étranger. Les prestations AVS sont en principe versées aussi à l'étranger, à l'exception toutefois des moyens auxiliaires et des allocations pour impotents.

2.7.2 Etrangers

2.7.2.1 Domicile en Suisse

Les étrangers ainsi que leurs survivants n'ayant pas la citoyenneté suisse n'ont droit aux prestations qu'aussi longtemps qu'ils sont domiciliés en Suisse. Depuis la 10e révision AVS, la durée minimale de cotisation d'un an vaut aussi pour les personnes n'ayant pas la citoyenneté suisse.

2.7.2.2 Domicile à l'étranger

Des prestations de l'AVS/AI pour étrangers peuvent éventuellement être versées à l'étranger ; cela dépend de l'accord sur les assurances sociales de l'Etat dans lequel la personne concernée est domiciliée.

2.7.3 Réfugiés et apatrides

2.7.3.1 Domicile en Suisse

Les personnes qui bénéficient passagèrement de l'asile en Suisse et qui n'exercent aucune activité lucrative sont exceptées de l'assurance obligatoire. Pour les réfugiés et apatrides reconnus, la durée minimale de cotisation d'un an est également applicable.

L'assurance de personnes et l'assurance sociale – Notions de base

2.8 Prestations
(art. 22 à 43 LAVS;
art. 46-76 RAVS; DR, LAI)

Abrégé	
Prestations de l'AVS	**Prestations de l'AI**

▪ **Rentes**
  ▪ Rentes de vieillesse
  ▪ Rente complémentaire en faveur de l'épouse (née jusqu'en 1941)
  ▪ Rentes de survivants (aux veuves, veufs et orphelins)
▪ **Moyens auxiliaires**
▪ **Subventions** à «Pro Senectute» pour l'aide à la vieillesse
▪ **Allocation pour impotent**
	▪ **Mesures de réadaptation** (indemnité journalière AI)
	▪ **Prestations sous forme de rentes**
	  ▪ Rente d'invalide
	  ▪ Rentes complémentaires évent. pour conjoints
	  ▪ Rentes pour enfants
	▪ **Moyens auxiliaires**
	▪ **Allocation pour impotent**
	▪ **Subventions à «Pro Infirmis»**

En cas de décès d'un ayant droit à la rente, le droit s'éteint à la fin du mois dans lequel le décès est survenu.

▪ Plafonnement

Pour les personnes mariées, on applique le système du splitting selon lequel une propre rente est calculée pour chacun des partenaires. La somme de ces deux rentes ne doit toutefois jamais dépasser 150 % de la rente de vieillesse maximale.

La rente de vieillesse de personnes veuves et divorcées est fixée de même selon le système du splitting. En revanche, les rentes de survivants, c.-à-d. rentes de veuves et de veufs, sont calculées sur la base de la situation de revenu de la personne décédée.

> **Que signifie «splitting»?**
> La femme et son mari reçoivent désormais chacun leur propre rente. Les revenus annuels acquis en moyenne pendant les années de mariage sont scindés pour les personnes mariées, divorcées ou veuves et crédités au compte AVS de chacun des partenaires à raison de 50 %. S'y ajoutent les bonifications pour tâches éducatives ou pour soins dispensés à des proches, bonifications qui sont également partagées.

2.8.1 Rentes de l'AVS

2.8.1.1 Rentes de vieillesse

Les hommes de 65 ans et les femmes de 64 ans ont droit à la rente de vieillesse (âge de la retraite pour les femmes en 2001: 63 ans; à partir de 2005: 64 ans).

Le partage du revenu, soit le splitting, a lieu immédiatement, sur demande, pour les personnes divorcées ou sinon, en cas d'ouverture du droit à une rente. Pour les autres personnes, le splitting ne peut se faire que dans le deuxième cas d'assurance.

Autrement dit,

- dès lors que les deux époux ont droit à une rente de vieillesse ou d'invalidité
- lorsque le mariage est dissous par divorce ou déclaré nul
- lorsque l'un des conjoints décède et que l'autre touche déjà une rente.

■ Rentes complémentaires pour l'épouse
Les hommes mariés à la retraite ont droit pour leur épouse à une rente complémentaire de 30% de la rente de vieillesse si l'épouse est née en 1941 ou avant et qu'elle ne peut elle-même prétendre à aucune rente. Cette disposition vaut encore jusqu'en 2004. La rente complémentaire sera ensuite supprimée. Aucune rente complémentaire n'est plus octroyée pour les femmes nées en 1942 et après 1942.

■ Rentes pour enfants
Si au moins l'un des parents est à la retraite, le père ou la mère a droit à une rente d'enfant pour chacun des enfants en dessous de 18 ans, éventuellement de 25 ans (enfants en formation). La rente s'élève à 40% de la rente de vieillesse en question. Si les deux parents sont à la retraite, ils ont tous deux droit à une rente pour enfants. Les rentes pour enfants sont toutefois réduites dès lors que leur somme dépasse 60% de la rente de vieillesse maximale.

■ Etrangers qui rentrent dans leur pays
Si une personne de nationalité étrangère déplace son domicile à l'étranger, le droit à la rente tombe éventuellement. Cela concerne les étrangers dont la rente ne peut être versée qu'en cas de domicile et de séjour ordinaire en Suisse (cela dépend de l'accord sur la sécurité sociale).

■ Retraite flexible
Tous les assurés peuvent, sur demande, toucher leur rente un ou deux ans avant d'atteindre l'âge légal. Le contraire est aussi possible, c.-à-d. que le versement de la rente peut être ajourné de cinq ans au maximum.

■ Perception anticipée de la rente de vieillesse
Une retraite anticipée est possible mais elle a pour conséquence une réduction de la rente la vie durant. La réduction est de 6,8% par année anticipée.

- Les hommes peuvent toucher une rente de vieillesse ainsi réduite à l'âge de 63 ans.
- Pour les femmes, la limite d'âge pour une perception anticipée de la rente est de 62 ans. Selon une disposition transitoire, le taux de réduction pour les femmes jusqu'en l'an 2010 ne s'élève qu'à 3,4%, soit la moitié du taux ordinaire de 6,8% par an.

■ Schéma: Perception anticipée de la rente

	à partir du 1.1.01	à partir du 1.1.05
Homme	**2 ans** (à 63 ans) −13,6%	**2 ans** (à 63 ans) −13,6%
	1 an (à 64 ans) −6,8%	**1 an** (à 64 ans) −6,8%

		à partir du 1.1.04 (année de naissance 42-47)
Femme		**2 ans** (à 62 ans) −6,8%
	1 an (à 62 ans) −3,4%	**1 an** (à 63 ans) −3,4%

A partir de l'année de naissance 1948, le taux de réduction est le même que pour les hommes. Pendant la durée de la perception anticipée, il n'est versé aucune rente pour enfants.

■ Ajournement de la rente de vieillesse
La possibilité existe pour tous les assurés d'ajourner d'une année au moins et de cinq ans au plus

le début du versement de la rente. L'ajournement a pour effet d'augmenter la rente versée ultérieurement d'un supplément dont le taux s'échelonne de 5,2 % à 31,5 %. Lors de l'augmentation générale des rentes, tant le montant de base de la rente que le montant dû à l'ajournement sont adaptés à l'évolution des salaires et des prix.

Durée années	0-2 mois	3-5 mois	6-8 mois	9-11 mois
1	5,2	6,6	8,0	9,4
2	10,8	12,3	13,9	15,5
3	17,1	18,8	20,5	22,2
4	24,0	25,8	27,7	29,6
5	31,5			

Il n'est pas possible d'ajourner :

- une rente de vieillesse qui succède directement à une rente d'invalidité
- une rente de vieillesse assortie d'une allocation pour impotent.

L'ajournement peut être révoqué et ainsi se terminer en tout temps. L'ajournement de la rente prend fin

- au décès de l'ayant droit à la rente
- lorsqu'une allocation d'impotent est accordée à l'ayant droit à la rente ajournée
- à l'expiration de la durée maximale de l'ajournement

2.8.1.2 Rentes de survivants

Comptent parmi les rentes de survivants les rentes d'orphelin ainsi que les rentes de veuves et de veufs qui sont calculées sur la base du revenu et des bonifications (éducation/soins) de la personne décédée.

- Supplément de carrière (échelonné selon l'âge) sur le revenu de l'activité lucrative d'une personne décédée avant l'âge de 45 ans révolus
- Supplément de veuvage de 20 % de la rente pour rentiers AVS et AI veufs

■ Rentes de veuves et de veufs

Une rente est versée à la veuve ou au veuf qui a des enfants de moins de 18 ans, que ce soient ses propres enfants, des enfants adoptés ou des enfants du conjoint décédé qui, du fait de ce décès, acquièrent le droit à une rente d'orphelin.

Les femmes reçoivent une rente de veuve même si elles n'ont pas d'enfants, si au moment du veuvage elles ont au moins 45 ans et que le mariage a duré au moins 5 ans.

Le droit à la rente s'éteint dans les deux cas :

- au décès de la personne veuve
- si le veuf ou la veuve se remarie
- si le veuf ou la veuve, de nationalité étrangère, rentre à l'étranger. (Cela vaut uniquement pour les étrangers dont la rente ne peut être payée qu'en Suisse – voir Droit à la rente – conditions)
- (pour les veufs) dès lors que le plus jeune enfant a 18 ans accomplis.

● Rente de veuve ou de veuf pour le conjoint divorcé

Une personne divorcée est assimilée à une veuve (un veuf)

- si elle a des enfants et que le mariage dissous a duré au moins dix ans
- si elle avait plus de 45 ans lors du divorce et que le mariage dissous a duré au moins dix ans
- si le plus jeune enfant atteint ses 18 ans accomplis alors que la femme divorcée a déjà eu 45 ans.

Ces cas mis à part, une personne divorcée n'a droit à une rente de veuve ou de veuf qu'aussi longtemps qu'elle a des enfants de moins de 18 ans. Il peut s'agir d'enfants de l'ex-conjoint décédé.

■ Supplément pour veuvage

Les bénéficiaires de rentes de vieillesse qui deviennent veufs ont droit à un supplément de 20 % sur leur rente. La rente et le supplément ne

Rente de veuve / rente de veuf	
Rente de veuve	**durée**
• avec enfants	illimitée
• pas d'enfants et au moins 45 ans d'âge et au moins 5 ans de mariage	illimitée
Rente de veuf	**limitée**
• enfants de moins de 18 ans	jusqu'aux 18 ans du plus jeune enfant

Rente de veuve pour femme divorcée	
avec enfants	**durée**
• au moins 10 ans de mariage	illimitée
• âgée d'au moins 45 ans lors du divorce et au moins 10 ans de mariage	illimitée
• le plus jeune enfant atteint ses 18 ans après que la mère a eu 45 ans	illimitée
• enfants de moins de 18 ans	limitée jusqu'aux 18 ans du plus jeune enfant

doivent pas dépasser en tout le montant maximum de la rente de vieillesse. Lorsqu'un veuf ou une veuve atteint l'âge de la retraite ou devient invalide, il ou elle a droit à la fois à une rente de veuf ou de veuve et à une rente de vieillesse ou d'invalidité (y compris le supplément de veuvage de 20 %). C'est la rente la plus élevée qui est versée.

■ **Rentes d'orphelin**
Les enfants dont le père ou la mère est décédé reçoivent une rente d'orphelin qui se monte à 40% de la rente de vieillesse correspondante. Si les deux parents sont décédés, ils ont droit à deux rentes d'orphelin. Là aussi, la somme des rentes est limitée à 60% de la rente de vieillesse maximale.
Les rentes d'orphelin sont versées pour les enfants jusqu'à l'âge de 18 ans. S'ils sont encore en formation, le droit à la rente d'orphelin n'expire qu'au terme de la formation, mais au plus tard après la 25e année. Les enfants adoptifs et les enfants recueillis ont également droit à une rente d'orphelin.

2.8.2 Allocation pour impotent versée à des rentiers AVS
(art. 34bis LAVS ; art. 66 RAVS)

En plus de la rente AVS, une allocation pour impotent est accordée aux personnes domiciliées en Suisse si elles sont dépendantes de l'aide de tiers dans les actes quotidiens de la vie. Le montant de l'allocation est indépendant de la situation financière de l'assuré.

L'impotence est définie par deux degrés de gravité :

- Impotence moyenne ⇒ 50 % de la rente AVS minimale
- Impotence grave ⇒ 80 % de la rente AVS minimale

(maintien du droit acquis si l'assuré bénéficiait d'une allocation pour impotent de l'AI pour impotence légère)

2.8.3 Moyens auxiliaires de l'AVS
(art. 43ter LAVS;
art. 66ter RAVS; OMAV)

Les rentiers AVS domiciliés en Suisse peuvent bénéficier de moyens auxiliaires, indépendamment de leur situation financière.

La liste des moyens auxiliaires comprend :

- chaussures orthopédiques sur mesure
- épithèses faciales
- appareils acoustiques
- appareils orthophoniques après opération du larynx
- lunettes-loupes
- perruques (participation de 1000 fr. au maximum)
- frais de location de fauteuils roulants sans moteur
- etc.

Sauf autre disposition, l'AVS fournit une contribution de 75 % du prix net. Si un rentier AVS a déjà bénéficié de moyens auxiliaires de l'AI, il conserve entièrement le droit à cette prestation. Dans l'hypothèse où ses besoins ne sont pas couverts par l'AVS et les prestations complémentaires à l'AVS/AI, le rentier AVS peut faire appel à «Pro Senectute» et au service social de sa commune.

2.8.4 Mesures de réintégration de l'AI

Le but principal de l'AI est de rétablir, par des mesures de réintégration, la capacité de gain d'un assuré; autrement dit de réinsérer l'assuré dans la vie professionnelle pour lui permettre de pourvoir lui-même à son entretien et celui de sa famille.

La réintégration a toujours priorité sur la rente. Si le but de réintégration n'est pas atteint ou ne l'est que dans une mesure insuffisante, l'octroi d'une rente peut être décidé. L'AVS et l'AI ont entre elles une grande similitude, l'AI primant toujours l'AVS. Lorsqu'un rentier AI arrive à l'âge de la retraite, la rente AVS régulière se substitue à sa rente AI.

■ **AVS / AI**

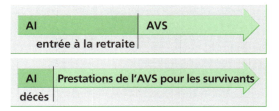

■ **Genres de mesures de réadaptation**
Les mesures de réadaptation comprennent

- reclassement professionnel
- service de placement
- orientation professionnelle
- mesures médicales
- indemnités journalières (pendant la période de reclassement)
- etc.

Le reclassement dans une nouvelle profession est adapté à l'infirmité de l'invalide et aux aptitudes qui lui restent. L'AI en assume tous les frais.

Les Offices AI s'efforcent de procurer à l'assuré, par l'intermédiaire de leur service de placement, un emploi approprié. Un service d'orientation professionnelle ainsi que le paiement des frais de formation résultant de l'invalidité font aussi partie des mesures de réintégration de l'AI. L'AI supporte le coût des mesures médicales nécessitées par la réintégration professionnelle, mais non pas des frais de traitement direct qui vont à la charge de l'assurance-maladie, accidents ou de l'assurance militaire.

Pendant la réintégration professionnelle de l'assuré, l'AI lui alloue des indemnités journalières pour assurer son entretien et celui de sa famille. Les indemnités journalières étant généralement plus élevées que la rente AI, cette mesure doit être une incitation supplémentaire à la réintégration professionnelle. Toutefois, seules les personnes dont l'incapacité de travail est d'au moins 50 % ont droit à des indemnités journalières.

2.8.5 Prestations de l'AI sous forme de rentes

2.8.5.1 Rentes d'invalidité

Si les mesures de réadaptation ne parviennent pas à rétablir la capacité de gain de l'assuré, l'octroi d'une rente d'invalidité est décidée. Le cas échéant, on distingue entre invalidité permanente et maladie de longue durée. Dans l'invalidité permanente, le droit à la rente prend naissance au moment de la survenance de l'invalidité. Un assuré atteint d'une maladie de longue durée ne reçoit une rente AI qu'après un délai d'attente d'un an pendant lequel une incapacité de travail moyenne d'au moins 40 % a persisté.

■ **Maladie de longue durée**
L'AI parle de maladie de longue durée lorsque l'état de santé de l'assuré peut s'améliorer ou s'aggraver. Dans ce cas, le droit à une rente AI prend naissance au plus tôt à l'expiration d'un temps d'attente d'une année, pendant laquelle l'incapacité de travail doit être en moyenne d'au

moins 40 pour cent. Après ce délai, une incapacité de gain au moins aussi élevée doit persister.

Exemple : Après un grave infarctus cardiaque, un agriculteur ne peut plus exercer son activité lucrative. Toutefois, étant donné que son état de santé pourrait aussi bien s'améliorer que s'aggraver, il est ici question de maladie de longue durée. Le droit à la rente prend donc naissance à l'expiration d'une année à compter de la survenance de l'infarctus.

- **Invalidité permanente**

Il y a invalidité permanente lorsqu'il est à présumer que l'état de santé de l'assuré ne va pas s'aggraver ni s'améliorer, ce qui est extrêmement rare. Le droit prend naissance au moment où un état de santé stable et une invalidité justifiant une rente sont établis.

2.8.5.2 Rentes complémentaires

Si elles exerçaient une activité lucrative immédiatement avant la survenance de l'incapacité de travail, les personnes invalides mariées ont droit à une rente complémentaire pour leur conjoint (30 % de leur rente d'invalidité) pour autant que le conjoint n'ait pas droit à une rente de vieillesse ou d'invalidité. Une condition supplémentaire est que le conjoint puisse justifier d'au moins une année entière de cotisations ou qu'il ait son domicile en Suisse. Auparavant on ne connaissait la rente complémentaire que pour l'épouse. Elle a été maintenue dans la révision de l'AVS, mais étendue au mari dans le respect de l'égalité des sexes.

2.8.5.3 Rentes pour enfants

Le bénéficiaire d'une rente d'invalidité a droit à une rente pour enfant (40 % de la rente AI en question) pour chacun des enfants qui, à son décès, aurait droit à la rente d'orphelin de l'AVS. Ce droit concerne les enfants de moins de 18 ans (25 ans pour ceux qui sont en formation). Si le père et la mère sont invalides, ils ont tous deux droit à une rente pour chacun des enfants. Les deux rentes pour enfants sont plafonnées à la somme totale de 60 % de la rente d'invalidité maximale.

2.8.5.4 Allocation pour impotent

Est réputée impotente toute personne qui, en raison de son invalidité, dépend de l'aide de tiers dans les actes quotidiens de la vie, soit se vêtir et se dévêtir, se lever, manger, faire sa toilette et se déplacer.

L'AI connaît trois degrés d'impotence :

- impotence légère ⇒ 20 % de la rente AVS minimale
- impotence moyenne ⇒ 50 % de la rente AVS minimale
- impotence grave ⇒ 80 % de la rente AVS minimale

Les assurés réputés impotents ont droit à l'allocation pour impotent sous réserve qu'ils remplissent les conditions suivantes :

- avoir 18 ans accomplis
- avoir son domicile et sa résidence habituelle en Suisse
- être impotent dans une forte mesure depuis au moins un an
- n'avoir droit à aucune allocation pour impotent de l'assurance-accidents ou de l'assurance militaire.

2.8.6 Moyens auxiliaires de l'AI

L'AI accorde aussi des prestations en nature ou des contributions aux frais d'acquisition de moyens auxiliaires. Les moyens auxiliaires sont répertoriés dans une Liste des moyens auxiliaires. Cette liste comprend :

- prothèses
- appareils acoustiques
- cannes-béquilles
- fauteuils roulants
- chiens-guides pour aveugles
- etc.

Certains moyens auxiliaires (p. ex. voiture automobile) ne sont financés par l'AI que s'ils servent à l'exercice d'une activité professionnelle.

2.8.7 Montant des rentes AVS/AI

2.8.7.1 Bonifications

■ **Bonifications pour tâches éducatives**

Pour chaque année dans laquelle une personne assurée a eu des enfants de moins de 16 ans et s'est occupée de leur éducation, un supplément – la bonification pour tâches éducatives – est ajouté au revenu de l'activité lucrative dans le calcul de la rente AVS/AI. La bonification est partagée entre les deux conjoints pendant les années de leur mariage.

Les bonifications pour tâches éducatives sont attribuées d'office à partir de l'année suivant la naissance. Une déclaration particulière n'est pas nécessaire.

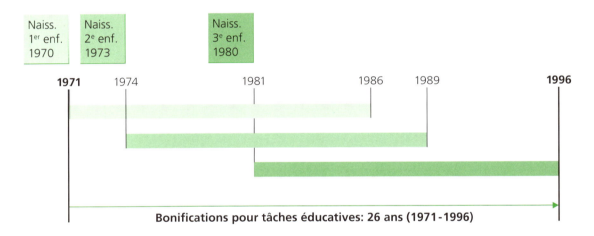

Bonifications pour tâches éducatives: 26 ans (1971-1996)

■ **Bonifications pour tâches d'assistance**

Des bonifications pour tâches d'assistance peuvent être attribuées aux personnes assurées qui s'occupent de parents (selon énumération ci-après) nécessitant des soins.

- conjoint
- enfants
- enfants d'un autre lit
- petits-enfants
- parents
- beaux-parents
- frères et sœurs (aussi ceux du conjoint)
- grands-parents (aussi ceux du conjoint)
- arrière-grands-parents (aussi ceux du conjoint)

Les conditions (cumulatives) sont les suivantes:

assistance de parents qui
- sont impotents au moins à un degré moyen
- reçoivent à ce titre une indemnité de l'AVS/AI ou de la SUVA
- vivent dans le même ménage, la même maison ou dans un immeuble situé sur le même terrain

Tout comme celles qui concernent les tâches éducatives, les bonifications pour tâches d'assistance s'ajoutent à la moyenne des revenus AVS provenant d'une activité lucrative (chiffre revalorisé). Elles sont attribuées à l'ayant droit indépendamment de son état civil. Pour les personnes mariées, les bonifications acquises pendant les années de mariage sont partagées entre les deux conjoints. Les bonifications pour tâches d'assistance améliorent les prestations AVS/AI jusqu'à hauteur de la rente maximale.

Une seule bonification peut être calculée par année et par personne bénéficiant des soins. Il ne peut être attribué à la fois des bonifications pour tâches éducatives et pour tâches d'assistance (pas de cumul des bonifications). Les bonifications pour tâches d'assistance ne sont pas attribuées d'office, même subséquemment. L'assuré doit donc faire valoir son droit chaque année auprès de la Caisse cantonale de compensation du canton de domicile, c.-à-d. s'annoncer de nouveau chaque année au bureau AVS compétent.

■ **Le facteur de revalorisation**

Etant donné que les revenus de l'activité lucrative proviennent aussi d'années à bas niveau de salaire, il est procédé à une revalorisation de la somme du revenu sur la base de facteurs de revalorisation qui sont nouvellement fixés chaque année.

2.8.7.2 Rente complète et rente partielle

Le montant de la rente simple d'un assuré dépend du revenu annuel moyen déterminant et de la somme des années de cotisation. Pour établir le revenu annuel déterminant, on prend en considération le nombre d'années de cotisation, le revenu de l'activité lucrative ainsi que les bonifications attribuées à l'assuré.

Le revenu annuel moyen se compose :

- de la moyenne du revenu de l'activité lucrative revalorisé
- de la moyenne des bonifications pour tâches éducatives et pour tâches d'assistance

Le fait qu'un assuré reçoit une rente complète ou partielle dépend uniquement du nombre d'années de cotisation. C'est la durée possible de cotisation relative à la classe d'âge de l'assuré qui est déterminant. Les personnes qui, p. ex., ont vécu longtemps à l'étranger sans s'acquitter pendant ce temps de cotisations facultatives présentent des lacunes de cotisations. Une année manquante entraîne généralement une réduction de la rente d'au moins 2,3 %. Il est tenu pour chaque assuré un compte individuel (CI) où figurent toutes les cotisations versées. Au moment de la retraite, le revenu annuel moyen est calculé à partir de ce compte. Pour établir la rente mensuelle complète on recourt au barème appelé «Echelle 44» (voir illustration). Le montant de la rente est limité vers le haut et vers le bas. La rente minimale de l'AVS pour une durée complète de cotisation s'élève à 1055 francs par mois, la rente maximale à 2110 francs par mois. L'«Echelle 44» sert également au calcul des rentes pour les femmes.

$$\text{Revenu moyen déterminant de l'activité lucrative} = \frac{\text{Revenu activité lucrative} \times \text{facteur de revaloris.} \times \text{supplém. de carrière}}{\text{Années de cotisation}} + \frac{\text{Bonif. tâches éducatives} + \text{bonif. tâches d'assistance}}{\text{Années de cotisation}}$$

L'assurance de personnes et l'assurance sociale – Notions de base

AHV/IV-Renten ab 1. Januar 2004
Rentes AVS/AI dès le 1er janvier 2004

Skala / Echelle 44

Monatliche Vollrenten
Rentes complètes mensuelles

Beträge in Franken / Montants en francs

Bestimmungsgrösse / Base de calcul — Massgebendes durchschnittliches Jahreseinkommen / Revenu annuel moyen déterminant	Alters- und Invalidenrente / Rente de vieillesse et d'invalidité	Alters- und Invalidenrente für Witwen/Witwer / Rente de vieillesse et d'invalidité pour veuves/veufs	Hinterlassenenrenten und Leistungen an Angehörige / Rentes de survivants et rentes complémentaires aux proches parents			
			Witwen/Witwer Veuves/Veufs	Zusatzrente Rente complémentaire	Waisen- und Kinderrente Rente d'orphelin ou pour enfant	Waisenrente 60 % *) Rente d'orphelin 60 % *)
bis / jusqu'à	1/1	1/1	1/1	1/1	1/1	1/1
12 660	1 055	1 266	844	317	422	633
13 926	1 082	1 299	866	325	433	649
15 192	1 110	1 332	888	333	444	666
16 458	1 137	1 365	910	341	455	682
17 724	1 165	1 398	932	349	466	699
18 990	1 192	1 431	954	358	477	715
20 256	1 220	1 463	976	366	488	732
21 522	1 247	1 496	998	374	499	748
22 788	1 274	1 529	1 020	382	510	765
24 054	1 302	1 562	1 041	391	521	781
25 320	1 329	1 595	1 063	399	532	798
26 586	1 357	1 628	1 085	407	543	814
27 852	1 384	1 661	1 107	415	554	830
29 118	1 412	1 694	1 129	423	565	847
30 384	1 439	1 727	1 151	432	576	863
31 650	1 466	1 760	1 173	440	587	880
32 916	1 494	1 793	1 195	448	598	896
34 182	1 521	1 826	1 217	456	609	913
35 448	1 549	1 858	1 239	465	619	929
36 714	1 576	1 891	1 261	473	630	946
37 980	1 604	1 924	1 283	481	641	962
39 246	1 620	1 944	1 296	486	648	972
40 512	1 637	1 965	1 310	491	655	982
41 778	1 654	1 985	1 323	496	662	993
43 044	1 671	2 005	1 337	501	668	1 003
44 310	1 688	2 026	1 350	506	675	1 013
45 576	1 705	2 046	1 364	511	682	1 023
46 842	1 722	2 066	1 377	517	689	1 033
48 108	1 739	2 086	1 391	522	695	1 043
49 374	1 756	2 107	1 404	527	702	1 053
50 640	1 772	2 110	1 418	532	709	1 063
51 906	1 789	2 110	1 431	537	716	1 074
53 172	1 806	2 110	1 445	542	722	1 084
54 438	1 823	2 110	1 458	547	729	1 094
55 704	1 840	2 110	1 472	552	736	1 104
56 970	1 857	2 110	1 485	557	743	1 114
58 236	1 874	2 110	1 499	562	749	1 124
59 502	1 891	2 110	1 512	567	756	1 134
60 768	1 907	2 110	1 526	572	763	1 144
62 034	1 924	2 110	1 539	577	770	1 155
63 300	1 941	2 110	1 553	582	776	1 165
64 566	1 958	2 110	1 566	587	783	1 175
65 832	1 975	2 110	1 580	592	790	1 185
67 098	1 992	2 110	1 593	598	797	1 195
68 364	2 009	2 110	1 607	603	803	1 205
69 630	2 026	2 110	1 620	608	810	1 215
70 896	2 042	2 110	1 634	613	817	1 225
72 162	2 059	2 110	1 647	618	824	1 236
73 428	2 076	2 110	1 661	623	830	1 246
74 694	2 093	2 110	1 674	628	837	1 256
75 960 und mehr / et plus	2 110	2 110	1 688	633	844	1 266

*) Beträge gelten auch für Vollwaisen- und ganze Doppel-Kinderrenten
*) Montants également applicables aux rentes d'orphelins doubles et aux rentes entières doubles pour enfants

■ Rente complète

Reçoit une rente complète l'assuré qui a autant d'années de cotisation que possible en fonction de sa classe d'âge. Pour un homme cela représente 44 ans, pour une femme (à partir de l'an 2000) 42 ans et 43 ans à partir de 2005. Le calcul se fait néanmoins selon l'échelle 44.

Influence du revenu et des années de cotisation sur le montant de la rente :

■ Rente partielle

L'assuré présente un nombre d'années de cotisation inférieur au nombre possible pour sa classe d'âge. En conséquence, il lui est versé une rente réduite en proportion, soit une rente partielle.

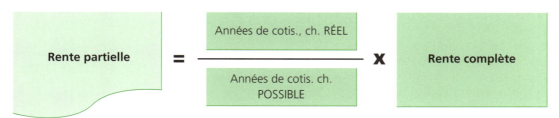

Exemple : Monsieur Chose (65) entre à la retraite. Il ne reçoit qu'une rente partielle car en raison d'un long séjour à l'étranger il ne peut attester du maximum de 44 années de cotisation. Supposons qu'après prise en considération des « années de jeunesse » et des mois supplémentaires, il lui manque encore 5 années de cotisation, et que son revenu annuel moyen était de 75.960 fr. La rente AVS/AI complète s'élèverait ainsi à 25.320 fr. La rente partielle s'établit alors comme suit :

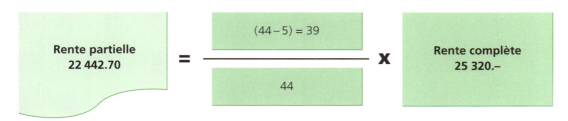

Degré d'invalidité dans la rente AI

En ce qui concerne la rente AI, elle dépend en outre du degré d'invalidité. La rente est échelonnée comme suit selon le taux d'invalidité :

- à partir de 40 %   = quart de rente
- à partir de 50 %   = demi-rente
- à partir de 66,6 % = rente complète

Rente complémentaire pour le conjoint

Les hommes et les femmes mariés ont droit à une rente complémentaire pour leur conjoint (30 % de la rente AI). Ce droit vaut aussi pour une personne divorcée si elle pourvoit de manière prépondérante à l'entretien des enfants qui lui ont été attribués et qu'elle ne peut prétendre elle-même à une rente d'invalidité.

Supplément de carrière dans le calcul de la rente AI

L'AI majore de surcroît le revenu déterminant lorsque l'assuré devient invalide avant l'âge de 45 ans. On admet qu'à cet âge la personne concernée n'a pas encore atteint le sommet de sa carrière professionnelle et qu'elle n'avait pas la possibilité d'augmenter son revenu comme pourrait le faire une personne plus âgée de même formation et dans les mêmes conditions.

Invalidité avant l'âge de 25 ans

Pour les personnes qui deviennent invalides avant d'avoir accompli leur vingt-cinquième année, la rente d'invalidité s'élève au moins à 133 $1/3$ % de la rente minimale.

2.8.7.3 Comblement de lacunes dans la durée de cotisation

Paiement subséquent

Un assuré domicilié en Suisse à qui il manque des années de cotisation pour une raison quelconque (études, voyage autour du monde, etc.), a la possibilité de payer subséquemment les cotisations des cinq dernières années manquantes. Pour le montant des cotisations, la taxation fiscale est déterminante. Une lacune de cotisation de plus de cinq ans ne peut plus être rattrapée.

Années de jeunesse

L'assuré qui a déjà payé des cotisations AVS/AI depuis l'âge de 18 ans et avant le 1er janvier suivant l'accomplissement des 20 ans révolus dispose de trois années dites «de jeunesse» qui peuvent être prises en compte dans le calcul des rentes AVS/AI pour la durée de cotisation et le revenu.

Années de jeunesse et mois supplémentaires : compensation facilitée des années de cotisation manquantes

Pour pouvoir compenser des lacunes de cotisation dans les années 1948 à 1978, il faut que l'intéressé ait eu pendant la période en question la qualité d'assuré (indépendamment du paiement de cotisations). Cette possibilité profite donc non seulement aux personnes qui étaient assujetties au paiement de cotisations AVS/AI en Suisse, mais également à des Suisses de l'étranger n'ayant pas adhéré à l'assurance facultative.

Années de cotisation

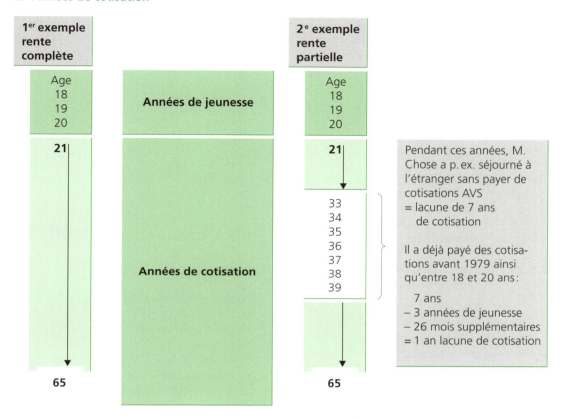

2.8.7.4 Rente ordinaire et rente extraordinaire

Rente ordinaire

Ont droit à une rente ordinaire les personnes (ou leurs descendants) auxquelles les éléments suivants peuvent être imputés au moins pour une année complète de cotisation:

- revenu
- bonifications pour tâches éducatives
- bonifications pour tâches d'assistance.

Rente extraordinaire

Les rentes extraordinaires avec limitation de revenu ont été supprimées et transférées dans le système des prestations complémentaires à l'AVS/AI. Un droit à des rentes extraordinaires ne peut subsister que si la personne en question a bien été assurée aussi longtemps que sa classe d'âge mais n'a pas été assujettie au paiement des cotisations pendant une année civile entière. En conséquence, le cercle des bénéficiaires de rentes extraordinaires se limitera à des invalides dont l'infirmité est congénitale ou acquise dans l'enfance ainsi qu'à des survivants.

2.9 Procédure

2.9.1 Exercice du droit à l'AVS
(art. 67-68 RAVS)

Les prestations AVS doivent être demandées au moyen de la formule officielle. La demande peut être déposée, accompagnée des certificats d'assurance, à l'agence communale du lieu de domicile. L'agence AVS confirme les données personnelles et transmet la demande à la caisse de compensation compétente. La demande peut aussi être adressée directement à la caisse de compensation.

La caisse de compensation émet une décision sur l'octroi des prestations AVS. Cette décision peut faire l'objet d'opposition.

La rente est versée au plus le tard le 20e jour du mois. Le bénéficiaire est tenu de son côté de communiquer sans retard à la caisse de compensation AVS tous changements dans sa situation personnelle et matérielle (p. ex. déménagement, changement d'état civil).

Compétences :

- **Rentes extraordinaires :** Caisse cantonale de compensation
- **Rentes versées à l'étranger :** Caisse suisse de compensation, Genève
- Si la personne concernée ou son conjoint **touche déjà une rente,** la caisse de compensation compétente est celle qui verse cette rente
- Pour la **demande de rente :** la caisse de compensation auprès de laquelle les dernières cotisations AVS/AI ont été payées
- **Les demandes d'allocations pour impotents** AVS doivent être présentées à la caisse de compensation qui verse déjà la rente de vieillesse.

2.9.2 Exercice du droit à l'AI

Celui qui veut exercer son droit aux prestations de l'assurance-invalidité doit présenter sa demande sur formule officielle et y joindre :

- le certificat d'assurance du requérant et, le cas échéant, celui de son conjoint
- les carnets de timbres-cotisations, s'il y en a
- une pièce d'identité
- les jugements de divorce

Personnes ayant qualité pour faire valoir le droit aux prestations :

- l'assuré lui-même
- son représentant légal
- les autorités
- les tiers qui assistent régulièrement l'assuré ou prennent soin de lui en permanence.

La demande doit être déposée auprès de l'Office AI compétent. C'est en principe celui du canton de domicile de l'assuré.

2.9.3 Contentieux
(art. 84 à 86 LAVS)

Contre la décision de l'autorité de recours, les parties peuvent former, dans les 30 jours, un recours de droit administratif auprès du Tribunal fédéral des assurances à Lucerne. Cette instance tranche définitivement.

2.9.4 Adaptation au renchérissement
(art. 33ter LAVS ; art. 51ter/quater RAVS)

Le Conseil fédéral adapte régulièrement les rentes ordinaires à l'évolution des salaires et des prix. A cet effet, il fixe l'indice des rentes pour le 1er janvier de la prochaine année civile sur proposition de la Commission fédérale AVS/AI. Cette adaptation est faite lorsque l'indice suisse des prix à la consommation à fin juin a augmenté de plus de quatre pour cent par rapport aux douze mois précédents et si les rentes n'ont pas été augmentées au 1er janvier précédent.
L'indice des rentes se fonde sur l'indice moyen des salaires et des prix à la consommation, valeurs établies par le Secrétariat d'Etat à l'économie (seco).

2.9.5 Restitution de rentes
(art. 14 et 16 LAVS ; art. 38 à 43, 78 à 79bis RAVS)

Les rentes et allocations pour impotents indûment touchées doivent être restituées. Dans les cas de rigueur, l'obligation de restituer pourra lui être remise si la personne tenue à restitution ou son représentant légal pouvait de bonne foi admettre avoir le droit de toucher la rente ou l'allocation.

2.10 L'AVS/AI en bref

Buts de la prévoyance étatique

Garantie des besoins vitaux pour l'ensemble de la population en Suisse
- dans la vieillesse
- en cas d'invalidité
- en cas de décès

Personnes assurées

Assurance obligatoire
- personnes domiciliées en Suisse
- personnes qui travaillent en Suisse
- citoyens suisses qui travaillent à l'étranger au service de la Confédération ou d'institutions désignées par le Conseil fédéral

Assurance facultative
- les ressortissants suisses et d'Etats de l'UE domiciliés hors de l'UE peuvent (sous certaines conditions) adhérer à l'assurance facultative.

Non assurés
- ressortissants étrangers au bénéfice de privilèges diplomatiques
- citoyens suisses qui travaillent à l'étranger pour une organisation internationale avec accord de siège

Cotisations des personnes de condition indépendante

Elles paient elles-mêmes en totalité les cotisations. A partir d'un revenu de 50 700 fr., le taux est de 9,5 %.
Pour les revenus inférieurs à 50 700 fr. l'échelle dite dégressive est appliquée.

Cotisations des personnes sans activité lucrative

Ces personnes doivent aussi financer elles-mêmes les cotisations. Font partie de ce groupe :
- rentiers invalides
- bénéficiaires de la retraite anticipée
- particuliers
- étudiants
- globe-trotters
- etc.

AVS / AI

Début et fin de l'assurance obligatoire

début
- à la naissance

fin
- au départ de la Suisse et à la cessation de l'activité lucrative
- au décès

Prestations de l'AVS

Rentes de l'AVS
- rentes de vieillesse
    - prestations complémentaires à l'AVS
    - rente complém. pour l'épouse (née en 41 ou avant)
    - rentes pour enfants
- allocation pour impotent rentier AVS

Prestations en cas de décès
- rentes de survivants
    - rentes de veuve ou de veuf
    - rentes d'orphelin

Autres prestations
- moyens auxiliaires

Cotisations employés / employeurs

Les cotisations du salarié sont payées chacun pour la moitié par l'employé et l'employeur. Les rentiers qui exercent encore une activité lucrative doivent payer des cotisations sur la partie de leur revenu qui excède le montant de la franchise par employeur (1400 fr. par mois ou 16 800 fr. par an).

Prestations de l'AI

Réadaptation
- mesures médicales
- mesures professionnelles
- indemnités journalières et moyens auxiliaires

Rentes
- rentes d'invalidité
- rentes complémentaires pour le conjoint
- rentes pour enfants
- allocation pour impotent

Autres prestations
- moyens auxiliaires

**L'assurance de personnes
et l'assurance sociale –
Notions de base**

3 ACI – Assurance chômage

3.1 Fondement de l'assurance-chômage

3.1.1 Historique

Autre branche de l'assurance sociale : l'assurance-chômage, destinée à couvrir la perte de gain des salariés sans emploi ou qui ont perdu leur travail. Le chômage ne se produit pas régulièrement, mais de manière inattendue, souvent en masse et à grande échelle, ce qui le rend difficile à cerner en mathématique de l'assurance. Au contraire d'autres formes de soutien aux chômeurs, en particulier l'assistance aux chômeurs, les indemnités qui leur sont allouées sont financées en majorité par les assurés et non pas exclusivement par des fonds caritatifs ou publics.

Quelques dates marquantes :

- 1884 : Création de la première véritable assurance-chômage en Suisse par la Fédération suisse des typographes
- 1893 : Fondation de la Caisse de chômage à Berne
- 1924 : Loi fédérale sur l'octroi de subsides aux caisses de chômage
- 1942 : Le Conseil fédéral uniformise l'assurance-chômage
- 1951 : Transfert des améliorations dans le droit ordinaire
- 1977 : Mise en vigueur de l'obligation pour les salariés de s'assurer
- 1982 : Le régime obligatoire est ancré dans la loi fédérale et mis en vigueur
- 1984 : LACI et OACI en vigueur
- depuis lors, plusieurs révisions partielles.

3.1.2 But

L'assurance-chômage compense pendant une certaine période le revenu de l'activité lucrative des personnes concernées. Elle cherche en outre à prévenir le chômage et à en raccourcir la durée.

La loi sur l'assurance-chômage vise à garantir aux personnes assurées une compensation convenable du manque à gagner causé par

- le chômage
- la réduction de l'horaire de travail
- les intempéries
- l'insolvabilité de l'employeur.

Par des mesures de marché du travail, la loi veut en outre

- prévenir le chômage imminent
- combattre le chômage existant.

3.2 Bases légales

■ Constitution fédérale
Art. 114

■ Loi fédérale
Loi fédérale sur l'assurance-chômage obligatoire et l'indemnité en cas d'insolvabilité (Loi sur l'assurance-chômage, LACI), en vigueur depuis le 1er janvier 1983/1984.

■ Ordonnances
- Ordonnance sur l'assurance-chômage obligatoire et l'indemnité en cas d'insolvabilité
- Ordonnance sur l'assurance-accidents des personnes au chômage
- Ordonnance sur la prévoyance professionnelle obligatoire des personnes au chômage
- Ordonnance sur l'adaptation des taux forfaitaires dans l'AC
- Ordonnance concernant les jours de carence dans l'AC
- etc.

3.3 Organisation de l'assurance-chômage

Coopèrent à l'organisation et à l'application de l'assurance chômage :

- Cantons : les caisses de chômage cantonales avec les offices régionaux de placement (ORP)
- les caisses d'association : organisations de salariés ou d'employeurs

Les organes de l'assurance-chômage collaborent étroitement avec ceux de l'AVS. Les cotisations AC sont déduites directement du salaire avec les cotisations AVS/AI/APG et versées aux caisses de compensation.

Le «seco» (Secrétariat d'Etat à l'économie) exerce la haute surveillance sur les caisses de chômage. La surveillance sur les caisses cantonales incombe à l'autorité cantonale (département de l'économie et du travail ; la désignation varie selon le canton).

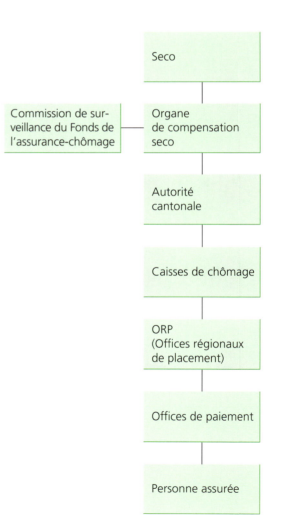

3.4 Personnes assurées

3.4.1 Assurance obligatoire
(art. 2 LACI)

Tous les travailleurs sont d'office affiliés à l'assurance-chômage. L'obligation d'assurance se recouvre presque entièrement avec celle de l'AVS.

3.4.2 Personnes non assurées

Les personnes de condition indépendante ne sont pas assurées et n'ont donc pas droit aux prestations. Font partie de cette catégorie les employeurs qui sont p. ex. associés de sociétés de personnes, ces sociétés ne payant pas de cotisations à l'assurance-chômage.
Les travailleurs frontaliers ne sont pas assurés non plus mais ils sont tenus de cotiser. Ils peuvent faire valoir des prestations dans leur pays.

3.4.3 Assurance facultative

La Constitution contient théoriquement une possibilité pour les indépendants de s'assurer. Il n'en est pas fait usage jusqu'à présent parce qu'elle n'a pas été réglée par la loi. Pour l'heure, l'assurance facultative n'est donc pas possible.

3.4.4 Particularité

Les chômeurs inscrits à l'Office du travail sont assurés à l'AVS, l'AI et aux APG. Ils sont en outre assujettis à la LAA et la LPP.

3.5 Début et fin de l'assurance

3.5.1 Début

Le principe est que la protection d'assurance est liée à l'exercice d'une activité lucrative dépendante. Dans la pratique, la protection d'assurance existe dès la fin de la scolarité obligatoire jusqu'à l'âge de la rente AVS.

3.5.2 Fin

Le droit aux prestations de l'assurance-chômage s'éteint dès lors que l'assuré met fin à son activité lucrative dépendante ou atteint l'âge ordinaire de la retraite. C'est aussi le cas s'il prend une retraite anticipée.

3.6 Financement

3.6.1 Sources de financement
(art. 90 LACI)

L'assurance-chômage est financée par les cotisations des assurés et des employeurs ainsi que par les intérêts du fonds de compensation. Comme dans l'AVS/AI, l'assurance fonctionne selon la méthode de la répartition, c.-à-d. qu'en principe, les dépenses d'une période doivent être couvertes par les cotisations de la même période. Le taux des cotisations à l'AC peut être adapté au besoin financier qui est sujet à variation selon la situation économique et donc le nombre de chômeurs.
La Confédération et les cantons accordent des prêts à un taux d'intérêt approprié si, malgré l'application du taux de cotisation maximum, les cotisations jointes aux réserves éventuelles du fonds de compensation AC ne suffisent pas.

3.6.2 Fonds de roulement des caisses

L'organe de compensation veille à ce que chaque caisse dispose d'un fonds de roulement approprié à ses charges, capital prélevé sur le fonds de compensation. La caisse gère son fonds de roulement fiduciairement. Elle peut au besoin demander des avances à l'organe de compensation.

3.6.3 Cotisations
(art.1 et 2a LACI)

Est tenu de cotiser à l'assurance-chômage celui qui est obligatoirement assuré à l'AVS/AI et doit de ce chef payer des cotisations sur le revenu d'une activité dépendante ou celui qui, en vertu de cette loi, est assujetti à l'AVS au titre d'employeur.

Les cotisations sont, à parts égales, à la charge du travailleur et de l'employeur. Elles sont déduites avec les cotisations AVS/AI/APG à chaque paiement de salaire. L'employeur transmet ces cotisations avec sa part à la caisse de compensation AVS compétente.

L'obligation de cotiser à l'assurance-chômage commence à la prise d'une activité dépendante, mais au plus tôt le 1er janvier qui suit les 17 ans accomplis. Elle prend fin dès que l'assuré cesse d'exercer une activité dépendante ou prend une retraite anticipée, mais au plus tard lorsqu'il atteint l'âge ordinaire de la rente AVS. S'il continue de travailler, l'obligation de cotiser s'éteint, tout comme le droit aux prestations.

Exemple:

La cotisation ordinaire à l'assurance-chômage s'élève à 2 % du salaire assuré. Travailleur et employeur paient chacun 1% (jusqu'à 106 800 fr. du revenu annuel).

Mais pour 2003, le calcul se présente comme suit:

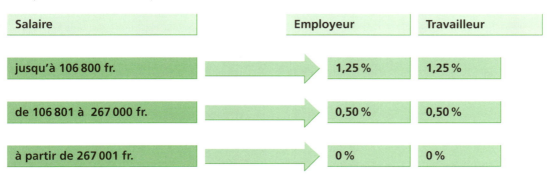

Salaire	Employeur	Travailleur
jusqu'à 106 800 fr.	1,25 %	1,25 %
de 106 801 à 267 000 fr.	0,50 %	0,50 %
à partir de 267 001 fr.	0 %	0 %

Si le revenu annuel dépasse 106 800 francs (jusqu'au maximum de 267 000 fr.), un pourcent supplémentaire du salaire est mis à la charge de l'employeur et du travailleur si les dettes de l'assurance-chômage dépassent cinq milliards de francs.

La Confédération a accordé un prêt à l'assurance-chômage. Actuellement la dette se chiffre en milliards.

La contribution extraordinaire de 1% sert au remboursement de cette dette.

3.7 Droit aux prestations – conditions

3.7.1 Aide aux chômeurs
(art. 20 LACI)

Pour pouvoir toucher l'indemnité de chômage, la personne concernée doit se présenter à l'office du travail de sa commune de domicile au plus tard le premier jour pour lequel elle prétend à des indemnités. Elle doit ensuite se conformer aux prescriptions de contrôle. L'assuré est tenu en premier lieu d'accepter un travail réputé convenable qui lui est proposé. L'office du travail peut en outre lui enjoindre de suivre des cours appropriés de conversion ou de perfectionnement propres à améliorer son aptitude au placement.

Le droit aux prestations de l'assurance-chômage s'éteint si les documents requis ne sont pas déposés dans les trois mois. Ce délai court dès la fin de la période de contrôle à laquelle il se rapporte.

> **■ Conditions du droit à l'indemnité (art. 8 LACI)**
>
> L'assuré a droit aux prestations de l'assurance-chômage s'il remplit les sept conditions **cumulatives** ci-après :
> - il est sans emploi ou partiellement sans emploi
> - il a subi une perte de travail à prendre en considération
> - il est domicilié en Suisse
> - il a achevé sa scolarité obligatoire et ne touche pas de rente de vieillesse de l'AVS
> - il remplit les conditions relatives à la période de cotisation ou en est libéré
> - il est apte au placement, c.-à-d. qu'il est disposé, autorisé et en mesure d'accepter un travail convenable
> - il satisfait aux exigences de contrôle.
>
> En général, les personnes de moins de 25 ans sont indemnisées à un taux forfaitaire (uniquement si elles n'ont pas de période de cotisation – c.-à-d. si elles n'ont pas travaillé pendant au moins 12 mois).

3.7.2 Indemnité en cas de réduction de l'horaire de travail
(art. 36, 38, 47 AVIG, art. 60-61, 69 OACI)

L'employeur qui envisage d'introduire une réduction de l'horaire de travail est tenu d'en aviser l'office cantonal du travail dix jours au moins avant le début de cette mesure. Il en résulte pour l'employeur le droit à l'indemnité y relative pour ses salariés.

N'ont pas droit à l'indemnité pour réduction de l'horaire de travail les travailleurs :

- dont le contrat de travail a été résilié
- dont les rapports de travail sont de durée limitée
- dont la réduction de l'horaire de travail ne peut être déterminée ou dont l'horaire de travail n'est pas suffisamment contrôlable
- qui sont en apprentissage
- qui sont au service d'un loueur de personnel (travail temporaire)
- qui font un séjour de courte durée ou sont frontaliers

N'ont pas droit non plus à l'indemnité :
- le conjoint de l'employeur
- les personnes qui, en qualité de membres des organes dirigeants de l'entreprise, peuvent influencer considérablement les décisions que prend l'employeur.

3.7.3 Indemnité en cas d'intempéries

L'employeur est tenu d'aviser l'office cantonal du travail de l'interruption de travail dû aux intempéries au plus tard le cinquième jour du mois civil suivant.

Ont droit à l'indemnité les travailleurs dont l'horaire normal de travail dans l'entreprise est réduit ou totalement arrêté en raison des conditions météorologiques, dans la mesure où ils subissent de ce fait une perte de travail à prendre en considération.

- Il n'y a pas de durée minimale de cotisation (les travailleurs à l'année nouvellement arrivés et les frontaliers ont droit à l'indemnité, le cas échéant, dès le premier jour d'engagement).
- Même un travailleur dont l'employeur n'est pas tenu de cotiser a droit à l'indemnité.
- Au contraire de ce qui prévaut pour l'indemnité en cas de réduction du travail, les apprentis et les travailleurs dont les rapports de travail sont limités ou résiliés ont aussi droit à l'indemnité en cas d'intempéries. Il en est de même pour les frontaliers.

Toutefois, l'indemnité en cas d'intempéries n'est pas allouée :

- aux travailleurs dont la perte de travail ne peut être déterminée ou dont la durée du travail n'est pas suffisamment contrôlable
- à ceux qui sont au service d'une entreprise de travail temporaire
- au conjoint de l'employeur
- à la personne qui, faisant partie des organes dirigeants de l'entreprise, peut influencer considérablement les décisions de l'employeur.

Les branches d'activité ayant droit à l'indemnité en cas d'intempéries sont énumérées exhaustivement dans l'ordonnance :

- Bâtiment et génie civil, charpenterie, taille de pierre et carrières
- Sylviculture, pépinières et extraction de tourbe (si ces activités ne sont pas accessoires à une exploitation agricole)
- Extraction de sable et gravier, extraction de terre glaise et tuilerie
- Construction de voies ferrées et de conduites en plein air, pêche professionnelle
- Aménagements extérieurs (jardins)
- Scierie
- Transports servant uniquement à ces chantiers
- La main d'œuvre affectée aux seules exploitations viticoles, plantations et exploitations fruitières ou maraîchères peut être indemnisée lorsque les travaux saisonniers ne peuvent pas s'effectuer normalement en raison d'une sécheresse inhabituelle ou de pluies intempestives.

Pour que la perte de travail soit prise en considération, il faut qu'elle soit exclusivement imputable aux conditions météorologiques et que la poursuite des travaux soit techniquement impossible, engendre des coûts disproportionnés ou ne puisse être exigée des travailleurs. Seuls des demi-jours ou des jours entiers sont indemnisés.

Les avis de l'employeur annonçant une réduction de travail ou une interruption pour cause d'intempéries doivent contenir les indications suivantes :

- nombre des travailleurs occupés dans l'entreprise et des travailleurs concernés
- ampleur et durée probables de la réduction ou de l'interruption du travail
- caisse de chômage auprès de laquelle le droit à l'indemnité sera prétendu.

3.7.4 Indemnité en cas d'insolvabilité

Le droit à l'indemnité en cas d'insolvabilité doit être annoncé dans un délai de 60 jours à compter de la date de la publication de la faillite dans la Feuille officielle suisse du commerce ou, suivant le cas, de la date de l'exécution de la saisie.

Ont droit à l'indemnité les travailleurs concernés, dont l'employeur est sujet en Suisse à une procédure d'exécution forcée ou qui emploie de la main d'œuvre en Suisse. Les conditions ci-après relatives à la poursuite ou la faillite doivent être remplies :

- Le droit naît au plus tôt à la fin de la scolarité obligatoire et s'éteint à l'âge de la rente de vieillesse de l'AVS.
- Le conjoint de l'employeur n'a pas droit à l'indemnité, ni non plus les personnes qui, faisant partie des organes dirigeants de l'entreprise, peuvent influencer considérablement les décisions de l'employeur.

Pour pouvoir faire valoir l'indemnité en cas d'insolvabilité, il faut que la faillite de l'employeur insolvable soit ouverte ou qu'une demande de saisie pour créance de salaire ait été présentée. Exception : en cas de surendettement notoire de l'employeur, lorsque aucun créancier n'est prêt à faire l'avance des frais. Si le tribunal prononce un ajournement de faillite, c'est une condition suffisante pour ouvrir le droit à l'indemnité. La demande doit être présentée à la caisse cantonale compétente pour le siège principal de l'entreprise.

3.7.5 Mesures relatives au marché du travail

L'assurance-chômage encourage par des prestations en espèces la reconversion, le perfectionnement et l'intégration professionnels des assurés dont le placement est impossible ou très difficile pour des raisons inhérentes au marché de l'emploi. Ces mesures doivent améliorer l'aptitude au placement d'un chômeur.

Le chômeur peut demander au service compétent la prise en charge des frais ; il doit présenter sa demande dix jours au moins avant le début du cours. Les demandes d'indemnité pour frais de déplacement quotidien, de contributions aux frais de séjour hebdomadaire et allocations d'initiation au travail doivent être présentées dix jours au moins avant l'entrée en fonction. Les demandes de contributions pour des cours de reconversion et de perfectionnement ou des programmes d'occupation doivent être présentées dix jours au moins avant le début du cours.

3.8 Prestations

Depuis sa fondation, l'assurance-chômage s'est modifiée au cours du temps. Elle sert à l'heure actuelle cinq genres de prestations d'assurance :

- **Indemnité de chômage :** compensation convenable du manque à gagner dû au chômage
- **Indemnité en cas de réduction de l'horaire de travail :** compensation du coût des salaires en cas de réduction de l'horaire de travail
- **Indemnité en cas d'intempéries :** compensation du coût des salaires en cas d'interruption du travail en raison des conditions météorologiques
- **Indemnité en cas d'insolvabilité :** compensation du revenu en cas d'insolvabilité de l'employeur
- **Mesures relatives au marché du travail :** prestations en espèces au titre des mesures propres à combattre le chômage.

3.8.1 Indemnité de chômage
(art. 8-30 LACI ; art. 3-45 ACI)

L'assurance-chômage compense au travailleur, en fonction du montant de son précédent revenu et de ses éventuelles obligations d'entretien, une partie de la perte de salaire qu'il subit en raison du chômage :

Sans obligation d'entretien	70 %
Avec obligation d'entretien	80 %

Est assuré le revenu du salaire jusqu'à hauteur de 106 800 fr. (brut) par an.

1er **exemple:** *Calcul pour un gain intermédiaire de 60% du salaire assuré*

M. Chose gagne 5000 fr. par mois. Tombé au chômage, il touche l'indemnité suivante s'il prend une activité à 60%.

Sans gain intermédiaire
L'indemnité journalière s'élève à 80% du salaire assuré (personne avec obligation d'entretien)
Il manque 1000 fr. par mois

Avec gain intermédiaire
Avec un gain intermédiaire de 60% du salaire assuré, la perte mensuelle se réduit à 400 fr.

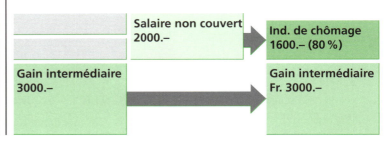

2ᵉ exemple : Base de calcul de l'indemnité journalière pour chômeur (salaire fictif) libéré des conditions relatives à la période de cotisation, qui prétend à une «bonification d'éducation» ou qui devient chômeur à la fin d'un apprentissage.

- Motif de libération : formation scolaire, reconversion, perfectionnement professionnel ou chômage en cours d'apprentissage.

	Moins de 20 ans*	20-25 ans*	A partir de 25 ans
Sans formation professionnelle achevée (la maturité ne vaut pas comme fin de formation professionnelle)	Fr. 20.–/jour Fr. 434.–/mois	Fr. 51.–/jour Fr. 1 106.70/mois	Fr. 102.–/jour Fr. 2 213.40/mois
Apprentissage terminé**	Fr. 63.50/jour Fr. 1 378.–/mois	Fr. 63.50/jour Fr. 1 378.–/mois	Fr. 127.–/jour Fr. 2 755.90/mois
Etudes universitaires ou ETS achevées		Fr. 76.50/jour Fr. 1 660.–/mois	Fr. 153.–/jour Fr. 3 320.10/mois

* Montants doublés en cas d'obligation d'entretien envers des enfants.
** Si le salaire d'apprenti était plus élevé avant le chômage, c'est ce salaire qui est déterminant.

- Autres motifs de libération : chômage après plus de douze mois d'incapacité de travail pour cause de maladie, d'accident, de maternité, séjour dans un établissement de détention; nécessité de chercher une activité salariée après le décès du conjoint ou par suite de séparation ou de divorce; retour au pays après avoir exercé une activité salariée pendant plus d'un an à l'étranger.

	Moins de 20 ans*	20-25 ans*	A partir de 25 ans
Sans formation professionnelle achevée (la maturité ne vaut pas comme fin de formation professionnelle)	Fr. 40.–/jour Fr. 868.–/mois	Fr. 102.–/jour Fr. 2 213.40/mois	Fr. 102.–/jour Fr. 2 213.40/mois
Apprentissage terminé**	Fr. 127.–/jour Fr. 2 755.90/mois	Fr. 127.–/jour Fr. 2 755.90/mois	Fr. 127.–/jour Fr. 2 755.90/mois
Etudes universitaires ou ETS achevées		Fr. 153.–/jour Fr. 3 320.10/mois	Fr. 153.–/jour Fr. 3 320.10/mois

* Montants doublés en cas d'obligation d'entretien envers des enfants.
** Si le salaire d'apprenti était plus élevé avant le chômage, c'est ce salaire qui est déterminant.

3.8.1.1 Délai-cadre

Dans l'assurance-chômage, le «délai-cadre» est de deux ans et il s'applique à tous les travailleurs, tant pour le droit aux prestations que pour la période de cotisation. Cela signifie que pendant les deux ans précédant le début du chômage, le travailleur a dû payer des cotisations pendant au moins douze mois. Si toutes les conditions sont remplies, le chômeur a droit à 400 indemnités journalières jusqu'à l'âge de 55 ans et à 520 indemnités après 55 ans.

Le délai-cadre est prescrit pour la période de cotisation. L'assuré qui, à l'intérieur de ce délai, a exercé une activité soumise à cotisation pendant au moins 12 mois remplit la condition de durée de cotisation, ce qui l'autorise à toucher des prestations en cas de chômage.

Si dans les trois ans qui suivent l'expiration de ce délai-cadre pour le droit aux prestations l'assuré redevient chômeur ou reste sans emploi, il doit attester, pour avoir droit aux prestations, une période minimale de cotisation de 12 mois afin de réaliser un nouveau délai-cadre. Plusieurs contrats de travail temporaire s'additionnent.

Mois de cotisation (période de cotisation) ← → **Nombre maximum d'indemnités journalières (5 par semaine) (droit aux prestations)**

Cotisations

Délai-cadre
en l'espace de deux ans
12 mois de cotisation

s'il manque **un seul jour,** aucune indemnité journalière de chômage n'est payée.

Prestations

- en fonction de l'âge

jusqu'à 55 ans	400
à partir de 55 ans	520
rentiers AI	520

Régime particulier pour
- Rentiers AI ou AA si une demande de rente qui a des chances d'aboutir a été présentée (520 indemnités journalières normales)
- Les personnes qui sont à deux ans et demi de l'âge donnant droit à une rente AVS ordinaire reçoivent 520 indemnités journalières normales et 120 indemnités supplémentaires (au total 640); prolongation de six mois du délai-cadre qui est porté à 2,5 ans

Calcul de l'indemnité journalière:

$$\text{Gain journalier} = \frac{\text{Gain mensuel } 80\% \text{ ou } 70\%}{21,7 \text{ jours}}$$

L'assurance-chômage verse 5 indemnités journalières par semaine (du lundi au vendredi)

3.8.1.2 Délais d'attente

Le délai d'attente est la période allant du début du chômage jusqu'au moment où l'indemnité de chômage est versée. En fait, ce délai ne commence à courir qu'au moment de l'inscription à l'office du travail communal. Seuls sont ainsi indemnisés des jours «contrôlés», c.-à-d. les jours pour lesquels toutes les conditions du droit à l'indemnité sont remplies. Ces jours d'attente n'ont aucune influence sur le droit au nombre maximum d'indemnités; ils ne font que différer le paiement.

Un délai d'attente général de 5 jours est en principe applicable à tous. Il y a en plus un délai d'attente particulier qui est défini pour certains groupes.

■ Délai d'attente général et délai d'attente particulier

Pendant le délai-cadre de deux ans, les délais d'attente ne doivent être observés qu'une fois.	Délai d'attente général (art. 18 LACI al. 1 et art. 6a OACI)	Délai d'attente particulier (art. 6 OACI)	Délai d'attente total
Assurés libérés des conditions relatives à la période de cotisation pour cause de formation scolaire, reconversion ou perfectionnement professionnel et qui en outre ■ ont moins de 25 ans ■ n'ont pas d'obligation d'entretien envers des enfants et ne sont au bénéfice d'aucune formation professionnelle achevée	5	120	125
Autres personnes libérées de l'assurance	5	5	10
Assurés au terme d'une activité à caractère saisonnier dans des professions où les changements d'employeurs sont fréquents et les engagements de durée limitée	5	1	6
Autres assurés (en font partie les titulaires d'un diplôme de fin d'apprentissage et les assurés qui font valoir des périodes éducatives)	5		5

Légende:

5 Le délai d'attente général ne s'applique pas aux personnes dont le gain assuré est inférieur à 3000 francs par mois. Ce montant est relevé de 1000 francs pour le premier enfant et de 500 francs pour chaque enfant suivant.

1 Ce jour d'attente ne doit être observé qu'une fois pendant une période de contrôle (mois).

3.8.1.3 Jours de suspension

Le droit de l'assuré à l'indemnité de chômage est suspendu lorsque celui-ci contrevient aux obligations que lui imposent
- la loi
- l'office du chômage
- l'ORP.

La durée de la suspension varie selon le degré de gravité de la faute : faute légère, de gravité moyenne ou faute grave.

■ **Degré de gravité de la faute**

- faute légère 1-15 jours
- gravité moyenne 16-30 jours
- faute grave 31-60 jours

Motifs d'une suspension :
- Recherche insuffisante de travail pendant le délai de résiliation
- Renonciation totale à la recherche de travail pendant le délai de résiliation
- Refus d'un emploi convenable de durée limitée
- Deuxième refus d'un emploi convenable de durée limitée
- Refus de participer à un programme d'occupation
- Violation du devoir de renseigner

Le nombre de jours de suspension est fixé par l'office du travail compétent selon sa marge d'appréciation.

Exemple : J. Chose, 43 ans, devient chômeur. Il a résilié son contrat de travail sans avoir cherché un nouvel emploi. Il est frappé de jours de suspension :

nombre normal d'indemnités	400 jours
jours de suspension déduits	60 jours
nouveau droit	**340 jours**

3.8.2 Indemnité en cas de réduction de l'horaire de travail
(art. 31-41 LACI ; art. 46-64 OACI)

Définition de la réduc. de l'horaire de travail
On entend par là la réduction temporaire ou l'interruption complète de l'exploitation ou d'un département autonome de l'exploitation. Cette mesure doit être due à des facteurs économiques (manque de commandes) et être inévitable. Elle nécessite l'accord du personnel concerné.
Peuvent aussi être prises en considération à ce titre les pertes de travail dues à des circonstances non imputables à l'employeur, p.ex.
- lorsque à la suite de mesures prises par les autorités les employés ne peuvent pas accéder au lieu de travail (p. ex. routes barrées en cas de danger d'avalanche)
- lors de perte de clientèle due aux conditions météorologiques

Avantages de la réduc. de l'horaire de travail
- on évite des licenciements ; les emplois sont maintenus
- les contrats de travail sont maintenus
- il n'y a pas de lacunes dans les assurances sociales
- l'entreprise épargne les frais de la fluctuation de personnel ; maintien du savoir-faire.

Peuvent prétendre à l'indemnité pour réduction de l'horaire de travail les employeurs dont l'entreprise doit réduire l'horaire normal de travail ou interrompre complètement le travail pour une durée temporaire, dans la mesure où ils subissent de ce fait une perte de travail pouvant être prise en compte. Une réduction de l'horaire de travail ne peut pas être imposée au personnel. Si le personnel refuse, le droit à l'indemnité tombe. L'employeur serait alors débiteur du plein salaire et dans ce cas les travailleurs courraient le risque d'être congédiés. Pour qu'une perte de travail soit prise en considération, elle doit être imputable à des facteurs économiques, être inévitable et avoir une certaine ampleur (au moins 10 pour cent de l'horaire de travail usuel de l'entreprise ou du département concerné). Il est exclu de faire valoir une réduction de l'horaire de travail pendant les vacances ou en cas de maladie.

Ne peuvent pas être prises en considération les pertes de travail :

- qui sont usuelles dans la branche ou le genre d'entreprise
- qui sont dues à des fluctuations saisonnières de l'emploi
- qui sont causées par un conflit de travail (grève)
- qui sont dues à des mesures touchant à l'organisation de l'entreprise (p. ex. nettoyages, réparation, entretien, absence du contremaître, orage, etc.). Le chef d'entreprise doit inclure ce genre de perte dans le calcul de ses prix.

■ **Calcul de l'indemnité**

En cas de réduction de l'horaire de travail, l'employeur doit verser au travailleur 100 % du salaire pour les heures travaillées et 80 % du salaire pour les heures de travail perdues. Les déductions AVS/AI/APG restent dues sur 100 % du salaire.

■ **Durée**

L'indemnité pour réduction de l'horaire de travail est versée pendant 12 mois par entreprise ou secteur ; cela, sur une période de deux ans.

3.8.3 Indemnité en cas d'intempéries
(art. 42-50 LACI, art. 65-72 OACI)

■ **Calcul de l'indemnité**

L'indemnité en cas d'intempéries s'élève à 80% de la perte de gain.

■ **Durée**

Elle est versée au maximum durant six périodes de décompte (six mois) par entreprise ou secteur ; là aussi, le délai d'indemnisation est de deux ans.

3.8.4 Indemnité en cas d'insolvabilité
(art. 51-58 LACI, art. 73-80 OACI)

■ **Calcul de l'indemnité**

L'indemnité en cas d'insolvabilité couvre la perte de gain à hauteur de 100 %.

■ **Durée**

Elle s'étend sur quatre mois. Autrement dit, quatre mois de salaire sont payés.

3.8.5 Mesures relatives au marché du travail
(art. 59-75 LACI, art. 81-102 b OACI)

Les mesures relatives au marché du travail ont pour but de réaliser une réintégration durable et aussi rapide que possible de la personne menacée ou touchée par le chômage.

Les travailleurs ont droit aux prestations accordées au titre des mesures relatives au marché du travail
- s'ils sont au chômage ou sur le point d'y être sans qu'il soit possible de leur assigner un travail convenable
- s'ils remplissent les conditions de la période minimale de cotisation ou en sont libérés
- s'ils fréquentent un cours sur instruction ou avec l'assentiment de l'autorité cantonale.

Celui qui décide de son propre chef de suivre un cours doit obtenir l'assentiment de l'autorité cantonale. A cet effet, il lui présentera une demande motivée à laquelle il joindra les documents nécessaires. Des indemnités journalières particulières sont prévues pour les jours auxquels le travailleur participe à une mesure relative au marché du travail, sur instruction ou avec l'assentiment de l'autorité cantonale. Même les personnes qui ne remplissent pas les conditions de la période de cotisation et n'en sont pas libérées peuvent obtenir des subventions pour les frais d'écolage et le matériel didactique ainsi que pour les frais de déplacement entre le domicile et le lieu du cours. Un délai-cadre de deux ans est ici applicable.

Les mesures relatives au marché du travail comprennent les prestations suivantes:

- **cours** de perfectionnement professionnel
- **stages professionnels et de formation** pour personnes sans emploi, sans expérience professionnelle et qui ont déjà touché 150 indemnités de chômage
- **allocations de formation** pour assurés sans emploi qui ont plus de 30 ans et n'ont pas achevé de formation professionnelle; ils peuvent faire un apprentissage et améliorer ainsi leur aptitude au placement.
- **allocations d'initiation au travail** pour personnes âgées ou sans emploi dont le placement est très difficile; cette mesure est destinée à encourager les employeurs à engager des chômeurs (contrat).
- **semestres de motivation,** soit des programmes d'occupation limités pour des personnes sortant de la scolarité obligatoire
- **contributions aux frais de déplacement quotidien ainsi qu'aux frais de déplacement et de séjour hebdomadaires;** cette mesure, qui favorise la mobilité géographique, peut augmenter les chances de placement
- **encouragement à une activité indépendante** (mesure liée à certaines conditions).

3.9 Contentieux

3.9.1 Voies de droit

Les décisions rendues par l'office cantonal et par la caisse de chômage sont communiquées par écrit à la personne intéressée.
S'il n'accepte pas la décision, l'assuré a 30 jours pour saisir l'autorité cantonale de recours (tribunal des assurances sociales). Le recours, formulé par écrit, doit contenir une présentation concise des faits, les conclusions et un bref exposé des motifs.

Les parties peuvent contester le jugement de l'autorité cantonale de recours (tribunal des assurances sociales) dans le délai de 30 jours, par recours de droit administratif devant le Tribunal fédéral des assurances à Lucerne qui tranche définitivement.

Les décisions du «seco» et de l'organe de compensation sont sujettes à recours auprès du Département fédéral de l'économie (DFE). Là aussi, le jugement peut être porté jusqu'au Tribunal fédéral des assurances.

3.10 L'assurance-chômage en bref

Genres de prestations selon la LACI (sans les mesures relatives au marché du travail)

Genre de prestation	Indemnité de chômage art. 8-30 LACI art. 3-45 OACI	Indemnité en cas de réduction de l'horaire de travail art. 31-41 LACI art. 46-64 OACI	Indemnité en cas d'intempéries art. 42-50 LACI art. 46-64 OACI	Indemnité en cas d'insolvabilité art. 51-58 LACI art. 73-80 OACI
But	compensation de la perte de gain	compensation de perte de gain, prévention de licenciement		compensation de perte de gain
Destinataires	travailleurs assurés (depuis au moins 12 mois) et nouveaux arrivés sur le marché du travail (gain minimum 500 fr.; travail à domicile 300 fr.)	le travailleur doit être assujetti au paiement des cotisations (exception pour différents groupes de personnes)	uniquement pour certaines branches, p. ex. construction, sylviculture, etc.	travailleurs d'une entreprise dont le lieu de travail ou le for de la faillite est en Suisse
Evénement assuré	chômage total ou partiel	réduction/interruption temporaire de l'horaire de travail due à des facteurs économiques	interruption forcée du travail due aux intempéries	perte de salaire en cas de faillite de l'employeur (heures travaillées)
Gain maximum assuré	8900 fr. par mois			
Montant de la prestation	70 ou 80 % du salaire assuré suivant les conditions du droit à l'indemnisation	80 % de la perte de gain		100 % de la perte de gain

Genres de prestations selon la LACI (sans les mesures relatives au marché du travail)

Durée de la prestation	selon l'âge de l'assuré, jusqu'au maximum de 520 jours, par délai-cadre de 2 ans (5 jours par semaine)	12 mois par entreprise, évent. par secteur, et par période de deux ans (indemnités en cas de réduction de travail et en cas d'intempéries ensemble: 12 mois)	6 mois par entreprise, évent. par secteur, et par période de deux ans (indemnités en cas de réduction de travail et en cas d'intempéries ensemble: 12 mois)	4 salaires mensuels
Taux de cotisation	▪ employeur et travailleur 1% chacun, jusqu'à un revenu annuel de 106 800 fr.			

Les principales mesures relatives au marché du travail

Genre de prestation	Ind. journalière lors de cours et frais du cours	Stages professionnels et de formation	Allocations de formation	Allocations d'initiation au travail	Contributions aux frais de voyage quotidien et de déplacement + séjour hebdomadaires
But	Favoriser la mobilité professionnelle	Expérience professionnelle dans le domaine habituel	Etendre l'aptitude au placement	Motiver l'employeur à maintenir les emplois	Encourager la mobilité géographique
Destinataires	Assurés au chômage ou menacés de chômage	au terme d'un apprentissage sans expérience professionnelle; après avoir touché 150 indemnités journalières	au moins 30 ans; a rempli la période de cotisation ou en est libéré; pas de formation achevée ou pas d'emploi dans la profession apprise	Personnes ayant rempli la période de cotisation ou qui en sont libérées	Assurés ayant rempli la période de cotisation, qui acceptent un emploi à l'extérieur pour mettre fin au chômage
Montant de la prestation	Indemnités journalières spéciales, même montant que les indemnités normales	L'entreprise paie le salaire du stage dont une partie est assumée par l'assurance-chômage	au moins le salaire d'apprenti, max. 3500 fr. par mois	Salaire normal de l'entreprise dont l'AC assume une partie selon un taux dégressif tous les deux mois: 60, 40 et 20%	Part aux frais de voyage pour séjour hebdomadaire; aussi indemnité pour logement et nourriture
Durée de la prestation	nombre de jours illimité à l'intérieur du délai-cadre	max. 6 mois	max. 3 ans, prolongation de 2 ans du délai-cadre	1-6 mois dans des cas spéciaux	6 mois au plus

Ne figurent pas dans le tableau les programmes d'occupation temporaire, semestre de motivation, entreprises fictives, encouragement à une activité indépendante et projets pilotes.

L'assurance de personnes
et l'assurance sociale –
Notions de base

4 LAA – Loi sur l'assurance-accidents

4.1 Fondement

4.1.1 Historique

En Suisse, les institutions caritatives, les caisses de corporations, les sociétés de secours mutuel et l'assistance publique ont posé avant 1850 les premiers jalons de la prévoyance. L'article 34 bis de la Constitution adopté en 1890 connait mandat à la Confédération de créer une assurance maladie et accidents. Ce fut la promesse d'un réel progrès dans le développement de la sécurité sociale.

4.1.2 But

La Loi sur l'assurance-accidents (LAA) qui a remplacé l'ancienne LAMA de 1912 est en vigueur depuis le 1er janvier 1984; elle règle l'assurance contre les accidents obligatoire pour tous les travailleurs. L'assurance-accidents alloue des prestations pour soins et remboursement de frais ainsi que des prestations en espèces en cas d'accident et de maladie professionnelle. La LAA fait partie des assurances sociales et se classe dans le deuxième pilier.

L'assurance-accidents obligatoire porte sur les conséquences économiques d'accidents, de lésions corporelles assimilables aux conséquences d'un accident ainsi que de maladies professionnelles.

Loi sur l'assurance-accidents

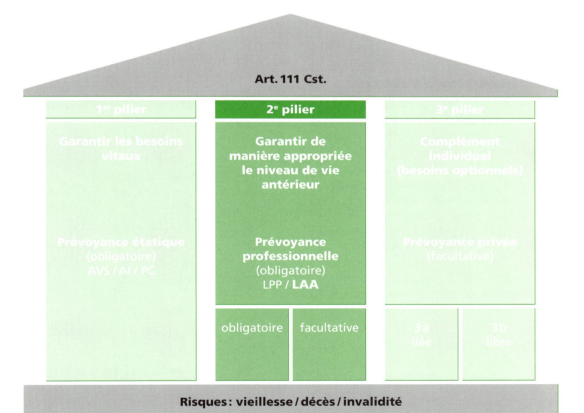

4.1.3 Définition de l'accident
(art. 4 LPGA; art. 7 et 9 LAA; art. 9 al. 2 OLAA; art. 12 OLAA)

Selon le législateur, «on entend par accident toute atteinte dommageable, soudaine et involontaire, portée au corps humain par une cause extérieure extraordinaire».

4.1.3.1 L'accident et ses conséquences – le rapport de causalité

Pour que l'assurance-accidents soit tenue à prestation, il doit y avoir un rapport de causalité entre l'accident et le dommage. Il faut donc que l'atteinte soudaine et involontaire soit responsable du dommage corporel ou psychique.

> *Exemples*
>
> - *Un jour de tempête, M. Meier reçoit un pot de fleurs sur la tête. Il doit faire recoudre la blessure de son cuir chevelu. Le rapport de causalité est ici clairement établi. La chute du pot de fleurs était involontaire, soudaine, et l'atteinte dommageable est la blessure de la tête.*
>
> - *Mme Barmettler a eu un grave accident de voiture dont elle est sortie sans lésions apparentes. Mais depuis lors elle souffre de troubles de la mémoire, de difficultés de concentration, de grande fatigue et de perturbation du caractère. Elle a encore une capacité de travail réduite. Ce cas est un peu plus difficile à apprécier. L'accident a bien été une atteinte soudaine, mais il n'a pas causé de lésions apparentes. Le tribunal a néanmoins reconnu un traumatisme dû au choc en tant que conséquence de l'accident responsable des douleurs de Mme Barmettler.*

4.1.3.2 Lésion corporelle assimilée aux conséquences d'un accident

Les limites entre accident et maladie sont souvent floues. Certaines atteintes du corps qui, sans avoir une cause extérieure extraordinaire, se produisent soudainement et involontairement du fait d'un effort physique particulier, sont assimilées à un accident. C'est le cas lorsqu'elles ne sont pas imputables à une maladie ou à des phénomènes dégénératifs.

L'OLAA énumère les cas suivants (liste exhaustive):

- fractures
- déboîtements d'articulations
- déchirures du ménisque
- déchirures de muscles
- froissements de muscles
- déchirures de tendons
- lésions de ligaments
- lésions du tympan.

4.1.3.3 Accident professionnel

Lorsqu'un assuré est victime d'un accident alors qu'il exécute des travaux sur ordre de son employeur, il s'agit d'un accident professionnel. C'est aussi le cas, p. ex., lorsque l'accident se produit pendant les interruptions de travail (pauses) ou lorsqu'il change de vêtements sur le chantier. Ce qui est déterminant, c'est que l'assuré agissait dans l'intérêt de l'employeur.

> *Exemple*
>
> *Un électricien est en train d'installer un pupitre de distribution (la précision et la difficulté du travail l'obligent à regarder de très près) lorsque la pointe de la pince glisse et l'atteint malencontreusement dans l'œil.*
>
> *L'accident s'étant produit lors du travail normal, il s'agit nettement d'un accident du travail (accident professionnel).*

4.1.3.4 Accidents non professionnels (ANP)
(art. 8 LAA)

Sont réputés accidents non professionnels tous les autres événements causant des lésions corporelles qui ne peuvent être classés parmi les accidents professionnels. Ce sont tous les accidents qui peuvent frapper quelqu'un pendant les loisirs, p. ex. accidents de sport, chute de l'échelle alors qu'on procède aux nettoyages de printemps, accident de voiture lors de l'excursion dominicale, etc. L'accident qui se produit sur le chemin du travail est réputé non professionnel.

■ **Exception: travailleurs à temps partiel**
Les personnes occupées à temps partiel qui travaillent moins de huit heures par semaine chez un employeur ne sont assurées que contre les accidents professionnels, mais non pas contre les accidents survenant pendant les loisirs (accidents non professionnels). L'accident qui se produit sur le chemin du travail est réputé accident professionnel.

4.1.3.5 Maladies professionnelles

Sont visées les maladies dues exclusivement ou de manière prépondérante, dans l'exercice de l'activité professionnelle, à des substances nocives ou à certains travaux. Le Conseil fédéral établit la liste de ces substances ainsi que de ces travaux et des affections qu'ils provoquent.

Affections dues à des agents physiques	Genre de travail
■ Ampoules et cassins, crevasses, excoriations, éraflures, durillons ■ Bursites chroniques par pression constante ■ Paralysies nerveuses périphériques par pression ■ « Tendovaginites » (Peritendinitis crepitans) ■ Lésions importantes de l'ouïe ■ Maladies dues au travail dans l'air comprimé ■ Gelures, à l'exception des engelures ■ Coup de soleil, insolation, coup de chaleur ■ Maladies dues aux ultra- et infrasons ■ Maladies dues aux vibrations ■ Maladies dues aux radiations ionisantes ■ Maladies dues à des radiations non ionisantes	tous travaux

Autres affections	Genre de travail
Pneumoconioses	Travaux dans les poussières d'aluminium, de silicates, de graphite, de silice (quartz), de métaux durs
Affections de l'appareil respiratoire	Travaux dans les poussières de coton, de chanvre, de lin, de céréales, de farine de froment et de seigle, d'enzymes, de moisissures
Epithéliomas de la peau et précancéroses	Tous travaux avec des composés, produits et résidus de goudron, brai, bitume, huiles minérales, paraffine
Maladies infectieuses	Travaux dans des hôpitaux, des laboratoires, des instituts de recherches et établissements analogues
Maladies causées par contact avec les animaux	Garde et soin des animaux; activités exposant au risque de maladie par contact avec des animaux
Amibiase, fièvre jaune, hépatite A et E, malaria	Contractées pendant un séjour professionnel hors de l'Europe
Autres maladies tropicales	Contractées pendant un séjour professionnel dans des régions tropicales et subtropicales

Sont aussi réputées maladies professionnelles les autres maladies dont il est prouvé qu'elles ont été causées exclusivement ou de manière nettement prépondérante par l'exercice de l'activité professionnelle. Sauf disposition contraire, la maladie professionnelle est assimilée à un accident professionnel dès le jour où elle s'est déclarée. Une maladie professionnelle est réputée déclarée dès que la personne atteinte doit se soumettre pour la première fois à un traitement médical ou est incapable de travailler.

En principe, l'assurance-accidents ne s'occupe pas de maladies et de leurs conséquences économiques. Même si elles se déclarent pendant le travail, elles n'entrent pas dans le domaine de compétence de la LAA. Une grippe contractée au bureau n'est pas considérée comme maladie professionnelle. La règle est sans équivoque : la maladie doit être due à des substances nocives ou à des travaux déterminés.

La loi dénombre quelque 110 substances nocives. La liste complète figure en annexe de l'Ordonnance sur l'assurance-accidents (OLAA). Ce sont entre autres : acétone, ammoniaque, arsenic, poussières d'amiante, benzine, benzol, brome, chlore, acide acétique, fluor, formaldéhyde, poussières de bois, iode, oxyde de carbone (monoxyde), nitroglycérine.

4.2 Bases légales

■ Constitution fédérale
Art. 117 Cst.

■ Lois fédérales
- Loi fédérale sur l'assurance-accidents (LAA), en vigueur depuis le 1er janvier 1984
- Loi fédérale sur la partie générale du droit des assurances sociales (LPGA), en vigueur depuis le 1er janvier 2003

■ Ordonnances
- Ordonnance sur l'assurance-accidents (OLAA)
- Ordonnance sur la remise de moyens auxiliaires par l'assurance-accidents (OMAA)
- Ordonnance sur les allocations de renchérissement aux rentiers de l'assurance-accidents obligatoire
- Ordonnance sur la prévention des accidents et des maladies professionnelles (OPA)
- Ordonnance sur l'assurance-accidents des personnes au chômage
- Ordonnance du 11 septembre 2002 sur la partie générale du droit des assurances sociales (OPGA)

4.3 Organisation
(art. 58-80 LAA)

L'employeur a l'obligation de pourvoir à l'assurance-accidents obligatoire de ses travailleurs. L'assurance-accidents obligatoire, tout comme l'assurance facultative, est gérée par

- la CNA (SUVA) pour les entreprises qui lui sont assujetties
- les institutions d'assurance privées et les caisses publiques d'assurance-accidents
- les caisses-maladie reconnues.

La caisse supplétive a été créée pour les travailleurs qui n'ont pas été assurés et pour garantir les prestations des assureurs qui sont devenus insolvables.

La CNA assure des secteurs d'activité déterminés par la loi. Toutes les autres entreprises doivent s'assurer auprès d'autres assureurs autorisés: assureurs privés, caisses-maladie, caisses publiques d'assurance-accidents.

■ Organigramme AA

```
Département fédéral de l'Intérieur (DFI)
            │
Office fédéral des assurances sociales (OFAS)
            │
   ┌────────┼────────────┐
   │        │            │
Caisse      Assureurs    Caisse
nationale   accidents    supplétive
suisse      privés
d'assurances autorisés
en cas      Caisses
d'accidents maladie
(CNA/SUVA)  Caisses
            publiques
            d'ass.-accidents
```

assure des secteurs d'activité tels que:
- entreprises industrielles
- entreprises du bâtiment
- exploitations forestières
- menuiserie métallique

assurent:
- toutes les autres entreprises

4.4 Personnes assurées

4.4.1 Assurance obligatoire
(art. 1er LAA; art. 2 al. 2 OLAA, art. 10 LPGA)

4.4.1.1 Travailleurs

Tous les travailleurs occupés en Suisse sont assurés à titre obligatoire conformément à la loi. On entend par travailleur celle ou celui qui exerce une activité lucrative dépendante.

Les personnes ci-après désignées comptent aussi comme travailleurs:

- travailleurs à domicile
- apprentis ainsi que personnes effectuant un stage destiné au choix d'une profession
- stagiaires
- volontaires
- personnes travaillant dans une école de métiers ou un atelier protégé

En principe, l'employeur qui exerce une activité accessoire ou une fonction accessoire rétribuée est également assuré à titre obligatoire.

4.4.1.2 Assurance-accidents des chômeurs

Les chômeurs sont assurés auprès de la CNA pendant toute la période où ils touchent des indemnités journalières, y compris les jours d'attente et de suspension.

4.4.2 Personnes non assurées
(art. 2 OLAA)

Les personnes qui exercent une activité lucrative indépendante ne sont pas assurées à titre obligatoire. Font en outre exception à l'obligation d'être assuré:

- Les membres de la famille de l'employeur travaillant dans l'entreprise qui ne touchent pas de salaire en espèces et ne cotisent pas à l'AVS
- Dans l'agriculture, les personnes ci-après qui sont assimilées aux agriculteurs indépendants:
  - l'épouse du chef d'exploitation
  - les parents de l'exploitant en ligne ascendante et descendante
  - le gendre et la bru de l'exploitant qui reprendront probablement l'exploitation à leur compte
- Les sous-traitants, voyageurs de commerce ainsi que les personnes faisant office d'intermédiaires entre employeurs et travailleurs, si elles sont considérées comme indépendantes du fait qu'elles supportent le risque de l'entreprise
- Les membres d'une société en nom collectif ou les membres indéfiniment responsables d'une société en commandite ou d'une société en commandite par actions qui ne travaillent pas dans l'entreprise
- Les personnes qui n'entrent pas dans la catégorie des travailleurs, p. ex. ménagères, hommes au foyer, étudiants, retraités.

4.4.3 Assurance facultative
(art. 4 al. 1er LAA)

En vertu de la loi sur l'assurance-accidents, les personnes domiciliées en Suisse qui exercent une activité lucrative indépendante, ainsi que les membres de leur famille qui collaborent à l'entreprise, peuvent s'assurer à titre facultatif s'ils ne sont pas assurés à titre obligatoire. Selon les accords bilatéraux, l'assurance facultative est aussi possible pour les indépendants qui sont domiciliés dans un Etat de l'UE.

4.5 Début et fin de l'assurance

4.5.1 Début
(art. 3, al. 1 LAA)

L'assuré à titre obligatoire est couvert par l'assurance dès le jour où il commence ou aurait dû commencer le travail en vertu de l'engagement, mais en tout cas dès le moment où pour la première fois il prend le chemin pour se rendre au travail.

Pour le travailleur à temps partiel qui n'est assuré que pour les accidents professionnels, l'assurance produit ses effets dès qu'il s'engage sur le chemin qui le conduit à son travail.

■ **Suspension de l'assurance**

La protection d'assurance est suspendue lorsque l'assuré est soumis à l'assurance militaire ou à une assurance-accidents obligatoire étrangère.

4.5.2 Fin
(art. 3, al. 2 LAA; art. 7 et 8 OLAA)

En principe, la protection d'assurance prend fin en même temps que les rapports de travail. Afin de garantir le maintien de l'assurance pendant une période transitoire, la loi prévoit cependant que l'assurance ne s'arrête qu'à l'expiration du trentième jour qui suit celui où le droit au salaire a pris fin ou a été réduit de moitié. Si avant cette date l'assuré entre dans une nouvelle place où il est de nouveau assuré obligatoirement, le début de la nouvelle assurance met fin à la protection de la précédente.

Pour le travailleur à temps partiel qui n'est assuré que pour les accidents professionnels, le rapport d'assurance expire le dernier jour de travail, au retour du travail à son domicile.

4.5.2.1 Assurance par convention
(art. 3, al. 3 LAA)

L'assurance des accidents non professionnels peut être prolongée à la demande de l'assuré pendant 180 jours au plus au-delà des 30 jours usuels. Cette assurance dite par convention s'applique si l'assuré paie la prime exigible avant l'expiration des 30 jours.

Le détail des conditions à ce sujet figure dans la notice y relative (assurance par convention) que l'employeur reçoit de l'assureur et qu'il remet au travailleur.

4.6 Financement

Pour le financement des indemnités journalières, des frais de soins et des autres prestations d'assurance de courte durée, les assureurs appliquent le système de la répartition des dépenses; pour financer les rentes d'invalidité et de survivants, ils appliquent le système de la répartition de la valeur des rentes. En ce qui concerne cette dernière méthode, il est prévu l'obligation de constituer des réserves qui suffisent à couvrir tous les droits à des prestations découlant des accidents déjà survenus. Ces réserves sont aussi appelées capitaux de couverture.

Chaque assureur, qu'il s'agisse d'une société privée ou de la SUVA/CNA, est financièrement indépendant et ne reçoit aucune subvention de l'Etat. Les fonds nécessaires à la couverture des dépenses proviennent

- **des primes** des employeurs et des travailleurs
- **des revenus des capitaux**
- **du produit d'actions récursoires** contre des tiers responsables, débiteurs de dommages-intérêts

4.6.1 Les primes

4.6.1.1 Accident professionnel

L'employeur est débiteur des primes de l'assurance obligatoire des accidents et maladies professionnels.

4.6.1.2 Accident non professionnel (ANP)

La prime pour l'accident non professionnel peut en principe être mise en totalité à la charge du travailleur. En général, l'employeur la déduit chaque mois du salaire du travailleur.

4.6.1.3 Montant des primes

Les primes pour l'accident professionnel ainsi que pour l'accident non professionnel sont fixées en pour-mille du gain assuré. Le gain assuré correspond en général au salaire déterminant AVS plafonné à 106 800 francs par an. Aucune cotisation n'est due sur les éléments du salaire AVS qui dépassent cette somme. Le montant de la prime dépend de l'activité de l'entreprise et de son classement dans la classe de risques. Une prime plus élevée est exigée des entreprises qui présentent un taux élevé d'accidents. Le tarif des primes se fonde sur les statistiques des accidents que tiennent tous les assureurs LAA.

Aux primes nettes viennent s'ajouter des suppléments pour le financement

- **des frais administratifs**
- **des frais de prévention des accidents** et maladies professionnels ainsi que des accidents dans les loisirs
- **des allocations de renchérissement,** pour le cas où elles ne peuvent être financées par des excédents d'intérêts.

Dans l'assurance-accidents facultative selon la LAA, il n'est prélevé aucun supplément pour les allocations de renchérissement et pour la prévention étant donné qu'il n'existe pas de droit à ces prestations.

4.7 Prestations

L'assurance-accidents selon la LAA couvre les conséquences économiques résultant d'un accident. Elle alloue à ce titre des prestations pour soins, remboursement de frais et des prestations en espèces.

■ **Prestations assurées**

Prestations pour soins / Remboursement de frais
- traitement médical
- moyens auxiliaires
- dommages matériels
- frais de voyage, de transport et de sauvetage
- frais de transport du corps et frais funéraires

Prestations en espèces
- indemnité journalière
- rente d'invalidité
- indemnité pour atteinte à l'intégrité
- allocation pour impotent
- rentes de survivants

4.7.1 Prestations pour soins
(art. 10 LAA ; art. 18 OLAA)

4.7.1.1 Traitement médical

L'assurance prend à sa charge les frais de traitement médical et de soins. L'assuré a droit au traitement approprié des lésions résultant de l'accident.

- soins dispensés par le médecin, le dentiste ou, sur leur prescription, par le personnel paramédical ; médicaments et analyses ordonnés par le médecin ou le dentiste
- chiropraticien
- traitement, logement et nourriture en salle commune d'un hôpital
- cures complémentaires et cures de bain prescrites par le médecin
- autres moyens servant à la guérison.

L'assuré peut choisir librement le médecin, le dentiste, le chiropraticien, la pharmacie et l'établissement hospitalier. L'assurance participe à certaines conditions au coût de soins à domicile. Selon la LAA, l'assurance couvre l'hospitalisation en division commune dans toute la Suisse. Si l'assuré se fait soigner dans une autre division de l'hôpital, l'assureur ne prend à sa charge que les frais de traitement en division commune de cet hôpital. L'assuré devra alors supporter lui-même la différence qui risque d'être considérable. Ces frais peuvent être couverts par la conclusion d'une assurance complémentaire.

Les frais occasionnés par un traitement médical nécessaire subi à l'étranger ne sont remboursés que jusqu'à concurrence du double de ce qu'aurait coûté le même traitement en Suisse. Des réglementations particulières sont prévues dans le cadre des accords bilatéraux

4.7.2 Remboursement des frais
(art. 11, 12, 13, 14 LAA;
art. 20, 21 OLAA)

4.7.2.1 Moyens auxiliaires

L'assurance paie aussi les frais d'acquisition, de location ou de réparation de moyens auxiliaires (prothèses p. ex.).
Les frais de remplacement de lunettes, d'appareils auditifs et de prothèses dentaires ne sont remboursés que si le dommage est en rapport avec une lésion corporelle nécessitant un traitement.

4.7.2.2 Frais de voyage, de transport et de sauvetage

L'assurance paie en outre les frais de voyage et de transport médicalement nécessaires par les moyens de transport les moins coûteux et appropriés aux circonstances. Le transfert du lieu de l'accident à l'hôpital du lieu de domicile motivé par des liens familiaux n'est pris en charge que si le séjour à l'hôpital durera probablement plus de trois semaines. Mais l'assurance paie par exemple les frais de déplacement jusqu'au cabinet du médecin ou du thérapeute et au lieu de cure le plus proche, de même que les frais extraordinaires dus à l'utilisation de moyens de transport spéciaux pour se rendre au travail, si cela permet à l'assuré de reprendre son activité plus tôt.

Le coût des mesures de sauvetage et de dégagement est également payé, soit notamment:

- **le dégagement** d'un accidenté vivant, ou le dégagement du corps
- **le transport d'urgence** chez le médecin ou à l'hôpital le plus proche.

L'assurance paie les frais de sauvetage même si l'assuré concerné n'a pas subi d'atteinte à sa santé mais en aurait très probablement subi sans les mesures de sauvetage (exemple: dégagement d'une avalanche). De même, sous certaines conditions, l'assurance paie les frais de recherche d'une personne disparue. Les frais de voyage, de transport, de sauvetage et de dégagement occasionnés à l'étranger sont remboursés jusqu'à concurrence du cinquième du montant maximum du gain annuel assuré.

4.7.2.3 Transport du corps et frais funéraires

L'assurance paie les frais nécessités par le transport du corps d'une personne décédée jusqu'au lieu où elle doit être ensevelie. Les frais funéraires sont remboursés à hauteur de sept fois le montant maximum du gain journalier assuré.

4.7.3 Prestations en espèces
(art. 15-35 LAA)

Les prestations en espèces couvrent la perte de gain due à l'incapacité de travail. Elles comprennent les allocations d'invalidité et pour impotent ainsi que les rentes. Le montant des rentes et des indemnités journalières de l'assurance-accidents se calcule sur la base du gain assuré.

4.7.3.1 Gain assuré

Comme le prévoit l'article 15, alinéa 3 LAA, le Conseil fédéral fixe le montant maximum du gain assuré et des gains accessoires et prestations de remplacement qui en font partie. Ce faisant, il veille à ce que, en règle générale, au moins 92 pour cent, mais pas plus de 96 pour cent des travailleurs assurés soient couverts pour le gain intégral. Le gain assuré maximal s'élève (depuis 2001) à 106 800 francs. Il y a lieu de tenir compte des dérogations ci-après figurant à l'article 22 OLAA.

Sont inclus dans le calcul du gain assuré :

- salaires non soumis aux cotisations de l'AVS en raison de l'âge de l'assuré (avant 18 ans et après l'âge ordinaire de la retraite)
- allocations familiales, allocations pour enfants et allocations de ménage versées selon les usages locaux ou professionnels
- pour les membres de la famille de l'employeur travaillant dans l'entreprise, les associés, actionnaires ou membres de sociétés coopératives, au moins le salaire correspondant aux usages locaux et professionnels.

Les gains provenant de plusieurs employeurs sont additionnés et le total est pris en compte pour le calcul des prestations, mais jusqu'à concurrence du montant maximum.

Les éléments suivants n'entrent pas dans le calcul du gain assuré :

- indemnités versées à la fin des rapports de travail, lors de la fermeture de l'entreprise ou en des circonstances analogues
- indemnités de chômage

4.7.3.2 Indemnité journalière LAA

L'assuré qui est en incapacité de travail à la suite d'un accident reçoit l'indemnité journalière à partir du troisième jour après l'accident. En cas d'incapacité totale de travail, l'indemnité s'élève à 80 % du gain assuré ; elle est réduite en conséquence en cas d'incapacité partielle de travail. Le degré d'incapacité est déterminé par le médecin traitant.

■ **Calcul de l'indemnité journalière**

L'indemnité est calculée sur la base du dernier salaire que l'assuré a reçu ou auquel il avait droit avant l'accident. Ce salaire est converti en gain annuel et divisé par 365. On trouve à ce sujet des barèmes en annexe de l'OLAA. L'indemnité est versée pour tous les jours, y compris les dimanches et jours fériés.

Exemple : On part du salaire brut avant déductions sociales. La conversion du gain annuel en indemnité journalière peut se faire selon les exemples ci-après :

a) Pour un **salaire mensuel** de 3 000 francs (13 fois) et des allocations pour enfants de 200 francs par mois

13 × Fr. 3 000.–	= Fr. 39 000.—
12 × Fr. 200.– allocations pour enfants	= Fr. 2 400.—
Gain annuel assuré	= Fr. 41 400.—

Indemnité journalière
(80 % de $^1/_{365}$)

$$\frac{41\,400 \times 80\,\%}{365} = \text{Fr. } 90.74$$

b) **Salaire excédentaire**

Salaire mensuel Fr. 10 000.–

13 × Fr. 10 000.–	= Fr. 130 000.—
Gain annuel assuré	= Fr. 106 800.—
(salaire LAA maximum)	

Indemnité journalière
80 % de $^1/_{365}$ = Fr. 293.—

Salaire journalier maximum assuré :

$$\frac{106\,800}{365} = \text{Fr. } 293.-$$

Indemnité journalière maximale payée :
80 % de 293 = Fr. 234.–

c) Pour un salaire horaire de 16 francs, 42 heures par semaine, 48 semaines par an, allocation familiale de 200 francs par mois et 8 % de gratification annuelle

42 × Fr. 16.– = Fr. 672.– × 52	= Fr. 32 256.—
Gratification annuelle 8 %	= Fr. 2 795.50
12 × Fr. 200.– allocation fam.	= Fr. 2 400.—
Gain annuel assuré	= Fr. 40 139.50

Indemnité journalière
80 % de $^1/_{365}$ = Fr. 88.—

Loi sur l'assurance-accidents

■ Déduction en cas de séjour hospitalier

Etant donné qu'une partie des frais d'entretien sont compris dans les frais hospitaliers, l'indemnité journalière versée pendant un séjour hospitalier est réduite comme suit:

- 20%, mais au plus 20 francs, pour les célibataires sans obligation d'entretien
- 10%, mais au plus 10 francs, pour les célibataires avec obligation d'entretien

■ Versement des indemnités journalières

L'indemnité journalière est généralement versée à l'employeur, mais l'employeur et le travailleur peuvent demander qu'elle soit versée directement à ce dernier.

4.7.3.3 Rentes d'invalidité

Le droit à une rente prend naissance lorsqu'il n'y a plus lieu d'attendre de la poursuite du traitement médical une amélioration sensible de l'état de santé de l'assuré et que les éventuelles mesures de réadaptation de l'assurance-invalidité ont été menées à terme. Le droit au traitement médical et aux indemnités journalières cesse dès la naissance du droit à la rente. La rente d'invalidité s'élève à 80 pour cent du gain assuré en cas d'invalidité totale; si l'invalidité n'est que partielle, la rente est diminuée en conséquence.

Si l'assuré a droit à une rente AI ou AVS, l'assurance-accidents lui alloue une rente complémentaire. Contrairement à la LAI et à la LPP, la LAA ne connaît pas de rentes pour enfants d'invalides.

■ Degré de l'invalidité

Le degré de l'invalidité est évalué en comparant le revenu du travail que l'assuré devenu invalide par suite d'un accident obtient ou pourrait encore obtenir et le revenu qu'il aurait pu obtenir s'il n'était pas invalide. Le montant de la rente est adapté au degré d'invalidité.

■ Calcul de la rente d'invalidité

La rente est calculée sur le salaire obtenu d'un ou plusieurs employeurs pendant les 12 mois précédant l'accident. Si l'assuré n'a pas travaillé toute l'année, le salaire effectivement obtenu est converti sur une année.

4.7.3.4 Indemnité pour atteinte à l'intégrité

Si, par suite d'accident, l'assuré souffre d'une atteinte importante et durable à son intégrité physique ou mentale, p. ex. perte de membres, très grave défiguration, grave atteinte aux fonctions cérébrales, il a droit à une indemnité pour atteinte à l'intégrité. Celle-ci est allouée sous forme de prestation en capital. Elle ne doit pas excéder le montant maximum du gain annuel assuré à l'époque de l'accident et elle est échelonnée selon la gravité de l'atteinte. Les directives pour l'évaluation des atteintes à l'intégrité sont fixées en annexe de l'ordonnance OLAA.

4.7.3.5 Rentes de survivants

Lorsque l'assuré décède des suites d'un accident, le conjoint survivant et les enfants ont droit à des rentes de survivants. Le conjoint survivant qui n'a pas d'enfants n'a pas droit à une rente. La veuve a droit à une rente de veuve si elle a 45 ans révolus.

■ Droit du conjoint survivant

Le conjoint survivant – homme ou femme – a droit à une rente lorsque, au décès de l'assuré, il a des enfants ayant droit à une rente ou qu'il vit en ménage commun avec d'autres enfants auxquels ce décès donne droit à une rente. Il a également droit à une rente s'il est lui-même invalide aux $2/3$ au moins.

La veuve a en outre droit à une rente lorsque, au décès du mari, elle a plus de 45 ans ou si elle n'a pas d'enfants ayant droit à une rente; elle a droit à une indemnité en capital lorsqu'elle ne remplit pas les conditions d'octroi d'une rente. Cette indemnité s'échelonne comme suit, selon le nombre d'années qu'a duré le mariage

- moins d'un an de mariage:
  une fois le montant annuel de la rente de survivants
- entre 1 et 5 ans de mariage:
  trois fois le montant annuel de la rente de survivants
- à partir de 5 ans de mariage:
  cinq fois le montant annuel de la rente de survivants

■ Droit des enfants

Ont droit à une demi-rente d'orphelin les enfants dont un des parents est décédé. Ils reçoivent une rente d'orphelin entière si les deux parents sont décédés dans l'accident. Le droit s'éteint à l'âge de 18 ans accomplis. Si le bénéficiaire est encore en formation, le droit à la rente dure jusqu'à la fin des études ou de l'apprentissage, mais au plus tard jusqu'à l'âge de 25 ans révolus.

■ Droit du conjoint divorcé

Le conjoint divorcé est assimilé à la veuve ou au veuf lorsque l'assuré victime de l'accident était tenu à aliments envers lui.

■ Montant des rentes

Les rentes de survivants se montent, en pour-cent du gain assuré :

- à 40 % pour les veuves et les veufs
- à 15 % pour les orphelins de père ou de mère
- à 25 % pour les orphelins de père et de mère

L'addition des rentes pour le conjoint survivant et les enfants ne doit pas excéder 70 pour cent du gain assuré, ou 90 pour cent lorsqu'il existe en outre une rente pour conjoint divorcé. La rente d'un conjoint divorcé s'élève à 20 pour cent du gain assuré, mais au plus au montant de la contribution d'entretien. La prestation provenant du 1er pilier est prise en compte.

4.7.3.6 Allocation pour impotent

Si en raison de son invalidité l'assuré a besoin de façon permanente de l'aide d'autrui ou d'une surveillance personnelle pour accomplir les actes ordinaires de la vie, il a droit à une allocation pour impotent.

Cette allocation est fixée selon le degré d'impotence. Elle s'élève, par mois, à deux fois le montant maximum du gain assuré journalier si l'impotence est de faible degré, quatre fois si elle est moyenne et six fois en cas d'impotence grave.

Degré d'impotence	Fr.	Fr.
léger	2 × 293	586
moyen	4 × 293	1172
grave	6 × 293	1758

4.7.3.7 Rente complémentaire

Si l'assuré a droit à une rente de l'AI ou de l'AVS, l'assureur-accidents lui allouera une rente dite complémentaire, c.-à-d. une rente LAA réduite de telle sorte que l'addition des deux rentes ne dépasse pas 90 % du gain assuré.

Exemple de calcul d'une rente d'invalidité de l'assurance-accidents en tant que rente complémentaire :

Gain annuel	Fr. 50 000.–
Invalidité	100 %
Rente AI (1er pilier, supposé)	Fr. 25 320.–
Rente AI (selon LAA), 80 % de Fr. 50 000.–	Fr. 40 000.–
Total (= surindemnisation)	Fr. 65 320.–

Calcul de la rente complémentaire :

90 % de Fr. 50 000.–	Fr. 45 000.–
moins rente AI (1er pilier)	Fr. 25 320.–
Rente complémentaire de l'assurance-accidents	**Fr. 19 680.–**

Le même principe s'applique pour les prestations aux survivants.

4.7.3.8 Adaptation au renchérissement

Des allocations de renchérissement sont versées aux bénéficiaires de rentes LAA d'invalidité, de veufs/veuves et d'orphelin, étant donné que les rentes ont été calculées sur la base du dernier gain annuel avant l'accident. Ces allocations sont partie intégrante de la rente. La base de calcul est l'indice suisse des prix à la consommation. Les rentes sont adaptées au même terme que les rentes AVS.

4.7.4 Réduction des prestations
(art. 36, 37, 39 LAA; art. 47 OLAA; art. 21, 69 LPGA)

Dans certaines circonstances, les prestations de l'assurance peuvent être réduites, voire refusées. La loi prévoit diverses situations qui donnent lieu à réduction ou refus:

- concours de plusieurs causes de dommage
- accident causé par la faute de l'assuré
- dangers extraordinaires et entreprises téméraires
- violation par l'assuré de ses obligations
- concours avec les prestations d'autres assurances sociales (surindemnisation).

4.7.4.1 Concours de plusieurs causes de dommage

Les prestations pour soins et remboursement de frais, l'allocation pour impotent et l'indemnité journalière sont servies par l'assurance-accidents sans égard au fait que des causes étrangères à l'accident ont concouru à causer le dommage. Si l'atteinte à la santé ou le décès n'est qu'en partie la conséquence d'un accident assuré, une réduction de la rente d'invalidité, de l'indemnité pour perte d'intégrité et de la rente de survivants est opérée, mais en prenant en considération la situation personnelle et économique de l'ayant droit.

4.7.4.2 Accident causé par une faute

Le législateur distingue trois formes ou degrés de faute et leur effet:

faute intentionnelle	exclusion de toute prestation
négligence grave	réduction des prestations
négligence légère	pas de réduction des prestations

L'assuré qui cause intentionnellement un accident n'a aucun droit aux prestations de l'assurance; seule l'indemnité pour frais funéraires est allouée en cas de décès. L'automutilation ou le suicide ne sont assurés que si, au moment où il a agi, l'assuré était totalement incapable de se comporter raisonnablement. Le refus de prestations n'est pas applicable si le suicide, la tentative de suicide ou l'automutilation est la conséquence évidente d'un accident couvert par l'assurance. Ce serait le cas par exemple si les médicaments que doit prendre l'assuré influent sur sa personnalité et sa capacité de discernement. Lorsque, dans l'assurance des accidents non professionnels, l'assuré a provoqué l'accident par une négligence grave, les indemnités journalières versées pendant les deux premières années qui suivent l'accident sont réduites. La réduction est en général proportionnée à la faute. Elle ne peut excéder la moitié du montant des prestations si l'assuré, au moment de l'accident, devait pourvoir à l'entretien de proches. L'assurance paie intégralement les soins et rembourse les frais de médecin et d'hôpital. Est coupable de négligence grave l'assuré qui n'observe pas les règles les plus élémentaires de prudence qui pourraient empêcher un accident de se produire. Un simple comportement erroné, imprudent, une mauvaise appréciation d'un risque ne sont pas considérés comme une négligence grave.

Dans l'assurance des accidents professionnels, la négligence grave n'entraîne pas de réductions de prestations.

Dans des cas particulièrement graves, les prestations en espèces sont refusées. Si l'assuré a un accident en commettant un acte criminel ou une infraction (p. ex. conduite en état d'ivresse), l'indemnité journalière et la rente peuvent également être réduites ou refusées.

4.7.4.3 Dangers extraordinaires et entreprises téméraires

Il s'agit là de risques qui dépassent nettement la mesure habituelle du quotidien. L'assuré tenté par l'aventure doit donc savoir qu'en cas d'accident dans de telles circonstances, il s'expose à de massives réductions des prestations de l'assurance. Dans l'assurance des accidents professionnels, les risques élevés peuvent être couverts par des primes plus hautes, ce qui n'est pas le cas pour les accidents non professionnels où les tarifs des primes ne sont pas différenciés. La loi prévoit pour ces prises de risques extraordinaires le refus de toutes prestations ou la réduction des prestations en espèces.

Aucune prestation d'assurance n'est accordée si un accident non professionnel a lieu dans les cas suivants:

- service militaire à l'étranger (p. ex. dans la légion étrangère)
- participation à des actes de guerre ou à des actes de terrorisme ou de banditisme

Les prestations en espèces sont réduites au moins de moitié en cas d'accident non professionnel survenu dans les circonstances suivantes:

- participation à une rixe ou une bagarre
- participation à des désordres
- dangers auxquels l'assuré s'expose en provoquant gravement autrui.

Les entreprises téméraires sont celles par lesquelles l'assuré s'expose consciemment en se plaçant dans une situation de risque. L'expérience montre que cela se produit surtout dans les activités sportives, lorsque l'assuré affronte un danger particulièrement grave sans prendre ou sans pouvoir prendre de mesures destinées à ramener ce danger à des proportions raisonnables. Selon le degré de risque, l'assurance réduit les prestations en espèces de 50 % ou les refuse totalement. Les accidents survenant dans une activité sportive normale (ski, vélo, gymnastique, football, etc.) sont en revanche pleinement indemnisés. L'assurance couvre aussi le sauvetage d'une personne même si cette action peut être considérée comme une entreprise téméraire.

■ **L'entreprise téméraire absolue**

La jurisprudence qualifie d'entreprises téméraires absolues les activités qui, indépendamment de la formation, de la préparation, de l'équipement, des capacités et des qualités de l'assuré, sont considérées comme chargées de risques extraordinaires, risques qui ne peuvent être réduits à des proportions raisonnables.

> **La « Commission ad hoc dommages LAA »** qualifie à l'heure actuelle d'entreprises téméraires absolues les sports ci-après: (état 2002)
>
> - autocross, courses sur circuit et de côtes
> - combats de boxe
> - catch
> - snow rafting (courses de canots pneumatiques sur pistes de ski)
> - karaté fullcontact
> - courses de motocross
> - courses de bateau à moteur
> - courses de motos
> - courses de descente à mountainbike
> - courses de record de vitesse à ski
> - plongée à une profondeur dépassant 40 m
> - hydrospeed ou riverboogie (descente d'un torrent à plat ventre sur un swimbob)

4.7.4.4 Violation des obligations

■ **Omission de déclarer l'accident**

Si l'assuré omet d'annoncer l'accident ou fait une fausse déclaration, l'assureur peut, suivant les circonstances, lui retirer une partie des prestations en espèces ou lui refuser la totalité des prestations.

■ **Refus de coopérer**

Si l'assuré se soustrait ou s'oppose, ou encore ne participe pas spontanément, dans les limites de ce qui peut être exigé de lui, à un traitement ou à une mesure de réinsertion professionnelle raisonnablement exigible et susceptible d'améliorer notablement sa capacité de travail ou de lui offrir une nouvelle possibilité de gain, les prestations peuvent être temporairement ou définitivement réduites. Une mise en demeure écrite l'avertissant des conséquences juridiques et lui impartissant un délai de réflexion convenable doit lui avoir été adressée. Les traitements et les mesures de réadaptation qui présentent un danger pour la vie ou pour la santé ne peuvent être exigés.

4.7.4.5 Surindemnisation

Le concours de prestations des différentes assurances sociales ne doit pas conduire à une surindemnisation de l'ayant droit. Ne sont prises en considération dans le calcul de la surindemnisation que des prestations de nature et de but identiques qui sont accordées à l'assuré en raison de l'événement dommageable.

Il y a surindemnisation dans la mesure où les prestations sociales légalement dues dépassent, du fait de la réalisation du risque, le gain dont l'assuré est présumé avoir été privé. Les prestations en espèces sont réduites du montant de la surindemnisation. Les rentes de l'AVS et de l'AI, de même que les allocations pour impotents et les indemnités pour atteinte à l'intégrité, sont exceptées de toute réduction. Pour les prestations en capital, la valeur de la rente correspondante est prise en compte.

4.8 Assurances complémentaires LAA

Presque toutes les lacunes d'assurance que laisse la LAA peuvent être comblées par une assurance complémentaire LAA. La CNA (SUVA) n'est pas autorisée à offrir des assurances complémentaires.

Voici quelques-unes des assurances complémentaires possibles :

Frais de traitement	division privée ou semi-privée de l'hôpital, frais couverts à 100 % à l'étranger
Indemnité journalière	max. 100 % pendant les deux premiers jours (pas de délai d'attente), indemnité journalière portée de 80 % à 100 %
Salaire excédentaire	partie du salaire dépassant le maximum LAA
Capital invalidité	un capital en cas d'invalidité peut être assuré, avec ou sans progression
Capital décès	capital en cas de décès, p. ex. un ou deux salaires annuels
Réduction des prestations	d'éventuelles réductions selon la LAA. p. ex. pour entreprise téméraire, négligence grave, peuvent être comblées dans une certaine mesure par une assurance complémentaire

4.9 La LAA en bref

Personnes assurées

Obligatoirement
Tous les salariés, travailleurs à domicile, apprentis, volontaires, stagiaires

Facultativement
Personnes exerçant une activité lucrative indépendante, membres de la famille collaborant à l'entreprise

Début et fin de l'assurance-accidents obligatoire

Début
La protection d'assurance prend effet le jour où le travailleur commence ou aurait dû commencer le travail en vertu de l'engagement.

Fin
L'assurance cesse de produire ses effets à l'expiration du 30ᵉ jour qui suit celui où a pris fin le droit au demi-salaire au moins.

Assurance par convention
L'assurance peut être prolongée par convention spéciale pendant 180 jours au plus dès la fin de la protection d'assurance obligatoire.

Prestations pour soins

Traitement médical ambulatoire
Paiement des frais de médecin, dentiste, chiropraticien, thérapies, cures, médicaments, etc. Le patient a le libre choix du médecin.

Hôpital
Paiement des frais en division commune ; libre choix de l'hôpital

Remboursement des frais

Soins à domicile
Paiement des frais de soins à domicile nécessaires, dispensés par une personne autorisée.

Moyens auxiliaires
remise de moyens auxiliaires tels que prothèses, corsets, fauteuils roulants, etc.

Dommages matériels
Sont indemnisés les dommages causés par un accident aux objets qui remplacent, morphologiquement ou fonctionnellement, une partie du corps, p. ex. prothèses déjà existantes.

Frais de voyage, de transport, de sauvetage, de transport du corps, frais funéraires

Evénements assurés

- accidents professionnels
- accidents non professionnels
- maladies professionnelles

Gain assuré

Est réputé gain assuré le salaire déterminant au sens de l'AVS, jusqu'à un maximum de 106 800 francs par an ou 293 francs par jour au maximum

Prestations en espèces

- indemnité journalière
- rente d'invalidité
- indemnité pour atteinte à l'intégrité
- allocation pour impotent
- rente de veuve et de veuf
- indemnité en capital pour veuve
- rente d'orphelin

Réduction de prestations

possibles dans certaines circonstances
- concours de plusieurs causes de dommages
- accident causé par la faute de l'assuré
  - faute intentionnelle = exclusion des prestations
  - négligence grave = réduction
  - faute légère = pas de réduction
- dangers extraordinaires et entreprises téméraires
- violation d'obligations
- surindemnisation

Pas de prestations
- service militaire à l'étranger (légion)
- participation à des actes de guerre, de terrorisme ou de banditisme

**L'assurance de personnes
et l'assurance sociale –
Notions de base**

5 Assurance-accidents privée

5.1 Fondement

5.1.1 Historique

En 1890 l'article 34bis a été inséré dans la Constitution fédérale. La Confédération avait dès lors la possibilité, de par la législation, de déclarer obligatoires pour des personnes ou des groupes de personnes des assurances maladie ou accidents. La Loi fédérale sur l'assurance-maladie et accidents (LAMA) est entrée en vigueur en 1914. Elle introduisait l'assurance-accidents obligatoire pour certaines catégories de travailleurs. Ce fut le cas dans le secteur industriel, dans les entreprises de transport, la construction et l'administration publique. La Caisse nationale suisse d'assurance en cas d'accidents (CNA/SUVA selon son sigle allemand) fut chargée de l'exécution de cette assurance obligatoire; elle commença son activité le 1er avril 1918.

La Loi fédérale du 3 octobre 1951 sur l'encouragement de l'agriculture et le maintien de la paysannerie (loi sur l'agriculture) obligeait les détenteurs d'exploitations agricoles à assurer leurs travailleurs contre les conséquences d'accidents professionnels. Le 23 septembre 1953, la Loi fédérale sur la navigation sous pavillon suisse prescrivait l'assurance obligatoire contre les accidents et les maladies pour le personnel occupé dans la navigation maritime suisse.

Avant même l'introduction de la LAA, deux cantons avaient déclaré obligatoire l'assurance-accidents pour les travailleurs non assujettis à la CNA: le canton de Genève en 1966 et celui du Tessin en 1968. L'assurance-accidents continua de se développer par des réglementations dans les conventions collectives de travail et sur une base facultative. En 1983, environ 96 % des travailleurs étaient assurés contre l'accident.

5.1.2 1.2 But

Avec l'introduction de la LAA le 1er janvier 1984 et de la Loi sur l'assurance-maladie LAMal le 1er janvier 1996, le cercle des personnes nécessitant une assurance-accident individuelle s'est nettement réduit. Aujourd'hui, l'assurance-accidents privée entre en ligne de compte surtout pour les enfants, les personnes sans activité lucrative ou les indépendants. Dans les entreprises, elle se résume à l'assurance-accidents des visiteurs. Les prestations de l'assurance-accidents en dehors de la LAA ne sont pas prescrites par la loi; elles sont convenues dans le contrat d'assurance. Elles peuvent donc être adaptées aux besoins individuels de l'assuré.

5.2 Bases légales

■ Lois fédérales

- Loi fédérale complétant le Code civil suisse (Livre cinquième : Droit des obligations) (CO), en vigueur depuis le 1er janvier 1912
- Loi fédérale sur le contrat d'assurance (LCA), en vigueur depuis le 1er janvier 1910

5.3 Organisation

```
        Office fédéral
    des assurances privées
            (OFAP)
              |
    Assureurs privés
    Caisses-maladie
              |
    Preneur d'assurance
              |
    Assurés, p. ex.
    ■ enfants
    ■ salariés travaillant moins de 8 heures par
      semaine ou parties du salaire dépassant
      Fr. 106 800.–
    ■ personnes sans activité lucrative
    ■ indépendants
    ■ entreprises (accident visiteurs)
    ■ vacanciers
    ■ sportifs à risque
    ■ etc.
```

5.4 Personnes assurées

5.4.1 Assurance obligatoire

Il n'existe aucune obligation légale dans l'assurance-accidents facultative. L'assurance-maladie couvre à titre obligatoire les accidents (assurance des soins) si aucune assurance-accidents n'intervient. L'assurance-maladie obligatoire n'octroie ni indemnité journalière, ni rentes, ni capital.

5.4.2 Assurance facultative

En principe, chacun peut s'assurer, en supplément des prestations légales, contre les conséquences d'un accident. Mais si l'on s'en réfère aux prestations découlant de la LAA, ce sont principalement les groupes de personnes ci-après qui ont besoin d'une couverture supplémentaire en cas d'accident:

- personnes exerçant une activité lucrative indépendante
- ménagères
- enfants
- agriculteurs
- personnes sans activité lucrative
- salariés (complément à la LAA).

Assurance-accidents privée

L'offre comprend les produits suivants :

- assurance-accidents individuelle
- assurance-accidents des enfants
- assurance-accidents familiale
- assurance-accidents pour visiteurs
- assurance-accidents pour écoliers
- assurance-accidents pour l'organisation de manifestations
- formes particulières d'assurance

5.4.2.1 Assurance-accidents individuelle

Est assurée la personne désignée dans le contrat d'assurance. Le plus souvent, ce sont des personnes sans activité lucrative ou exerçant une activité lucrative indépendante et qui ne sont pas assujetties au régime obligatoire de la LAA.

5.4.2.2 Assurance-accident des enfants

Il y a de bonnes raisons de conclure une assurance facultative contre les accidents pour les enfants. Les lésions dentaires dues à un accident, susceptibles d'entraîner de grosses dépenses, sont prises en charge par l'assurance et le contrat prévoit souvent un traitement final à l'atteinte de la majorité. Les conséquences financières d'une invalidité peuvent être aussi particulièrement élevées pour les enfants à défaut d'une protection d'assurance dépassant les prestations de l'AI.

5.4.2.3 Assurance-accidents familiale

Dans ce genre de contrat, plusieurs membres d'une famille sont compris dans la police. Les prestations peuvent cependant être fixées individuellement pour chacun d'eux.

5.4.2.4 Assurance-accidents visiteurs

L'assurance responsabilité civile d'entreprise ne couvre les prétentions de visiteurs accidentés que dans la mesure où l'entreprise est responsable de l'accident au sens des dispositions légales. C'est dire que dans la majorité des cas d'accidents de visiteurs, l'assurance RC d'entreprise n'est pas tenue à indemnisation, ce qui amène souvent de déplaisantes discussions. Le chef d'entreprise tient pourtant beaucoup à ce qu'en pareil cas ses clients, relations d'affaires, hôtes, membres de la famille de ses collaborateurs, etc., soient couverts et ainsi satisfaits.

L'assurance-accidents de visiteurs alloue en cas d'accident les prestations assurées, sans égard à la question de responsabilité. Les sommes d'assurance sont immédiatement à disposition. Ainsi l'image de l'entreprise demeure intacte.

5.4.2.5 Assurance-accidents pour écoliers

Une communauté scolaire peut assurer ses élèves contre les conséquences des accidents qui se produiraient pendant les heures de classe et sur le chemin de l'école.

5.4.2.6 Assurance-accidents pour l'organisation de manifestations

Dans cette forme d'assurance, l'organisateur (de fêtes, expositions et autres manifestations) peut assurer contre les accidents les groupes de personnes suivants :

- membres du comité, du jury, arbitres ainsi que leurs auxiliaires
- personnel de l'entreprise organisatrice
- personnel affecté aux travaux de préparation et de remise en état des lieux

En règle générale, les visiteurs et participants à des manifestations ne sont pas inclus dans l'assurance.

5.4.2.7 Formes particulières d'assurance

Dans l'assurance-accidents facultative, on fait la distinction entre les formes suivantes en fonction de la durée du contrat :

- assurance-accidents de manifestation, de voyage et de vacances
- assurance-accidents d'avion
- assurance-accidents en cas de paiement du voyage par carte de crédit
- assurance-accidents par abonnement à une revue
- assurance-accidents occupants.

5.4.3 Personnes non assurables

Lorsqu'une assurance est proposée conformément à la loi sur le contrat d'assurance, l'assureur est en droit de refuser la proposition. Ce peut être le cas pour des personnes qui sont déjà en incapacité de travail ou qui, sur la base d'autres considérations, sont classées « à ne pas assurer ».

5.4.4 Admission dans l'assurance

L'acceptation de la compagnie d'assurances a lieu sur la base de la proposition déposée, qui contient aussi un questionnaire de santé. Selon les résultats de l'examen de santé, l'assureur peut prévoir des suppléments de prime, réserves, ou une réduction de la prestation mais de telles mesures sont rarement appliquées dans la pratique.

L'admission a lieu
- à des conditions normales
- à des conditions aggravées telles que :
  - supplément de prime
  - réduction des prestations
  - exclusion de certaines prestations, réserves.

L'assureur peut aussi refuser la proposition pour des motifs déterminés.

5.5 Début et fin de l'assurance

5.5.1 Début

Une assurance-accidents commence à la remise de la police ou à l'établissement d'une promesse de couverture, à moins qu'une date plus tardive du début de l'assurance ne soit fixée dans la police.

5.5.2 Fin

L'assurance-accidents individuelle prend fin dans l'une ou l'autre des circonstances suivantes :

- résiliation par un des co-contractants
- épuisement de la prestation assurée (invalidité complète) ; si plusieurs genres de prestation sont assurées, la partie restante du contrat demeure en vigueur
- décès du preneur d'assurance ou de la personne assurée.

5.6 Financement

L'assurance-accidents facultative est financée selon la méthode de la couverture des besoins. Les facteurs déterminants pour le calcul des primes de la personne assurée sont :

- la profession
- le sexe
- l'âge.

Pour les assurés adultes, on distingue en général trois classes de risques ou groupes professionnels.

Groupe professionnel 1

- personnes sans activité lucrative
- personnes exerçant une profession non manuelle ou sans activité physique (p. ex. personnel de bureau, enseignants, architectes dont l'activité est de pure planification) ainsi que personnel de vente et de service
- personnel de maison, médecins et dentistes, personnel paramédical, masseurs, physiothérapeutes, infirmiers et infirmières
- coiffeurs, horlogers, bijoutiers

Groupe professionnel 2

- personnes exerçant un métier manuel ou comportant une activité physique mais qui ne correspondent pas aux conditions du groupe professionnel 3
- personnes qui se rendent régulièrement dans des ateliers, halles aux machines, locaux de fabrication et de stockage, sur des chantiers ou entrepôts (p. ex. architectes directeurs de travaux)
- boulangers et confiseurs, bouchers, hôteliers, cuisiniers, moniteurs d'auto-école, etc.

Groupe professionnel 3

- personnes exerçant un métier manuel ou comportant une activité physique et celles qui travaillent avec des machines sur des chantiers ou dans le bâtiment
- chauffeurs, chauffeurs de taxi, agriculteurs, bûcherons, ouvriers forestiers, gardiens d'animaux, maîtres de sport et de gymnastique, mécaniciens sur autos, menuisiers, etc.

Les professions non mentionnées sont attribuées à un groupe professionnel.

Suppléments

Des suppléments de prime sont applicables aux professions indépendantes ci-après pour les maladies professionnelles :
- médecins, dentistes et vétérinaires
- musiciens professionnels

Rabais

Des rabais sont très souvent accordés lorsque plusieurs personnes sont assurées dans un même contrat :
- Un rabais de formation est accordé pour
  - les apprentis
  - les étudiants jusqu'à l'âge de 25 ans
- Rabais en cas de continuation de l'assurance pour enfants
- Rabais pour associations

5.7 Prestations

5.7.1 Risques assurables

- frais médicaux
- indemnité journalière
- rente d'invalidité
- indemnité journalière en cas d'hospitalisation
- capital invalidité
- capital décès

- cures prescrites par le médecin, dans une mesure limitée
- prestations de personnel soignant diplômé, sauf aides au ménage qui ne dispensent pas des soins
- moyens auxiliaires (première acquisition de lunettes, béquilles, appareils de soutien, appareils auditifs, etc.)
- transports nécessaires
- mesures de sauvetage nécessitées par l'accident en faveur de l'assuré, jusqu'à hauteur d'un montant maximum (p. ex. 20 000 fr.)
- dépenses pour le nettoyage, la réparation ou le remplacement de vêtements de l'assuré détériorés ainsi que d'objets et véhicules de particuliers qui se sont occupés du sauvetage et du transport du blessé, jusqu'à concurrence d'un maximum (2 000 fr. p. ex.)
- opérations esthétiques après lésions dues à un accident, jusqu'à concurrence d'un montant maximum (10 000 fr. p. ex.)
- frais d'annulation d'un voyage en cas d'empêchement dû à un accident
- frais de voyage aller et retour d'un proche de la personne assurée si le séjour à l'hôpital dû à l'accident dure (plus de 10 jours p. ex.)
- accompagnement à leur domicile des enfants qui voyageaient avec l'assuré accidenté.

5.7.1.1 Frais médicaux

Les frais médicaux peuvent être inclus dans l'assurance-accidents comme telle ou en complément d'une assurance obligatoire existante, sans limitation. Certaines prestations peuvent être limitées contractuellement dans les Conditions générales d'assurance (CGA). Cette adjonction n'est valable qu'en cas d'accident; elle est généralement fixée à cinq ans de durée de la prestation.

Sont assurés les frais ci-après mentionnés:

- dépenses nécessaires et justifiées pour mesures médicales (médecin, dentiste, pharmacie et hôpital, frais d'autre mesures de guérison prescrites) ainsi que frais de pension pour nourriture et logement à l'hôpital

5.7.1.2 Indemnité journalière en cas d'accident

En cas d'incapacité de travail temporaire par suite d'accident, l'assurance verse à l'assuré une indemnité journalière pendant la durée d'incapacité attestée par le médecin, à compter de l'expiration du délai d'attente convenu. La durée de la prestation est de 730 jours en l'espace de cinq ans, sous déduction du délai d'attente. En cas d'incapacité de travail partielle, l'indemnité journalière est réduite en proportion. Aux chômeurs, l'indemnité journalière complète est versée déjà à partir d'une incapacité de travail de 50 %. L'indemnité journalière en cas d'accident peut être assurée comme indemnité journalière fixe (assurance de somme) ou en pour-cent du salaire AVS (assurance de dommage). Cette dernière, toutefois, uniquement pour des travailleurs qui sont assurés par leur employeur dans le cadre d'un contrat collectif.

Dans l'assurance des enfants, il n'est pas possible d'inclure une indemnité journalière, le besoin n'existant pas. Mais il est souvent prévu la libération du paiement des primes lorsque le preneur d'assurance décède ou devient invalide.

5.7.1.3 Rente d'invalidité

Certains assureurs – mais le cas est plutôt rare dans la pratique – acceptent de prévoir une rente d'invalidité en cas d'accident. La durée de la prestation est limitée à la date de l'âge AVS.

5.7.1.4 Indemnité journalière d'hospitalisation

Elle est versée pendant la durée du séjour hospitalier.

5.7.1.5 Capital invalidité

Si dans les cinq ans qui suivent un accident il est constaté une invalidité probablement permanente et qu'il n'y a pas lieu d'attendre que la poursuite du traitement médical améliore sensiblement l'état de santé de l'assuré, la somme d'assurance convenue est payée selon le degré d'invalidité et selon la prestation choisie. En cas de perte simultanée ou de perte de l'usage de plusieurs parties du corps, le degré d'invalidité est déterminé par l'addition des pourcentages; toutefois il ne peut être supérieur à 100 %.

Le degré d'invalidité est calculé, sans égard à la profession ou à l'activité de l'assuré, sur la base de l'expertise médicale et selon le barème d'indemnisation, appelé échelle des membres. Le degré d'invalidité est fixé sur la base de critères médico-théoriques. Il n'est pas nécessaire qu'il y ait réduction du revenu (méthode économique): il suffit que l'assuré, à la suite d'un accident, soit privé totalement ou partiellement de l'usage d'un ou plusieurs membres ou limité dans ses fonctions corporelles.

■ **Extrait de l'échelle des membres:**

Dommage	Degré d'invalidité
Paralysie totale, troubles mentaux incurables et excluant toute activité lucrative, cécité totale	100 %
Perte ou perte totale de l'usage:	
■ des deux bras ou des deux mains, des deux jambes ou des deux pieds, d'un bras ou d'une main ainsi que d'une jambe ou d'un pied	100 %
■ d'un œil	30 %
■ de l'ouïe des deux oreilles	75 %
■ d'un pouce	25 %
■ d'un index	15 %
■ d'un majeur	10 %
■ d'un autre doigt	5 %
■ de la parole	60 %
■ d'une jambe au niveau ou au-dessus du genou	70 %
■ d'une jambe au-dessous du genou	50 %
■ d'un pied	40 %

Si la perte ou la perte d'usage est partielle, le degré d'invalidité est réduit en conséquence.

Des prestations plus élevées sont allouées à certaines conditions supplémentaires aux médecins, dentistes, vétérinaires ainsi que musiciens professionnels et elles ne sont versées que si l'assuré d'une telle catégorie perd une partie du corps dont il a besoin dans l'exercice de sa profession.

3 solutions pour l'indemnisation par un capital AI

Le preneur d'assurance a le choix entre trois solutions d'indemnisation (A, B et C). Le capital assuré est versé à partir d'un degré d'invalidité de 25 %, comme suit :

degré d'invalidité A = indemnisation
degré d'invalidité B = l'indemnisation augmente progressivement jusqu'à 225 % maximum
degré d'invalidité C = l'indemnisation augmente progressivement jusqu'à 350 % maximum

Le plus souvent, les Conditions générales d'assurance (CGA) prévoient qu'au lieu d'un capital, l'assuré peut toucher une rente.

5.7.1.6 Capital décès

Si l'assuré décède des suites d'un accident, la somme assurée du capital-décès est versée aux bénéficiaires. La plupart des CGA prévoient la possibilité d'une rente au lieu du capital. Le preneur d'assurance peut désigner librement les bénéficiaires.

Dans l'assurance des enfants, les prestations sont fortement restreintes. En cas de décès d'un enfant, le dommage patrimonial se limite aux frais d'inhumation. Les sociétés d'assurance ont souvent pris pour règle que le capital en cas de décès peut s'élever à 10 % de la somme d'assurance en cas d'invalidité, au maximum à 5 000 francs.

5.7.2 Etendue de la couverture

L'assurance-accidents fournit les prestations pour les conséquences des événements assurés, soit les accidents. Est réputé accident au sens de cette assurance toute atteinte dommageable soudaine et involontaire portée au corps humain par une cause extérieure extraordinaire. Dans l'assurance-accidents facultative, les lésions corporelles ci-après énumérées sont assimilées à un accident même si elles ne sont pas causées par un facteur extérieur de caractère extraordinaire :

- fractures, dans la mesure où elles ne sont pas manifestement imputables à une maladie
- déboîtements d'articulations
- déchirures du ménisque
- élongations de muscles
- déchirures de tendons
- lésions de ligaments
- lésions du tympan
- lésions dentaires qui ne sont pas imputables à l'état de santé.

Sont en outre assimilés à un accident :
- gelures
- coup de chaleur
- insolation ainsi qu'atteintes à la santé causées par les rayons ultraviolets, à l'exception des coups de soleil.

Les prestations de l'assurance-accidents facultative doivent être classées soit dans l'assurance de sommes, soit dans l'assurance de dommages.

Sont des prestations d'assurance de dommage :

- les frais médicaux
- la rente d'invalidité (possible aussi comme assurance de somme).

Ici, seul le dommage effectif est indemnisé.

Sont des prestations d'assurance de sommes :

- l'indemnité journalière en cas d'accident (possible aussi comme assurance de dommage
- l'indemnité journalière d'hospitalisation
- le capital invalidité
- le capital décès

L'indemnité journalière, l'indemnité journalière d'hospitalisation, les prestations en cas de décès et en cas d'invalidité peuvent être cumulées avec d'autres prestations, p. ex. celles de la LAA.

5.8 Différences d'avec la LAA

Objet	LAA	assurance-accidents facultative
Base légale	LAA y c. les ordonnances	CO, LCA, CGA, CPA
Personnes assurées	réglé par la loi	facultatif
Prestations assurées	réglé par la loi	facultatif
Réserves	pas possibles	possibles
Exclusions	pas possibles	possibles
Surveillance	DFI, OFAS	DFF, OFAP
Financement	méthodes de la répartition des dépenses et de la répartition de la valeur des rentes	méthode de la répartition de la charge annuelle (couverture des besoins)

5.9 L'assurance-accidents privée en bref

But

L'assurance-accidents facultative couvre les risques d'accident principalement pour les enfants, les personnes sans activité lucrative, les indépendants, ainsi que les entreprises pour l'assurance-accidents des visiteurs.

Une assurance complémentaire à la LAA est possible.

Financement

L'assurance-accidents facultative est financée par la méthode de la répartition de la charge annuelle. Sont déterminants pour le calcul des primes : la profession, le sexe, l'âge de la personne à assurer.

Des rabais sont accordés lorsque plusieurs personnes sont assurées dans le même contrat.

Personnes assurées

Assurance facultative
- assurance-accidents : souvent pour personnes sans activité lucrative ou ayant une activité indépendante
- assurance des enfants
- assurance-accidents familiale
- assurance pour l'organisation de manifestations
- pour entreprises : assurance-accidents des visiteurs
- pour communautés scolaires : assurance-accidents des écoliers
- formes particulières

Personnes non assurables
- L'assureur peut refuser l'admission à des personnes qui sont déjà en incapacité de travail ou qui sont qualifiées de personnes « à ne pas assurer ».

Admission à des conditions aggravées
- suppléments de primes, réserves ou réductions des prestations sont possibles.

Début et fin

Début
- à la remise de la police ou lors de l'établissement d'une promesse de couverture

Fin
- résiliation par l'un des contractants pour l'échéance
- épuisement de la prestation assurée
- décès

Prestations

Risques assurables
Prestations les plus importantes :
- frais médicaux
- indemnité journalière
- indemnité journalière d'hospitalisation
- rente d'invalidité
- capital invalidité
- capital décès

Etendue de la couverture
L'assurance-accidents accorde les prestations pour les conséquences d'événements (accidents) assurés, soit en cas de
- fracture
- déboîtements d'articulations
- déchirures du ménisque
- élongations de muscles
- déchirures de tendons
- lésions de ligaments
- lésions du tympan
- lésions dentaires

Sont assimilés à un accident
- gelures
- coup de chaleur
- insolation, lésions dues aux rayons UV à l'exception des coups de soleil

Les prestations doivent être classées dans l'assurance des sommes ou l'assurance des dommages.

L'assurance de personnes et l'assurance sociale – Notions de base

6 LPP

6.1 Fondement

6.1.1 Historique

Les bases légales de la prévoyance en faveur du personnel ont été créées en 1936 lors de la révision du droit des obligations. La Loi sur la prévoyance professionnelle vieillesse, survivants et invalidité, qui est entrée en vigueur en 1985, indique le minimum auquel doit satisfaire le deuxième pilier. Les institutions de prévoyance peuvent prévoir des prestations plus larges et elles sont nombreuses à l'avoir fait.

Quelques dates clés :

- 1925 : Adoption de l'article 34quater Cst. (nouvel art. 111 Cst.)
- 1936 : Révision du CO ; création des bases légales de la prévoyance en faveur du personnel.
- 1958 : Révision du CO et du CC ; l'institution de prévoyance en faveur du personnel est détachée de l'entreprise de l'employeur ; réglementation du droit au libre passage.
- 1972 : Ancrage du concept des 3 piliers dans la Constitution fédérale.
- 1985 : Entrée en vigueur de la LPP.
- 1995 : Loi sur le libre passage et Ordonnance sur l'encouragement à la propriété du logement au moyen de la prévoyance professionnelle (OEPL).

6.1.2 But

Selon le principe des trois piliers, le deuxième pilier doit compléter les prestations de base et les rentes du premier pilier à l'effet de garantir à l'assuré, de manière appropriée, le maintien de son niveau de vie antérieur.

Nous ne traitons dans ce texte que les conditions cadres légales.

LPP

Art. 111 Cst.

1er pilier	2e pilier	3e pilier
Garantir les besoins vitaux	Garantir de manière appropriée le niveau de vie antérieur	Complément individuel (besoins optionnels)
Prévoyance étatique (obligatoire) AVS / AI / PC	Prévoyance professionnelle (obligatoire) **LPP** / LAA	Prévoyance privée (facultative)
	obligatoire / facultative	3a liée / 3b libre

Risques : vieillesse / décès / invalidité

6.2 Bases légales

■ Constitution fédérale

Article 113

■ Lois fédérales

- Loi fédérale sur la prévoyance professionnelle vieillesse, survivants et invalidité (LPP), en vigueur depuis le 1er janvier 1985
- Loi fédérale sur le libre passage dans la prévoyance professionnelle vieillesse, survivants et invalidité (LFLP), en vigueur depuis le 1er janvier 1995
- Droit sur le contrat de travail, articles 331 ss CO
- Droit des fondations, articles 80 ss CC

■ Ordonnances

- Ordonnance sur la surveillance et l'enregistrement des institutions de prévoyance professionnelle (OPP 1)
- Ordonnance sur la prévoyance professionnelle vieillesse, survivants et invalidité (OPP 2)
- Ordonnance sur les déductions admises fiscalement pour les cotisations versées à des formes reconnues de prévoyance (OPP 3)
- Ordonnances sur le fonds de garantie LPP (OFG)
- Ordonnance sur le libre passage dans la prévoyance professionnelle vieillesse, survivants et invalidité (OLP)
- Ordonnance sur l'encouragement à la propriété du logement au moyen de la prévoyance professionnelle (OEPL)
- etc.

6.3 Organisation

Pour l'exécution de la prévoyance professionnelle, les formes juridiques suivantes sont possibles :

- Fondation
- Société coopérative
- Institution de droit public

Les organismes qui exécutent la prévoyance professionnelle conformément à la LPP doivent se faire inscrire au Registre LPP de la prévoyance professionnelle, auprès de l'autorité de surveillance compétente. Ils sont l'objet d'une surveillance spéciale. La plupart des caisses de pension privées ont opté pour la forme juridique de la fondation ; on ne trouve presque pas d'institutions de prévoyance organisées en société coopérative. La caisse de pension des régies d'Etat, de la Confédération et des cantons est généralement une institution de droit public.

Il est en principe loisible à toute entreprise d'organiser la prévoyance professionnelle selon l'une des deux possibilités ci-après :

| création d'une fondation propre à l'entreprise (autonome, semi-autonome) | affiliation à une fondation collective/ à une fondation commune |

6.3.1 Fondation propre à l'entreprise

■ **Organigramme d'une fondation propre à l'entreprise**

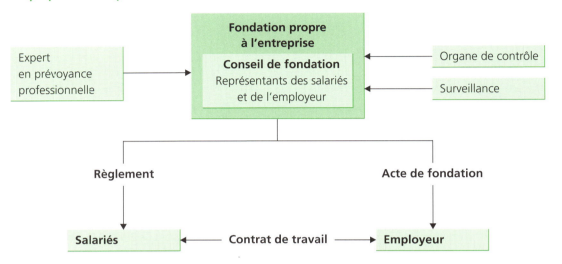

La fondation propre à une entreprise est créée à l'usage exclusif de l'entreprise fondatrice et elle ne fournit des prestations qu'aux travailleurs de cette entreprise. Si elle assure elle-même tous ces risques, on parle de « caisse de pension autonome ». Si les risques sont cédés en partie à une société d'assurances, on parle de caisse de pension semi-autonome.
La fondation propre à l'entreprise ne convient qu'à de grandes entreprises qui sont en mesure d'administrer l'institution de prévoyance. Le conseil de fondation est compétent pour l'application des dispositions légales et réglementaires. Il est également responsable du placement sûr et rentable des fonds de la prévoyance. Le conseil de fondation est composé paritairement d'un nombre égal de représentants des travailleurs et de l'employeur.
Devant le foisonnement des dispositions légales et la charge administrative croissante qui en découle, bien des entreprises renoncent à créer leur propre fondation.

6.3.2 Fondation collective

La fondation collective est le plus souvent créée et gérée par une société d'assurances, une banque ou une association. Elle offre la possibilité d'exécuter la prévoyance professionnelle pour un certain nombre d'entreprises qui ne peuvent ou ne veulent pas s'en occuper elles-mêmes.

Ce sont surtout des petites et moyennes entreprises qui adhèrent à une fondation collective. Des firmes de plus grande dimension qui ne veulent pas s'occuper de l'administration peuvent aussi en faire partie. La possibilité est donnée à chaque firme de convenir d'une solution de prévoyance exactement adaptée à ses besoins spécifiques et à ses moyens financiers.

■ **Organigramme d'une fondation collective**

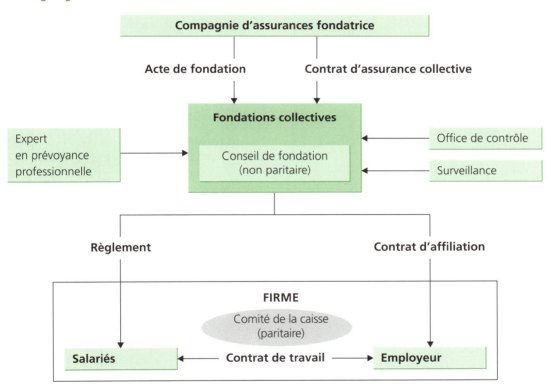

6.3.3 Fondation commune

Certaines communes et associations professionnelles confient la prévoyance de leur personnel à des fondations communes qui comptent parmi les institutions de prévoyance de droit privé. La fondation commune présente une grande uniformité et un lien économique étroit relie ses affiliés. La prévoyance est aménagée pour tous selon le même schéma et il n'y a donc pas de solution individuelle par affilié.

6.3.4 Institution supplétive
(art. 60 LPP)

L'institution supplétive est une fondation indépendante qui dispose d'agences régionales. Elle a été créée par le législateur pour remplir les tâches spéciales ci-après :

- affilier d'office les employeurs qui ne se conforment pas à l'obligation de s'affilier à une institution de prévoyance
- affilier les employeurs qui en font la demande de leur propre chef
- admettre des personnes qui demandent à s'assurer à titre facultatif : indépendants, salariés travaillant pour plusieurs employeurs
- assurer les personnes au chômage
- gérer les prestations de libre passage
- servir les prestations dues lorsque l'employeur n'a pas rempli son devoir légal d'affiliation.

6.3.5 Fonds de garantie
(art. 56 LPP)

Le Fonds de garantie lui aussi a été créé par le législateur et il a également la forme juridique de la fondation. Il assume les tâches suivantes :

- verser des subsides aux institutions de prévoyance dont la structure d'âge est défavorable
- garantir les prestations dues par des institutions de prévoyance devenues insolvables
- dédommager l'institution supplétive pour les frais qui ne peuvent être mis à la charge de celui qui les a causés
- fonctionner comme Centrale du 2e pilier (avoirs oubliés).

Le Fonds de garantie verse des subsides pour structure d'âge défavorable aux institutions de prévoyance dont la somme des bonifications de vieillesse LPP dépasse 14 % de la somme des salaires coordonnés correspondants. Toutes les institutions de prévoyance assujetties à la loi sur le libre passage sont affiliées au Fonds de garantie. Elles contribuent à son financement.

Le Fonds de garantie se charge de servir les prestations obligatoires – et sous certaines restrictions les prestations supra-obligatoires – des institutions de prévoyance devenues insolvables (jusqu'à hauteur de 150 % de la limite supérieure LPP). En outre, il fait office de Centrale du 2e pilier pour la coordination, la transmission et le stockage d'informations se rapportant à des avoirs de prévoyance oubliés.

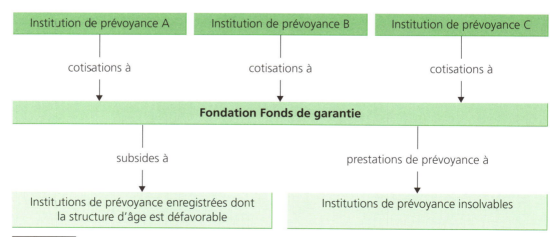

■ Organes de contrôle

A part les organes de contrôle interne, les services suivants s'occupent du contrôle direct des caisses de pension :

Autorité de surveillance OFAS, cantons

- vérifie la conformité des dispositions réglementaires avec les prescriptions légales
- exige de l'institution de prévoyance un rapport périodique sur son activité
- prend connaissance des rapports de l'organe de contrôle ainsi que de l'expert
- veille à l'élimination des insuffisances constatées

Organe de contrôle

fiduciaire indépendante et reconnue
- examine chaque année la légalité de la gestion et vérifie la conformité à la loi, aux ordonnances, aux directives et aux règlements des comptes annuels et de la situation de fortune
- établit, à l'intention du conseil de fondation et de l'autorité de surveillance, un rapport écrit sur le résultat de ses vérifications
- informe immédiatement l'autorité de surveillance si la situation de l'institution de prévoyance exige une intervention rapide ou si son mandat prend fin.

Expert

expert indépendant et agréé en matière de prévoyance professionnelle, qui vérifie périodiquement (au moins tous les 5 ans)
- si l'institution de prévoyance offre en tout temps la garantie qu'elle peut remplir ses engagements
- si les dispositions réglementaires de nature actuarielle et relatives aux prestations et au financement sont conformes aux prescriptions légales ; chargé en outre
- de faire rapport par écrit au conseil de fondation sur le résultat de ses vérifications
- d'informer immédiatement l'autorité de surveillance si la situation de l'institution de prévoyance exige une intervention rapide ou si son mandat prend fin.

Institution de prévoyance

6.4 Personnes assurées

6.4.1 Assurance obligatoire
(art. 2 LPP)

Sont soumises au régime obligatoire de la LPP les personnes qui remplissent les conditions suivantes :

- salariés, dès le 1er janvier qui suit leur 17e anniversaire
- travailleurs dont le salaire minimum est supérieur à une rente de vieillesse AVS maximale annuelle
- chômeurs qui reçoivent des indemnités journalières de l'assurance-chômage (après expiration du délai d'attente).

6.4.1.1 Risques assurés

Les travailleurs qui sont assujettis au régime obligatoire LPP sont assurés contre les risques de décès et d'invalidité dès l'âge de 17 ans révolus et également pour les prestations de vieillesse dès l'âge de 24 ans révolus. Les chômeurs sont assurés contre les risques de décès et d'invalidité dès le moment où leur indemnité journalière atteint un montant déterminé.

Personnes assurées	Risques assurés		
dès le 1.1. qui suit les 17 ans révolus	invalidité		décès
dès le 1.1. qui suit les 24 ans révolus	invalidité	vieillesse	décès
chômeurs	invalidité		décès

6.4.2 Salariés non soumis à l'assurance obligatoire
(art. 1 OPP 2)

Les catégories de salariés ci-après ne sont pas soumises à l'assurance obligatoire :

- salariés dont l'employeur n'est pas soumis à l'obligation de payer des cotisations à l'AVS
- salariés engagés pour une durée limitée (max. 3 mois)
- salariés exerçant une activité accessoire et déjà assurés pour leur activité principale, ou qui exercent une activité lucrative indépendante
- personnes invalides au sens de l'AI à raison des deux tiers au moins
- membres de la famille d'un exploitant agricole qui travaillent dans son entreprise
- indépendants

6.4.3 Assurance facultative
(art. 4 LPP)

Les salariés et les indépendants qui ne sont pas soumis à l'assurance obligatoire peuvent s'assurer à titre facultatif. Les indépendants ont le choix entre les institutions de prévoyance suivantes :

- Institution de prévoyance de leur association professionnelle
- Institution supplétive
- Institution de prévoyance de leur personnel.

6.5 Début et fin de la protection d'assurance
(art. 10 LPP)

6.5.1 Début

L'assurance prend effet dès le jour où le salarié commence ou aurait dû commencer le travail en vertu de l'engagement.

Lorsqu'une personne est engagée pour une durée limitée à trois mois et que durant cette période le rapport de travail est prolongé pour une durée indéterminée, l'assurance obligatoire commence à la date où la prolongation a été convenue.

■ Chômeurs

Pour les chômeurs, l'assurance commence le jour où ils perçoivent pour la première fois une indemnité de chômage d'un montant déterminé.

6.5.2 Fin

L'assurance prend fin

- en cas de dissolution des rapports de travail
- lorsque le salaire minimum n'est plus atteint
- à la naissance du droit aux prestations de vieillesse
- lorsque le versement d'une indemnité de l'assurance-chômage est suspendu.

6.5.3 Maintien temporaire de l'assurance

La protection d'assurance contre les risques de décès et d'invalidité est maintenue pendant un mois après la dissolution des rapports de travail. Si l'assuré prend un nouvel emploi avant l'expiration de ce délai, c'est la nouvelle institution de prévoyance qui est compétente.

6.6 Financement

Les prestations de la LPP sont financées par les cotisations des salariés et des employeurs. Ces derniers doivent prendre à leur charge au moins la moitié de toutes les cotisations. L'employeur est débiteur de la totalité des cotisations envers l'institution de prévoyance.
La charge peut varier sensiblement suivant la structure d'âge d'une entreprise : le taux est nettement plus élevé dans une entreprise comptant davantage de travailleurs âgés.

Dans le financement, on fait la distinction entre les éléments suivants de la cotisation :

- bonifications de vieillesse
- primes de risque
- compensation du renchérissement
- mesures spéciales
- fonds de garantie
- frais administratifs

6.6.1 6.1 Salaire assuré

Le salaire AVS sert en principe de base pour déterminer le salaire à assurer. Au début de la prévoyance on se fonde en général sur le salaire AVS annuel probable ou alors sur le dernier salaire connu. En cas d'activité lucrative temporaire (bref séjour, p. ex.), les salaires mensuels ou horaires sont convertis en salaire annuel en fonction du degré d'occupation.
Le salaire déterminant dans l'AVS moins la « déduction de coordination » donne le salaire coordonné (ou salaire assuré), avec un montant minimum et un maximum. Pour les chômeurs, c'est le salaire horaire qui sert de base.

Depuis l'introduction de la LPP, les montants-limites sont les suivants :

- **Montant de coordination**
  = rente de vieillesse annuelle maximale de l'AVS
- **Salaire coordonné minimal**
  = $1/8$ de la rente de vieillesse annuelle maximale de l'AVS
- **Salaire coordonné maximal**
  = $2 \times$ la rente de vieillesse annuelle maximale de l'AVS

Salaire coordonné
(chiffres 2003):

Quelques exemples de calcul du salaire coordonné (assuré) selon la LPP (état 2003):

Salaire annuel AVS	27 000	42 000	90 000
– Déduction de coordination	25 320	25 320	25 320
Salaire assuré	3 165	16 680	50 640

Assurance LPP des personnes au chômage

Après l'expiration des délais d'attente, les chômeurs sont soumis à l'assurance obligatoire LPP pour les risques de décès et d'invalidité dès lors qu'ils réalisent un salaire journalier déterminé.

salaire journalier minimal	Fr. 97.25
salaire journalier maximal	Fr. 291.70
salaire journalier minimal assuré	Fr. 12.15
salaire journalier maximal assuré	Fr. 194.45

6.6.2 Bonifications de vieillesse
(art. 16, 71 LPP/art. 11, 13, 49–60 OPP 2)

Les bonifications de vieillesse servent à garantir les rentes de vieillesse; elles ne sont rien d'autre qu'une contribution d'épargne. Le montant des avoirs de vieillesse est déterminé par l'âge, le salaire assuré ainsi que le sexe de l'assuré.

Age hommes	Age femmes	Cotisation en % du salaire coordonné
25–34	25–31	7
35–44	32–41	10
45–54	42–51	15
55–65	52–62*	18

* Les femmes qui exercent une activité lucrative après 62 ans et qui remplissent les conditions usuelles d'assujettissement à la LPP y restent soumises jusqu'à l'âge de 63 ans.

Pour le financement des prestations de vieillesse, on applique la méthode de la capitalisation. Chaque assuré épargne son propre capital-vieillesse. L'avoir de vieillesse est crédité d'un intérêt fixé par le Conseil fédéral (état au 1.1.2003: 3,25 %).

■ **Prescriptions de placement**
Le placement des fonds (avoirs de vieillesse) est soumis à de strictes dispositions légales, la priorité allant à la sécurité.

6.6.3   Primes de risque

Des contributions à la couverture des risques, dont le taux est fonction de l'âge et du sexe de l'assuré, sont perçues séparément pour financer les prestations de survivants et d'invalidité. Cela représente en moyenne 1 à 5 pour cent du salaire coordonné.

6.6.4   Compensation obligatoire du renchérissement sur les prestations de risque
(art. 36 LPP)

Le rentes de survivants et d'invalidité en cours depuis plus de trois ans doivent être adaptées à l'évolution des prix, conformément aux prescriptions édictées par le Conseil fédéral; cette règle vaut jusqu'au jour où le bénéficiaire a atteint l'âge de 65 ans (hommes) ou 62 ans (femmes).
L'institution de prévoyance est tenue, dans le cadre de ses possibilités financières, d'établir des dispositions en vue d'adapter les autres rentes en cours à l'évolution des prix.
La prime, pour les hommes et les femmes, s'élève à 0,2 % du salaire coordonné.

6.6.5   Mesures spéciales
(art. 70 LPP)

La loi demande que des mesures spéciales soient prises en faveur des assurés plus âgés, soit la « génération d'entrée », et des bas revenus. L'institution de prévoyance est tenue d'y consacrer 1 % des salaires coordonnés (des assurés dès l'âge de 25 ans). Font partie de la génération d'entrée les personnes qui, à l'introduction de la LPP le 1.1.1985, avaient 25 ans révolus et pas encore l'âge de la retraite.

Ces fonds servent:

- à améliorer les prestations de la génération d'entrée
- à adapter les rentes de vieillesse à l'évolution des prix ou à augmenter les bonifications de vieillesse des assurés.

6.6.6   Fonds de garantie

Les fondations enregistrées contribuent à raison de 0,06 % des salaires coordonnés aux subsides pour structure d'âge défavorable. Pour les autres tâches du Fonds de garantie, les fondations enregistrées et les non enregistrées sont débitées d'une cotisation de 0,04 % calculée sur les prestations de sortie au 31 décembre et sur la somme de toutes les rentes multipliée par dix.

Fondation enregistrée:	**Fondation non enregistrée:**
■ inscrite au Registre du commerce et au Registre de la prévoyance professionnelle ■ assure au moins les prestations LPP minimales	■ inscrite au Registre du commerce ■ assure une prévoyance supplémentaire

6.6.7   Frais administratifs

Aux cotisations s'ajoutent les frais administratifs.

6.6.8 Réserves de cotisations de l'employeur

Une entreprise peut mettre en réserve, à destination de son institution de prévoyance, des avances sur cotisations de l'employeur qui sont placées sur un compte « Réserves de cotisations de l'employeur ». En vertu des prescriptions fiscales, ces sommes doivent être affectées exclusivement au financement des futures cotisations de l'employeur. Le montant maximum de ce préfinancement varie selon les cantons (p. ex. l'état du compte peut s'élever au maximum à la somme des cotisations annuelles de l'employeur multipliée par cinq).

6.6.9 Rachat dans la caisse de pensions

On entend par rachat d'années de cotisations le financement supplémentaire de la prévoyance professionnelle par des cotisations ordinaires telles que les prévoit le règlement en vue de compenser des années antérieures d'assurance manquantes. A l'entrée dans une institution de prévoyance, le rachat est déjà prévu par la loi. En revanche, un rachat à une date ultérieure dépend du règlement. C'est la loi et non pas le règlement seul qui fixe le maximum de la somme de rachat possible.

6.7 Prévoyance obligatoire, supra-obligatoire

Les dispositions de la LPP s'entendent comme un minimum. Toute institution de prévoyance peut prévoir des modalités qui vont au-delà du minimum légal. Il faut retenir dans ce sens deux notions importantes :

- **Prestations obligatoires :**
  prestations minimales qui doivent obligatoirement être assurées selon la LPP
- **Prestations supra-obligatoires :**
  prestations qui vont au-delà du minimum obligatoire

Sont autorisées toutes différences d'avec la LPP qui apportent une amélioration de la situation des assurés : non seulement de meilleures prestations que le minimum LPP mais également un financement plus avantageux pour le personnel. Certains employeurs prennent à leur charge plus de la moitié des cotisations ; ils paient par exemple les ²/₃ du coût total ou davantage.
Des écarts de ce genre, plus ou moins importants, sont très fréquents dans la pratique.

L'entreprise qui veut assurer davantage que le « minimum LPP » a le choix entre deux possibilités :

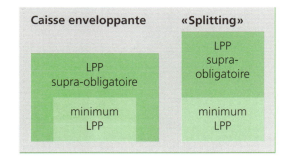

■ Caisse « enveloppante »
Les prestations minimales selon la LPP et les prestations supra-obligatoires sont intégrées dans un contrat unique. L'assuré ne reçoit qu'une attestation de prévoyance et un règlement de prévoyance. L'employeur reçoit une facture de primes et n'annonce les mutations qu'une fois.

■ Splitting
Dans la solution de prévoyance dite « splitting » (caisse scindée), les prestations minimales selon la LPP et les prestations supra-obligatoires sont assurées dans deux contrats séparés. L'assuré reçoit deux attestations de prévoyance et deux règlements de prévoyance. L'employeur reçoit deux factures de primes et doit annoncer deux fois les mutations.

La solution du splitting est utilisée de préférence lorsque des prestations spéciales doivent être assurées exclusivement pour les cadres. C'est pourquoi la partie supra-obligatoire est souvent appelée « assurance des cadres ».

Il existe de multiples possibilités pour assurer de meilleures prestations que le minimum LPP.

Exemples :

- augmentation des prestations de risque
- garantie de restitution de l'avoir de vieillesse en cas de décès
- épargne-vieillesse supplémentaire
- etc.

■ Règlements / Statuts

Toute institution de prévoyance est tenue de remettre aux assurés un règlement contenant entre autres des dispositions précises sur les prestations ainsi que le financement de la caisse de pension. Le règlement doit renseigner sur l'étendue des prestations supra-obligatoires qui sont accordées.

Dans les institutions de droit public, plutôt que de règlement on parle de statuts.

6.8 Droit aux prestations

6.8.1 Prestations de vieillesse

6.8.1.1 Rente de vieillesse

Les femmes ont droit à une rente de vieillesse à l'âge de 62 ans révolus; les hommes à 65 ans révolus. Les femmes qui exercent encore leur activité lucrative jusqu'à l'âge ordinaire de la retraite AVS (63 ans) restent assujetties à la LPP.

L'institution de prévoyance peut prévoir dans son règlement qu'il est possible à l'assuré de prendre une retraite anticipée ou de différer la date à laquelle il fait valoir son droit à la retraite, les prestations étant alors adaptées en conséquence. La LPP ne prévoit pas de retraite anticipée.

6.8.1.2 Rente pour enfant

Les bénéficiaires d'une rente de vieillesse ont droit à une rente pour enfant de retraité pour chaque enfant qui n'a pas encore 18 ans révolus ou qui est encore en formation (jusqu'à 25 ans au plus) ou qui est invalide à raison des deux tiers au moins (jusqu'à 25 ans au plus).

6.8.2 Prestations d'invalidité

6.8.2.1 Rente d'invalidité

Peuvent demander des prestations d'invalidité les personnes qui sont invalides à raison de 50% au moins au sens de l'AI et qui étaient assurées lorsque est survenue l'incapacité de travail dont la cause est à l'origine de l'invalidité.

L'assuré a droit à une rente entière d'invalidité s'il est invalide à raison des deux tiers au moins et à une demi-rente s'il est invalide à 50% au moins. Le délai d'attente est de 12 mois. Il peut être prolongé à 24 mois en coordination avec une assurance collective d'indemnité journalière en cas de maladie. L'indemnité journalière doit alors être financée par l'employeur à hauteur de 50% au moins et elle doit couvrir 80% du salaire manquant.

6.8.2.2 Rente pour enfant

Les bénéficiaires d'une rente d'invalidité ont droit à une rente pour enfant d'invalide pour chaque enfant qui n'a pas encore 18 ans révolus ou qui est encore en formation (jusqu'à 25 ans au plus) ou est invalide à raison des deux tiers au moins (jusqu'à 25 ans au plus).

6.8.3 Prestations pour survivants

Il existe un droit à des prestations pour survivants si le défunt était assuré au moment du décès ou lorsque est survenue l'incapacité de travail dont la cause est à l'origine du décès ou si, au moment du décès, l'institution de prévoyance lui servait une rente de vieillesse ou d'invalidité.

6.8.3.1 Rente de veuve

En cas de décès d'un assuré marié, sa veuve a droit à une rente de veuve à vie ou jusqu'à son remariage, sous réserve des conditions suivantes :

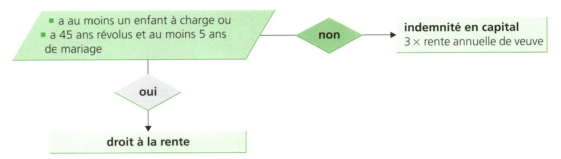

6.8.3.2 Indemnité en capital pour veuve

Si ni l'une ni l'autre de ces conditions ne sont remplies, la veuve reçoit une indemnité en capital (allocation unique) égale à trois rentes annuelles.

6.8.3.3 Femmes divorcées

Au décès de son ex-mari, la femme divorcée est assimilée à la veuve à condition que le mariage ait duré au moins 10 ans et qu'en vertu du jugement de divorce une rente ou un versement en capital pour une rente viagère lui avaient été attribués. Il n'y a aucun droit à prestation pour le veuf ou le mari divorcé.

6.8.3.4 Rente d'orphelin

Les enfants du défunt qui n'ont pas encore 18 ans accomplis ou qui sont encore en formation (jusqu'à 25 ans au maximum) ou qui sont invalides à raison des deux tiers au moins (jusqu'à 25 ans au maximum) ont droit à une rente d'orphelin.

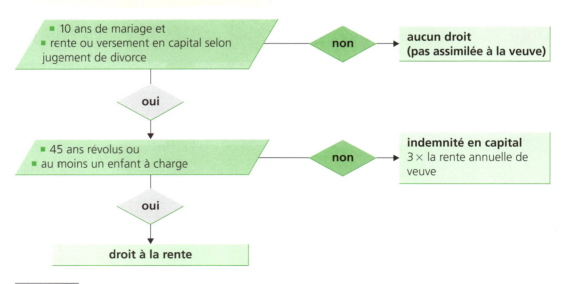

6.9 Montant des prestations

En principe, toutes les prestations sont allouées sous forme de rentes. Le règlement de prévoyance peut prévoir, au lieu de la rente, un versement unique en capital; le cas échéant, pour la prestation de vieillesse, l'assuré doit demander le versement en capital par écrit, trois ans au moins avant d'avoir atteint l'âge de la retraite.

Les prestations découlant de la LPP complètent celles de l'AVS et de l'AI. A l'âge de la vieillesse ces prestations devraient faire ensemble environ 60 % du revenu réalisé avant la retraite. Ce pourcentage est loin d'être atteint si le revenu était relativement élevé ou si la durée d'assurance était incomplète.

Le calcul se fonde sur l'avoir de vieillesse, lequel est formé des bonifications de vieillesse créditées de l'intérêt au taux minimum. Les bonifications de vieillesse se composent des cotisations (primes d'épargne) de l'assuré et de l'employeur qui doivent être versées pour le financement de la rente de vieillesse. Le montant des bonifications de vieillesse annuelles dépend de l'âge et du sexe de la personne assurée (cf. graphique sous 6.6.2). Les bonifications de vieillesse s'accumulent au cours des années d'activité.

Etant donné que les femmes ont droit à la retraite à 62 ans déjà et qu'ainsi elles épargnent des bonifications de vieillesse pendant trois ans de moins, leur avoir de vieillesse au moment de la retraite est un peu inférieur à celui d'un homme de 65 ans.

La LPP distingue plusieurs catégories de prestations:

Prestations de vieillesse		Prestations d'invalidité		Prestations en faveur des survivants	
Rente de vieillesse 100 % (art. 13–17 LPP)	Rente pour enfant de retraité = 20 % de la rente de vieillesse	Rente d'invalidité 100 % (art. 23–26 LPP)	Rente pour enfant d'invalide = 20 % de la rente d'invalidité	Rente de veuve = 60 % de la rente de vieillesse ou d'invalidité (art. 18–22 LPP)	Rente pour enfant = 20 % de la rente de vieillesse ou de la rente d'invalidité

6.9.1 Prestations de vieillesse

6.9.1.1 Rente de vieillesse

Toutes les bonifications de vieillesse à partir de l'âge de 25 ans jusqu'à la retraite sont additionnées et complétées par l'intérêt minimum annuel. Le montant total est appelé aussi « avoir de vieillesse avec intérêt ». Depuis l'âge ordinaire de la retraite, l'assuré reçoit à vie une rente annuelle qui se monte à 7,2 % de son avoir de vieillesse.

Du fait de l'intérêt crédité pendant toute la période précitée, l'avoir de vieillesse s'élève au moment de la retraite au double environ de toutes les bonifications de vieillesse.

6.9.1.2 Rente pour enfant

La rente pour enfant s'élève à 20 % de la rente de vieillesse.

6.9.2 Prestations d'invalidité

6.9.2.1 Rente d'invalidité

Elle se calcule comme la rente de vieillesse. L'avoir de vieillesse qui est à la base du calcul se décompose ainsi:

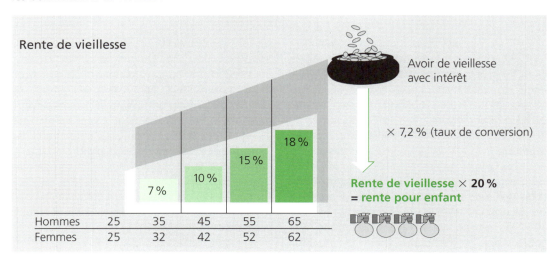

- Les bonifications de vieillesse (avec intérêts) déjà accumulées lorsque survient l'invalidité sont complétées par les bonifications de vieillesse (sans intérêts) qui théoriquement devraient encore être créditées jusqu'à la retraite.

Cette base de calcul a pour effet que, pour de jeunes assurés surtout, la rente d'invalidité est sensiblement plus basse que la rente de vieillesse probable. Cette différence est toutefois compensée par l'adaptation obligatoire de la rente d'invalidité au renchérissement.

L'avoir de vieillesse déterminant pour le calcul de la rente d'invalidité est souvent appelé « avoir de vieillesse sans intérêt ».

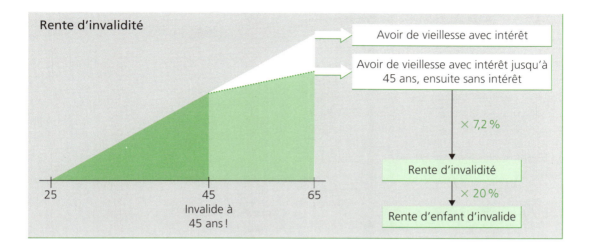

6.9.2.2 Rente pour enfant

La rente pour enfant s'élève à 20 % de la rente d'invalidité.

6.9.3 Prestations pour survivants

6.9.3.1 Rente de veuve et d'orphelin

Les rentes de survivants se fondent soit sur le calcul de la rente de vieillesse, soit sur celui de la rente d'invalidité :

- Si avant son décès le défunt n'a pas touché de rente de vieillesse, le montant de la rente de veuve et de la rente d'orphelin est déterminé sur la base de la rente d'invalidité.
- Si avant son décès le défunt touchait déjà une rente de vieillesse, la rente de veuve s'élève à 60 % de la rente de vieillesse et la rente d'orphelin à 20 % de la rente de vieillesse.

La rente d'orphelin s'élève à 20 % de la rente de vieillesse ou de la rente d'invalidité.

Rente d'orphelin

Avant la retraite

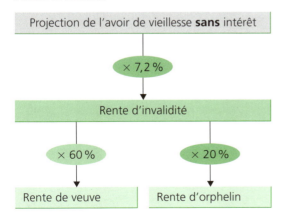

Après la retraite

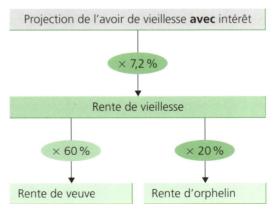

6.9.4 Attestation de prévoyance

L'institution de prévoyance est tenue d'informer l'assuré, sur demande mais au moins tous les trois ans, sur la prestation de libre passage réglementaire et sur l'avoir de vieillesse LPP. Elle peut le faire par la remise d'une attestation de prévoyance. Un tel document renseigne individuellement, par l'indication des montants en francs, sur les prestations assurées, le financement, etc.

Données personnelles pour:	Chose Félix, 1.5.1965 Police n°		
Date d'arrivée à l'âge-limite	31.5.2030		
Salaire annuel		CHF	72 000.00
Salaire annuel assuré		CHF	46 680.00
Prestations assurées à partir du 1.1.2003			
en cas de retraite			
– rente de vieillesse probable, par année, à 65 ans		CHF	20 508.00
– en cas de versement en capital		CHF	284 831.00
en cas de décès par suite de maladie			
– rente de veuve par année		CHF	8 218.00
– rente d'orphelin, par enfant et par année		CHF	2 739.00
en cas d'invalidité par suite de maladie ou d'accident			
– libération du paiement des primes, délai d'attente 3 mois			
en cas d'invalidité par suite de maladie			
– rente d'invalidité par année, jusqu'à l'âge-limite de 65 ans, délai d'attente 24 mois		CHF	13 696.00
– rente d'enfant d'invalide: par enfant et par an, délai d'attente 24 mois		CHF	2 739.00
Financement			
– cotisation d'épargne		CHF	4 521.10
– prime de risque		CHF	1 004.80
– contribution au fonds de garantie		CHF	29.90
– contribution aux mesures spéciales		CHF	466.80
– contribution à la compensation du renchérissement		CHF	93.40
– contribution aux frais administratifs		CHF	220.00
Prime totale par année		**CHF**	**6 336.00**
– part de l'employeur par année		CHF	3 168.00
– part de l'employé par année		CHF	3 168.00
– déduction mensuelle à l'employé (12 déductions par an)		CHF	264.00
Examen de santé et expertise médicale demeurent réservés.			

6.10 Libre passage
(art. 15-18 LFLP)

La Loi fédérale sur le libre passage est entrée en vigueur le 1. 1. 1995. Elle est mise en application lorsqu'un assuré quitte l'institution de prévoyance avant de prendre sa retraite. Les droits sont maintenus lorsqu'il sort d'une caisse de pension.

La loi vaut pour le domaine obligatoire comme pour le domaine supra-obligatoire de la prévoyance professionnelle. Lorsque les rapports de travail prennent fin avant terme, l'assuré a droit à l'intégralité de l'avoir de vieillesse qu'il a acquis jusqu'à son départ.

Le cas dit « de libre passage » se présente lorsqu'un salarié

- change d'emploi
- met fin à une activité lucrative (ménagère/ homme au foyer)
- s'engage dans une activité lucrative indépendante
- passe d'une activité à plein temps à une activité à temps partiel
- divorce
- quitte définitivement la Suisse.

Pour la détermination des prestations, la loi fait en principe la distinction entre deux systèmes de caisses de pension :

- primauté des cotisations
- primauté des prestations

6.10.1 Primauté des cotisations

Dans le système de la primauté des cotisations, les cotisations sont connues d'avance mais non les prestations. Les primes servent de base pour le calcul des prestations d'assurance. Plus une personne est âgée à sa première entrée dans une caisse de pension, plus faibles seront les prestations.

Le financement des prestations de vieillesse par des bonifications de vieillesse préétablies en pour-cent du salaire cotisant (7 %, 10 %, 15 %, 18 %) tel qu'il est prévu dans la LPP est une solution de prévoyance typique du système de la primauté des cotisations.

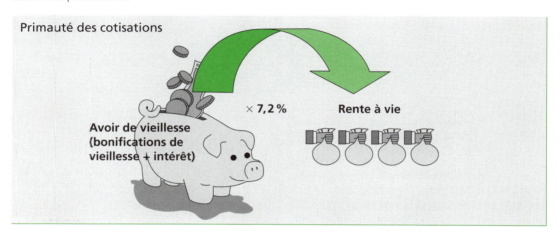

6.10.2 Primauté des prestations

Dans une caisse à primauté des prestations, les prestations sont définies d'avance en pour-cent du salaire assuré. La cotisation est ensuite calculée en fonction de ces prestations. Ce système permet de garantir le montant de la prestation en pour-cent du dernier salaire déterminant avant la retraite.

Dans une caisse à primauté des prestations, une forte évolution des salaires renchérit les coûts du fait que les augmentations nécessitent rétroactivement des rachats pour atteindre l'objectif de prestation promis par le règlement. Ces rachats ne pouvant être budgétés d'avance, ils représentent pour l'entreprise pendant ce temps une charge inconnue. C'est pourquoi on s'écarte de plus en plus de ce système.

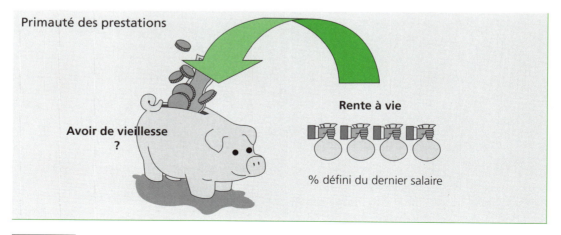

6.10.3 Entrée, sortie

La loi sur le libre passage ne contient pas uniquement des dispositions sur la prestation de sortie; elle règle aussi la situation à l'entrée d'un assuré. Lorsqu'un assuré change d'institution de prévoyance, sa prestation de libre passage doit être transférée à la nouvelle caisse de pension qui est même en droit de la réclamer. La loi pose qu'à son entrée dans l'institution de prévoyance, l'assuré peut racheter les prestations réglementaires au moyen de fonds supplémentaires.

6.10.4 Prestation de libre passage, calcul de la prestation

L'institution de prévoyance est tenue de préciser dans son règlement si elle calcule le montant de la prestation de sortie selon le système de la primauté des cotisations ou de la primauté des prestations. La loi garantit dans tous les cas le versement d'un «montant minimal» qui doit aussi être calculé. De même, il y a lieu de chiffrer séparément l'avoir de vieillesse LPP. Après la série de calculs à établir, c'est le montant le plus élevé qui est retenu en tant que prestation de libre passage de l'assuré.

L'avoir de vieillesse accompagne l'assuré d'un emploi à l'autre. Lorsqu'il quitte une institution de prévoyance, l'assuré indique où l'argent doit être transféré. A ce défaut, l'institution de prévoyance versera, dans les deux ans, la prestation de libre passage avec intérêts à l'institution supplétive.

Lorsqu'un assuré change d'emploi et n'entre pas tout de suite dans une nouvelle institution de prévoyance, il reste deux possibilités:

- ouvrir un compte de libre passage auprès d'une banque
- demander l'établissement d'une police de libre passage à une institution d'assurance

■ Motifs du paiement en espèces

L'assuré peut demander le paiement en espèces de la prestation de libre passage

- lorsqu'il quitte définitivement la Suisse
- lorsqu'il s'établit à son compte et qu'il n'est plus soumis à la prévoyance professionnelle obligatoire
- lorsque le montant de la prestation de sortie est inférieur au montant annuel des cotisations de l'assuré.

Si l'assuré est marié, le conjoint doit consentir par écrit au versement en espèces.

■ Accords bilatéraux et LPP

Le 1er juin 2002 est entré en vigueur l'Accord sur la libre circulation des personnes entre la Suisse et l'UE. Un délai transitoire de cinq ans est prévu pour ses effets sur la LPP. Autrement dit, rien ne change avant le 1er juin 2007.

La principale nouveauté pour la prévoyance minimale LPP concerne le paiement en espèces de la prestation de sortie lorsqu'une personne assurée quitte la Suisse. Un tel paiement ne sera plus possible si cette personne est assujettie à l'assurance obligatoire dans un Etat-membre de l'UE. Cela ne concerne pas la partie supra-obligatoire de la prestation de sortie.

Si un travailleur quitte la Suisse et est assujetti à l'assurance obligatoire d'un Etat de l'UE, il ne pourra donc plus se faire verser la partie de la prestation de sortie correspondant au régime obligatoire LPP. En pareil cas, cette partie de la prestation devra être versée sur un compte ou une police de libre passage. En revanche, si dans cet Etat de l'UE le travailleur n'est pas soumis à un régime d'assurance obligatoire, il pourra sans problème toucher sa prestation de sortie en espèces.

■ Quelques particularités

Divorce: La règle est que chacun des conjoints a droit à la moitié de la prestation de sortie de l'autre conjoint. Selon la loi sur le libre passage, le montant est calculé pour la durée du mariage. La condition est qu'il n'y ait pas encore eu de cas de prévoyance chez l'un ou l'autre des conjoints. L'avoir à partager est transféré à l'institution de prévoyance du mari ou bien il est bonifié sous forme de police de libre passage ou d'un compte de libre passage. Après le divorce, l'institution de prévoyance doit accorder au conjoint débiteur la possibilité de racheter la prestation de sortie transférée.

Réserves pour raisons de santé: Dans le secteur obligatoire, la prévoyance professionnelle n'autorise aucune réserve pour raisons de santé. Cela vaut aussi pour la protection de prévoyance rattachée à la prestation d'entrée. Dans la prévoyance supra-obligatoire en revanche, l'institution de prévoyance peut prévoir une réserve d'une durée maximale de cinq ans. Le temps de réserve déjà écoulé dans l'ancienne institution de prévoyance doit être imputé à la nouvelle réserve.

Avoirs oubliés: Les institutions de prévoyance ainsi que les institutions qui gèrent les comptes ou les polices de libre passage annoncent à la Centrale du 2ᵉ pilier les prétentions de personnes ayant l'âge de la retraite qui n'ont pas encore été réclamées. La Centrale du 2ᵉ pilier est l'organe de liaison entre les institutions de prévoyance, les services de gestion des comptes ou les polices de libre passage et les assurés.

Devoir d'information: L'assuré peut demander en tout temps (par écrit) l'état de sa prestation de libre passage. L'institution de prévoyance doit lui donner spontanément cette information au moins tous les trois ans.

■ Calcul de la prestation de libre passage

Chaque caisse de pension doit tenir plusieurs comptes de sortie : le calcul ordinaire pour les caisses à primauté de cotisations ou à primauté de prestations (calcul réglementaire) complété par le calcul du montant minimum à verser et le calcul de l'avoir de vieillesse LPP.

■ Calcul selon la primauté des cotisations

La prestation de libre passage dans les caisses à primauté de cotisations comprend l'intégralité de l'avoir de vieillesse épargné, formé des bonifications de vieillesse et de l'intérêt crédité. Il s'agit ici de la part du salarié et de la part de l'employeur à la prime d'épargne. Cette réglementation vaut pour l'avoir de vieillesse constitué dans le régime obligatoire LPP comme aussi pour la part de l'avoir de vieillesse qui a été constitué dans le régime supra-obligatoire (cotisations d'avant 1985).

■ Prestation de libre passage

Prestation de libre passage selon la primauté des cotisations (art. 15 LFLP)	Prestation de libre passage selon la primauté des prestations (art. 16 LFLP)
Montant minimum (art. 17 LFLP)	**Montant minimum (art. 17 LFLP)**
Avoir de vieillesse LPP (art. 18 LFLP, art. 15 LPP)	Avoir de vieillesse LPP (art. 18 LFLP, art. 15 LPP)

■ Calcul du montant minimum

Etant donné la grande diversité des modèles de financement et de prestation en usage dans les institutions de prévoyance en Suisse, la loi prévoit un montant minimum qui doit en tout cas être versé à la sortie.

Le montant minimum de la prestation de libre passage se calcule ainsi :

Prestations d'entrée apportées, avec intérêts, et cotisations versées par l'assuré pendant la durée de cotisation, plus un supplément de 4 % l'an à partir de l'âge de 20 ans, mais au maximum 100 %.

■ Calcul selon la primauté des prestations

Dans les caisses qui pratiquent le système de la primauté des prestations, la prestation de libre passage correspond à la valeur actuelle de la prestation acquise, calculée selon la méthode dite « prorata temporis ». Les prestations acquises sont calculées comme suit :

$$\text{Prestations assurées} \times \frac{\text{Durée d'assurance imputable}}{\text{Durée d'assurance possible}}$$

On calcule ensuite la valeur actuelle de la prestation acquise. La valeur actuelle est établie « selon les règles actuarielles reconnues », dit la loi, sans préciser.

6.11 Encouragement à la propriété du logement

Les dispositions légales sont entrées en vigueur le 1er janvier 1995. Elles ont pour but d'encourager l'acquisition du logement avec les fonds de la prévoyance professionnelle. Les fonds provenant de l'ensemble du domaine de la prévoyance professionnelle peuvent être affectés à la propriété du logement, soit: la prévoyance obligatoire et supra-obligatoire, les polices ou comptes de libre passage.

Il existe à cet effet deux possibilités:

- le versement anticipé
- la mise en gage

6.11.1 Conditions

■ But d'utilisation autorisé

Les assurés peuvent, jusqu'à trois ans avant la naissance du droit aux prestations de vieillesse, utiliser les fonds de la prévoyance professionnelle, par voie de versement anticipé ou de mise en gage, pour les buts suivants:

- acquisition et construction d'un logement en propriété
- participation à la propriété d'un logement
- remboursement de prêt hypothécaire

Les fonds ne peuvent être utilisés que pour un objet à la fois. Pour un assuré marié, le consentement écrit du conjoint est nécessaire aussi bien pour le versement anticipé que pour la mise en gage.

■ Objets et formes de la propriété de logement

L'objet de la propriété peut être l'appartement ou la maison familiale. Les formes autorisées sont la propriété, la copropriété (notamment la propriété par étages), la propriété commune avec le conjoint ou le droit de superficie distinct et permanent.

■ Propres besoins

L'assuré doit prouver qu'il utilise lui-même l'objet de la propriété. Le financement d'un second logement, d'une maison ou appartement de vacances n'est pas autorisé.

6.11.2 Versement anticipé

En demandant le versement anticipé, l'assuré fait valoir avant terme son droit à des fonds épargnés en tant que prestations de vieillesse.

Montant minimal: Le montant minimal du versement anticipé est de 20 000 francs. Cette limite ne s'applique pas à l'acquisition de parts sociales d'une coopérative de construction ni pour faire valoir des droits sur des polices ou comptes de libre passage.

Montant maximum: Jusqu'à l'âge de 50 ans, l'assuré peut obtenir le versement anticipé d'un montant à hauteur de sa prestation de libre passage. A plus de 50 ans il peut prélever au plus la prestation de libre passage à laquelle il avait droit à l'âge de 50 ans ou la moitié de la prestation à laquelle il a droit au moment du versement anticipé. Un versement anticipé ne peut être demandé que tous les cinq ans. Il est imposable.

Afin de garantir le remboursement en cas de revente de la propriété du logement, une restriction du droit d'aliéner est annotée au registre foncier lors du versement anticipé.

■ Remboursement du versement anticipé

Dès que les conditions du versement anticipé ne sont plus remplies (p. ex. si l'assuré vend ou remet en location le logement qu'il a financé au moyen de fonds de la prévoyance professionnelle), le montant perçu par anticipation doit être remboursé à l'institution de prévoyance. En outre, l'assuré est autorisé à rembourser le montant perçu jusqu'à trois ans avant la naissance du droit aux prestations de vieillesse ou jusqu'à la survenance d'un autre cas de prévoyance ou du paiement en espèces de la prestation de libre passage. L'assuré peut aussi opérer un versement de son plein gré. En cas de remboursement, l'assuré contribuable peut demander à l'autorité compétente, dans les trois ans, la restitution (sans intérêt) de l'impôt payé à l'époque du versement.

6.11.3   Mise en gage

La mise en gage par l'assuré de ses droits à la prévoyance constitue une garantie pour les créanciers. C'est aussi un moyen pour l'assuré d'obtenir un financement à des conditions plus favorables ou le report d'amortissements sur des prêts hypothécaires.

Peuvent être mis en gage

- le droit à des prestations de prévoyance (sans limites)
- le montant de la prestation de libre passage.

Montant minimum: Il n'y a pas de montant minimum pour la mise en gage de la prestation de libre passage.

Montant maximum: Jusqu'à l'âge de 50 ans, l'assuré peut mettre en gage au maximum un montant à concurrence de la prestation de libre passage au moment de la réalisation du gage. A plus de 50 ans, il peut mettre en gage au maximum la prestation de libre passage à laquelle il aurait eu droit à l'âge de 50 ans ou la moitié de la prestation de libre passage déterminante au moment de la mise en gage.

Réalisation du gage: La réalisation des prestations de prévoyance mises en gage devient effective au plus tôt à l'échéance de ces prestations. Les prestations mises en gage sont transférées au créancier gagiste.

6.11.4 Avantages et inconvénients du versement anticipé et de la mise en gage

	Avantages	**Inconvénients**
Versement anticipé	- augmentation des fonds propres - réduction de l'hypothèque	- imposition immédiate - réduction des prestations de la caisse de pension - assurances complémentaires nécessaires - moins d'intérêts sur la dette (désavantage fiscal)
Mise en gage	- pas de réduction des prestations de la caisse de pension - assurances complémentaires pas nécessaires - plus d'intérêts sur la dette (avantage fiscal) - pas d'imposition	- pas de réduction de l'hypothèque - moins de fonds propres, charge d'intérêts plus élevée sur le capital emprunté

6.12 Impôts
(art. 111, al. 3 Cst.)

Dans la Constitution fédérale, le traitement fiscal de la prévoyance professionnelle est réglé ainsi :

> Les cantons peuvent être tenus d'accorder des exonérations fiscales aux institutions relevant de l'assurance fédérale ou de la prévoyance professionnelle, ainsi que des allégements fiscaux aux assurés et à leurs employeurs en ce qui concerne les cotisations et les droits d'expectative.

6.12.1 Traitement fiscal des institutions de prévoyance

Les institutions de prévoyance de droit privé et de droit public sont exonérées des impôts directs de la Confédération, des cantons et des communes dans la mesure où leurs revenus et valeurs patrimoniales servent exclusivement à la prévoyance professionnelle. Cela vaut aussi pour les impôts sur les successions et les donations des cantons et des communes. En revanche les immeubles peuvent être soumis aux impôts fonciers (contribution immobilière et droits de mutation).

6.12.2 Traitement fiscal des cotisations

■ **Déduction des cotisations**

Les cotisations annuelles versées pour la prévoyance professionnelle par les travailleurs et les personnes exerçant une activité lucrative indépendante peuvent être déduites du revenu pour les impôts directs de la Confédération, des cantons et des communes. Les cotisations déduites du salaire par l'employeur doivent être mentionnées dans le certificat de salaire. Toutes les autres contributions (p. ex. rachat) doivent être attestées par l'institution de prévoyance.

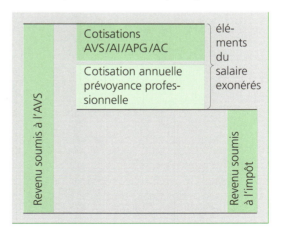

■ **Rachat dans la caisse de pension**

Le rachat, c.-à-d. un versement supplémentaire dans la caisse de pension, jouit d'un traitement fiscal privilégié. L'assuré le justifiera dans sa déclaration d'impôt au moyen de l'attestation que l'institution de prévoyance lui délivrera à cet effet.

■ **Réserves de cotisations de l'employeur**

Les versements que l'employeur effectue d'avance au titre de réserve de cotisations peuvent être comptabilisés et seront traités fiscalement comme charge d'exploitation. Il y a lieu toutefois de tenir compte des limites imposées par les cantons qui fixent le montant maximum du versement.

6.12.3 Traitement fiscal des droits d'expectative

Avant leur échéance, les prétentions découlant de la prévoyance professionnelle sont exonérées des impôts directs de la Confédération, des cantons et des communes. Il n'y a donc pas d'impôt sur la fortune à acquitter sur ces avoirs de prévoyance en expectative, pas plus que les rendements courants (intérêts, excédents) ne sont assujettis à l'impôt sur le revenu.

6.12.4 Traitement fiscal des prestations

Les prestations échues (rente, capital, versement en espèces) sont imposables par la Confédération, les cantons et les communes.

Les prestations en capital sont imposées à un taux spécial, séparément des autres revenus. La rente est imposée à 100 % avec le reste du revenu.

Un impôt à la source est perçu sur les prestations destinées à des personnes domiciliées à l'étranger. L'institution de prévoyance en est débitrice.

6.13 La LPP en bref

Buts de la prévoyance professionnelle

Ses prestations, jointes à celles de l'AVS/AI, doivent permettre au retraité de maintenir dans une mesure appropriée son niveau de vie antérieur. Risques assurés :
- vieillesse
- décès
- invalidité

Financement

Par des bonifications de vieillesse en pour-cent du salaire assuré. Le taux minimum de l'intérêt sur l'avoir d'épargne est fixé par le Conseil fédéral ; il est actuellement de 3,25 %.
- 1 à 5 % du salaire coordonné annuel pour l'assurance de risque
- 1 % du salaire coordonné annuel pour des mesures spéciales
- 0,06 % du salaire coordonné pour le fonds de garantie
- 0,04 % de la prestation de sortie en fin d'année pour le fonds de garantie
- 0,04 % de la somme des rentes en cours multiplié par dix, pour le fonds de garantie

L'employeur doit prendre à sa charge au moins 50 % du coût total.

Personnes assurées

Assurance obligatoire pour :
- tous les travailleurs âgés de 17 ans révolus, assujettis à l'AVS et dont le salaire annuel est supérieur à 25 320 francs
    - dès le 1er janvier qui suit leur 17e anniversaire, risques décès et invalidité
    - plus le risque vieillesse dès le 1er janvier qui suit leur 24e anniversaire
- chômeurs : dès le jour où ils touchent des indemnités journalières de chômage, assurance contre les risques décès et invalidité.

Début et fin

Début
- à l'entrée dans un nouvel emploi
- dès que l'indemnité journalière de chômage est versée

Fin
- à la naissance du droit aux prestations de vieillesse
- à la fin des rapports de travail
- lorsque le salaire minimum n'est plus atteint
- lorsque le versement de l'indemnité de chômage est suspendu.

Salaire obligatoirement assuré

Doit être assurée la partie du salaire AVS de plus de 25 320 fr. jusqu'à 75 960 fr. Cette partie, soit au minimum 3 165 fr. et au maximum 50 640 fr., est appelée salaire assuré ou salaire coordonné. Si le salaire assuré n'atteint pas 3 165 fr., il est arrondi à ce montant.

Impôts

Cotisations : entièrement déductibles
Rentes : entièrement imposées comme revenu
Capitaux : imposés à un taux spécial, séparément des autres revenus.

Prestations

Prestations de vieillesse
- **rente de vieillesse :** 7,2 % de l'avoir de vieillesse acquis à l'âge de la retraite
- **rente pour enfant :** 20 % de la rente de vieillesse, payable jusqu'à l'âge de 18 ans, ou 25 ans si l'enfant est encore en formation

Prestations d'invalidité
- **rente d'invalidité :** 7,2 % de l'avoir de vieillesse existant, plus la somme des futures bonifications de vieillesse, sans intérêt
- **rente pour enfant :** 20 % de la rente d'invalidité, payable jusqu'à l'âge de 18 ans, ou 25 ans si l'enfant est encore en formation

Prestations pour survivants
- **rente de veuve :** 60 % de la rente d'invalidité assurée ou de la rente de vieillesse en cours
- **indemnité en capital pour la veuve :** trois fois la rente de veuve annuelle
- **rente d'orphelin :** 20 % de la rente d'invalidité ou de la rente de vieillesse, payable jusqu'à l'âge de 18 ans, ou 25 ans si l'enfant est encore en formation

Prestation de libre passage

Si les rapports de travail prennent fin avant la survenance d'un cas de prévoyance, l'assuré a droit à l'intégralité de l'avoir de vieillesse acquis jusqu'alors, avec intérêt ; sont incluses les parties supra-obligatoires et les prestations de libre passage apportées par l'assuré.

Encouragement à la propriété du logement

But d'utilisation
- acquisition et construction de logement
- participation à la propriété de logement
- remboursement de prêt hypothécaire

Objets autorisés : appartement, maison familiale
Formes admises : propriété, copropriété, propriété commune (entre conjoints uniquement)
Modalités : versement anticipé, mise en gage

**L'assurance de personnes
et l'assurance sociale –
Notions de base**

7
Assurance-vie

7.1 Fondement

7.1.1 Historique

L'assurance-vie est une branche d'assurance très importante : c'est un moyen efficace de prévoyance familiale et de prévoyance-vieillesse. De par la diversité des formes qu'elle peut revêtir, elle est apte à répondre aux besoins de l'assuré. Le contrat d'assurance sur la vie a normalement une très longue durée (jusqu'à 40 ans environ). Mais il existe diverses possibilités de modifier en cours de contrat les prestations d'assurance ainsi que de résilier le contrat. En principe, l'assurance-vie fait partie des assurances facultatives du 3e pilier.

Jusqu'en 1980, les marchés financiers, en particulier ceux de l'assurance sur la vie et de la banque, étaient clairement distincts. Les assurances traditionnelles en cas de décès, vie, perte de gain et les assurances mixtes (assurance en cas de décès et de vie) étaient distribuées par un réseau d'agents généraux. L'agent général travaillait exclusivement pour la société qu'il représentait.

Le marché s'est radicalement transformé depuis lors. La séparation de la partie épargne et de la partie risque prévue dans la LPP (2e pilier) a facilité l'accès des banques à une activité dans la prévoyance professionnelle et la prévoyance liée (pilier 3a). Par le biais de la prévoyance liée, banques et assureurs étaient en mesure d'offrir des solutions intéressantes sur le plan fiscal. Les affaires de banque et d'assurance, jusqu'alors complètement séparées, se rapprochèrent toujours plus dans le cadre de la bancassurance. La surveillance sur les deux industries banque et assurance se fait encore séparément, tout au moins jusqu'à présent. En outre, le secteur assurance-vie et le secteur non-vie ne peuvent pas être exploités par la même société : il faut pour le secteur vie une personne morale distincte car les prescriptions relatives aux réserves, aux directives sur les placements et autres sont réglées différemment dans l'assurance des dommages et dans l'assurance-vie.

Assurance-vie

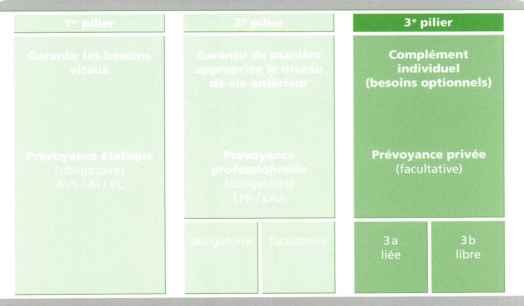

> **Bancassurance**
> On entend aujourd'hui par «bancassurance» la fusion de branches traditionnellement distinctes de l'industrie des services financiers, soit assurances, banques, émetteurs de cartes de crédit, etc., dans laquelle domine, à côté de l'interpénétration capitalistique des assurances et des banques en particulier, l'intégration des prestations et des produits offerts dans les canaux de distribution du partenaire.
>
> La bancassurance est dès lors l'incarnation d'un concept commercial qui, en exploitant les synergies que permet sa structure, cherche à répondre par une offre étendue de prestations aux besoins de clients aspirant à former, développer et sécuriser leur patrimoine.
>
> La bancassurance n'est pas une institution en soi; c'est une forme de collaboration promise à un constant développement.

7.1.2 But

La vie est ponctuée d'événements qui ont une influence sur les besoins de prévoyance du client. Sur ces besoins se focalise l'entretien de conseil. Il s'agira en premier lieu de définir au plus près les objectifs et les attentes du client, de dresser l'état de la situation du moment avec polices d'assurance, comptes bancaires, etc., d'identifier les écarts entre l'état de fait et l'état cible et de combler ces écarts par des solutions sur mesure.

Les situations et événements ci-après justifieraient une (nouvelle) analyse de la prévoyance :

- naissance
- entrée dans la vie active
- union libre
- mariage
- divorce
- création de sa propre entreprise
- projet ou achat d'une maison ou d'un logement
- modifications importantes du revenu
- héritage
- planification des impôts
- changement d'employeur
- études des enfants
- planification de la vieillesse
- décès
- etc.

Une assurance sur la vie permet de réaliser différents objectifs :

- garantie financière (revenu et fortune)
  - en cas de maladie
  - d'accident
  - d'incapacité de travail
- sécurité dans la vieillesse, en cas de décès et d'incapacité de travail
- épargne et utilisation de l'épargne
- optimisation du patrimoine.

7.2 Bases légales

■ Constitution fédérale

Art. 111-113

■ Lois fédérales

- Loi fédérale sur la surveillance des institutions d'assurance privées (loi sur la surveillance des assurances, LSA), en vigueur depuis le 1er janvier 1979
- Code civil suisse (CC), en vigueur depuis le 1er janvier 1912
- Loi fédérale complétant le Code civil suisse (Livre cinquième : Droit des obligations) (CO), en vigueur depuis le 1er janvier 1912
- Loi fédérale sur le contrat d'assurance (LCA), en vigueur depuis le 1er janvier 1910
- Loi fédérale concernant la lutte contre le blanchiment d'argent dans le secteur financier (Loi sur le blanchiment d'argent, LBA), en vigueur depuis le 1er avril 1998

■ Conditions d'assurance

- Conditions générales d'assurance (CGA)
- Conditions particulières d'assurance (CPA)
- etc.

Les tarifs de l'assurance-vie et les Conditions générales d'assurance doivent être approuvés par l'autorité de surveillance, soit l'Office fédéral des assurances privées (OFAP). Les Conditions particulières d'assurance ne nécessitent pas d'autorisation.

7.3 Bases du contrat

7.3.1 Parties au contrat

En assurance-vie, plusieurs personnes peuvent être parties au contrat :

- le preneur d'assurance
- l'assureur
- la personne assurée
- le payeur des primes
- le bénéficiaire

7.3.2 La proposition d'assurance

Il n'y a pas de régime obligatoire dans l'assurance-vie individuelle. La conclusion d'une assurance est précédée par le dépôt d'une proposition. Le proposant – en général c'est le futur preneur d'assurance – soumet une proposition de contrat d'assurance. La Loi sur le contrat d'assurance ne prévoit pas de forme particulière pour la proposition mais l'assureur exige la forme écrite en raison de l'importance juridique de ce papier. Dans l'assurance-vie individuelle, l'assuré peut être n'importe quelle personne, sous réserve des directives d'admission des sociétés d'assurance.

La protection d'une assurance sur la vie commence déjà, si les Conditions générales d'assurance le prévoient ainsi, à la signature de la proposition d'assurance, mais au plus tôt à la date du début de l'assurance figurant dans la proposition. Cette protection immédiate confère une couverture restreinte jusqu'à l'établissement de la police. La protection définitive dans le cadre de la proposition a lieu au moment de la remise de la police. Dans la pratique il est plutôt rare de trouver une disposition (appelée clause de paiement) selon laquelle la protection ne prend effet que lorsque la première prime a été payée. L'établissement de la police signifie l'acceptation de la proposition et donc la naissance du contrat d'assurance. La proposition d'assurance est une expression unilatérale de la volonté du client ; ce n'est pas un contrat.

La Loi sur le contrat d'assurance statue que l'auteur d'une proposition est lié pendant 14 jours, ou quatre semaines lorsqu'un examen médical est nécessaire. Cette période écoulée, le proposant est en droit d'admettre, selon la loi, que sa proposition a été refusée et qu'il en est donc délié. Expérience faite, ces délais sont souvent trop courts. C'est pourquoi les Conditions générales d'assurance prévoient souvent pour les propositions d'assurance-vie une couverture provisoire immédiate, de durée limitée, qui implique des restrictions de prestations.

Assurance sur sa propre vie	→	Identité de personne entre le preneur d'assurance et l'assuré.
Assurance sur la vie d'autrui	→	Le preneur d'assurance et l'assuré sont deux personnes distinctes. Selon la loi sur le contrat d'assurance, le consentement écrit (signature) de la personne à assurer est nécessaire pour la conclusion d'une assurance sur la vie d'autrui.
Assurance-vie sur plusieurs têtes	→	Deux personnes ou plus sont assurées dans le même contrat.

7.3.3 Analyse du risque

Devant toute proposition d'assurance sur la vie, l'assureur doit analyser le risque avant d'accepter de le garantir. Il examine les points suivants :

- le risque (dont l'assurance doit couvrir les conséquences)
- la ou les personnes qui sont exposées à ce risque
- le montant des prestations d'assurance
- la prime d'assurance
- le début de l'assurance
- la durée de l'assurance

■ Réticence

Il est important que le proposant réponde aux questions de la proposition de manière précise et conforme à la vérité ; qu'il déclare tous les faits pertinents pour l'appréciation du risque, tels qu'ils lui sont ou doivent être connus lors de la conclusion du contrat. Si le preneur d'assurance a commis une réticence, l'assureur n'est pas lié par le contrat, à condition qu'il s'en soit départi dans les quatre semaines à partir du moment où il a eu connaissance de la réticence.

7.3.4 Acceptation en cas normal

La plupart des propositions d'assurance peuvent être acceptées et le contrat conclu à des conditions normales.

7.3.5 Acceptation à des conditions pour risque aggravé

L'assureur s'informe sur l'état de santé de la personne à assurer en examinant les réponses aux questions formulées dans la proposition, le questionnaire de santé et d'éventuels renseignements complémentaires ou une expertise médicale. Le tarif des assurances sur la vie est calculé en tablant sur un bon état de santé. Si cet état est déficient, l'assureur a les possibilités suivantes :

- surprime
- réduction de la durée du contrat
- réduction des prestations
- exclusion de certaines prestations d'assurance (réserve)
- ajournement de la proposition
- refus de la proposition

■ Surprime

La prime est le prix payé à la société d'assurance pour la prise en charge du risque. Si l'état de santé de la personne à assurer n'est pas optimal, une surprime tenant compte de ce facteur aggravant peut être perçue. L'assuré dispose ainsi d'une protection d'assurance intégrale et paie une prime conforme au risque.

■ Réduction de la durée du contrat

Pour tenir compte d'un risque aggravé, une durée réduite du contrat sera convenue. L'assurance suivra son cours jusqu'à l'âge-terme convenu moyennant des primes normales.

■ Réduction des prestations

La société d'assurance a la possibilité de réduire le montant ou la durée des prestations. Le dommage maximal est ainsi limité et l'assuré bénéficie d'une protection d'assurance intacte.

■ Exclusion de certaines prestations d'assurance

L'assureur peut aussi exclure de la protection d'assurance certains risques déterminés, par exemple une pathologie existante. Dans ce cas on parle de réserve. Exemple : l'incapacité de travail due au mal de dos sera exclue, alors que les prestations seront intégralement allouées pour tous les autres troubles de santé.

■ Ajournement

L'assureur peut décider d'ajourner provisoirement la proposition et de la réexaminer ultérieurement.

7.3.6 Refus de la proposition

S'il s'agit de risques non assurables, la société d'assurance peut refuser la proposition d'assurance sur la vie. En moyenne, un pour cent de toutes les propositions sont refusées.

7.3.7 Fin de l'assurance-vie

L'assurance sur la vie prend fin

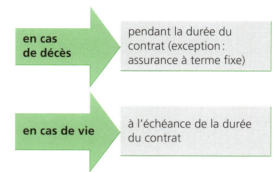

en cas de décès → pendant la durée du contrat (exception : assurance à terme fixe)

en cas de vie → à l'échéance de la durée du contrat

7.4 Financement

7.4.1 Primes

Les assurances sur la vie sont financées par des primes. La prime est le prix à payer par le preneur d'assurance pour la garantie de la protection d'assurance. On fait la distinction entre prime unique et primes périodiques. La prime unique est versée intégralement au début de la durée du contrat; les primes périodiques, fondées sur la prime annuelle, sont payables d'avance pendant la durée du contrat, par mois, par trimestre, par semestre ou annuellement.

7.4.2 Eléments de la prime

Tous produits de l'assurance-vie considérés, on peut différencier dans les primes les composantes suivantes :

Prime de risque	Pour la société d'assurance sur la vie, le décès et l'incapacité de travail sont des cas de prestation anticipée dans lesquels la somme d'assurance doit être versée immédiatement. La partie de la prime servant à couvrir ce dommage est appelée prime de risque.
Prime naturelle	La probabilité de décès augmente avec l'âge. La société d'assurance doit donc percevoir une prime de risque plus élevée pour le risque de décès, au fur et à mesure que l'assuré avance en âge. Cette prime, adaptée à l'évolution du risque, est appelée prime naturelle.
Prime nivelée	Les primes restent constantes pendant toute la durée du contrat. Etant donné que le risque de décès est plus faible au début qu'à la fin du contrat, la prime nivelée est ainsi trop élevée au début et trop basse par la suite. La prime nivelée représente la moyenne de la valeur du risque du début à la fin du contrat et détermine ainsi la moyenne de la prime.

Prime d'épargne	La prime d'épargne est la partie de la prime qui constitue l'avoir (épargné) de l'assuré. Dans les assurances constitutives de capital, la prime d'épargne forme la majeure partie de la prime totale.
Prime de coûts	Les trois catégories de coûts ci-après entrent dans le calcul de la prime : • frais d'acquisition – généralement calculés en pour-mille de la somme d'assurance • frais d'encaissement calculés sur la prime brute • frais généraux d'administration – calculés d'ordinaire en pour-mille de la somme d'assurance

7.4.3 Le dépôt de primes / compte de primes

Le client a la possibilité de constituer auprès de la société d'assurance-vie un dépôt de primes appelé aussi compte de primes. Le client alimente ce dépôt qui est débité du montant des primes à leur échéance. Si la couverture n'est pas suffisante, le client reçoit une facture pour la différence. Pour le client, l'avantage du dépôt est de pouvoir faire des paiements fractionnés sans devoir payer de supplément. L'assureur bonifie un intérêt préférentiel sur le dépôt de primes.

Il existe deux formes particulières de dépôt de primes :

- le dépôt de primes (ordinaire)
- le dépôt de primes (bloqué) sans possibilité de retrait.

Les fonds qui ont été versés sur un dépôt de primes bloqué ne peuvent plus être retirés mais en contrepartie ils bénéficient d'un intérêt plus élevé. Dans le dépôt de primes ordinaire, des retraits sont possibles en tout temps dans le cadre des dispositions convenues. Règle commune aux deux catégories de dépôt : le solde ne doit pas excéder la somme des futures primes à payer, intérêt compris.

7.4.3.1 Imposition du dépôt de primes

Le traitement fiscal est le même pour les deux catégories de dépôt : le produit des intérêts est imposable comme revenu et le solde du dépôt comme fortune. Le dépôt de primes bloqué n'est pas soumis à l'impôt anticipé fédéral. Si la police prend fin (au versement de la prestation), un éventuel avoir sur le dépôt de primes ou sur le dépôt de primes bloqué est remboursé.

7.5 Prestations

7.5.1 Cas ouvrant droit aux prestations

- Cas de vie
- Cas de décès
- Cas de vie et décès
- Perte de gain

7.5.1.1 Cas de vie

L'assureur verse les prestations lorsque l'assuré est vivant à l'expiration de l'assurance. Si l'assuré est décédé, le remboursement porte uniquement sur les primes payées, avec intérêt et participation aux excédents. Si la libération du paiement des primes est prévue dans le cas d'incapacité de gain, cela n'empêche pas la réalisation du but d'épargne.

7.5.1.2 Cas de décès

Les prestations sont versées en cas de décès. En cas de vie, l'assurance s'éteint sans remboursement des primes. Il n'y a donc pas formation de capital-épargne. Si le contrat le prévoit, il n'y a plus de primes à payer en cas d'incapacité de gain de la personne assurée (clause de libération du paiement des primes).

7.5.1.3 Cas de vie et de décès

Dans l'assurance mixte, la somme d'assurance ainsi que les parts d'excédents accumulées sont versées soit au décès de l'assuré si ce décès survient pendant la durée du contrat, soit à l'échéance si l'assuré est vivant à cette date. Par l'inclusion dans le contrat de la clause de libération des primes, le but d'épargne est réalisé même en cas d'incapacité de gain.

7.5.1.4 Assurances invalidité et perte de gain

Selon ce type de contrat, l'assureur s'engage à verser, en cas d'incapacité de gain de l'assuré, soit un capital, soit une rente fixée pour la durée du contrat. Si la clause de libération du service des primes est incluse, l'assuré en incapacité de gain n'a plus de primes à payer.

> **Que signifient incapacité de travail, invalidité et incapacité de gain**
>
> **Incapacité de travail**
> On entend par là l'état qui empêche l'assuré de travailler. L'incapacité de travail est souvent de courte durée et elle a une influence sur le revenu de l'activité lucrative. C'est un état dont l'évaluation est de la compétence exclusive du médecin.

> **Invalidité**
> Invalidité signifie que l'atteinte à la santé est présumée permanente.
>
> **Incapacité de gain**
> Le degré d'incapacité de gain est déterminé en fonction de la perte économique. Il ne se fonde pas uniquement sur l'activité lucrative du moment mais il tient compte des revenus encore possibles malgré l'atteinte à la santé. Il s'agit au fond de comparer le revenu que l'assuré réalisait lorsqu'il était en pleine santé et le revenu possible malgré l'atteinte à la santé.

7.5.2 Formes de prestation

- Rentes
- Capital

7.5.3 Classement des assurances sur la vie

7.5.3.1 Assurances de capitaux

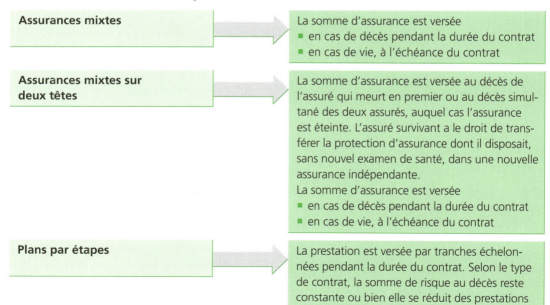

Assurances mixtes	La somme d'assurance est versée - en cas de décès pendant la durée du contrat - en cas de vie, à l'échéance du contrat
Assurances mixtes sur deux têtes	La somme d'assurance est versée au décès de l'assuré qui meurt en premier ou au décès simultané des deux assurés, auquel cas l'assurance est éteinte. L'assuré survivant a le droit de transférer la protection d'assurance dont il disposait, sans nouvel examen de santé, dans une nouvelle assurance indépendante. La somme d'assurance est versée - en cas de décès pendant la durée du contrat - en cas de vie, à l'échéance du contrat
Plans par étapes	La prestation est versée par tranches échelonnées pendant la durée du contrat. Selon le type de contrat, la somme de risque au décès reste constante ou bien elle se réduit des prestations déjà versées.

Assurance-vie

Assurances à terme → La somme d'assurance est versée à la date convenue, que l'assuré soit ou non encore en vie à cette date. Si l'assuré décède pendant la durée du contrat, aucune prime n'est plus à payer.

Assurance en cas de vie avec ou sans restitution des primes → Si l'assuré est en vie à la fin du contrat, l'assurance paie la somme convenue, plus participation aux excédents. En cas de décès avant la fin du contrat, les primes payées sont restituées, éventuellement avec intérêt.

Assurance pour enfant → En cas de vie, la somme d'assurance convenue est payée avec les excédents accumulés. En cas de décès de la personne adulte coassurée, le contrat est libéré du service des primes et il continue jusqu'à l'échéance. Il sera ainsi possible, p. ex., de garantir le financement des études de l'enfant. En cas de décès de l'enfant, le montant de la prestation varie selon l'âge de l'enfant.

Police liée à un fonds → La police liée à un fonds est généralement proposée sans garantie en cas de vie; c.-à-d. que le versement dépend de l'évolution du cours en bourse. On trouve quelques offres qui incluent une somme garantie en cas de vie. La police liée à un fonds doit être réalisée à son échéance : il n'est pas possible de prolonger le fonds au-delà de la fin du contrat. Le client peut choisir le fonds et en changer pendant la durée du contrat, ce qui lui permet d'exercer une influence et donc de jouer un rôle actif dans le placement. La police liée à un fonds associe une forme moderne de placement aux avantages traditionnels de l'assurance sur la vie.

Police liée à un portfolio → Dans cette opération, la partie épargne de l'assurance-vie est placée dans un portfolio qui est géré sur directives par un manager. L'assuré n'a aucune influence sur la composition du portfolio.

Police en monnaie étrangère	La prime est ici payée et la prestation versée dans une monnaie étrangère. L'investisseur participe ainsi aux chances et aux risques de change d'une monnaie étrangère.
Assurance-vie indexée	Dans une assurance-vie indexée, l'intérêt de la part d'épargne est lié à l'évolution d'un indice, p. ex. le SMI.

7.5.3.2 Assurances de risque

Assurance vie entière en cas de décès	Dans cette assurance, la « somme en cas de décès » est versée au décès de l'assuré.
Assurance temporaire en cas de décès	La somme convenue en cas de décès (ou la rente) est versée en cas de décès pendant la durée du contrat. En cas de vie, aucune prestation n'est exigible, sauf éventuellement les excédents accumulés.
Assurance en cas de décès à capital croissant	La somme d'assurance augmente d'année en année.
Assurance en cas de décès à capital constant	La somme d'assurance reste constante pendant la durée du contrat.
Assurance d'une rente temporaire de survivants	En cas de décès il n'est pas versé de capital, mais une rente est servie au bénéficiaire jusqu'au terme convenu du contrat. L'avantage, par rapport à une somme en cas de décès, réside dans un ajustement plus précis au besoin de prévoyance.
Assurance individuelle pour incapacité de gain	Une rente est versée en cas d'incapacité de gain. Les Conditions générales d'assurance prévoient une obligation de prestation à partir d'un degré d'incapacité de 25 %. Si le degré d'incapacité est des deux tiers, la rente complète est versée, au plus jusqu'à l'âge ordinaire de la retraite.

7.5.3.3 Assurances complémentaires

Les assurances complémentaires (ou additionnelles) ne peuvent être conclues qu'en combinaison avec une assurance indépendante. L'assurance-vie connaît dans cette catégorie :

- libération du paiement des primes
- assurance complémentaire en cas de décès par accident
- rentes pour incapacité de gain
- rentes temporaires de survie
- assurance d'un capital (décroissant ou constant) en cas de décès

■ Libération du paiement des primes

Cette assurance prévoit qu'en cas d'incapacité totale de gain, après le délai d'attente, aucune prime ne doit plus être payée. La protection d'assurance subsiste néanmoins dans sa totalité. A partir d'une incapacité de travail de 25 %, l'assurance verse une rente. Avec la libération des primes, le processus d'épargne d'une assurance en cas de vie ou d'une assurance mixte est maintenu sans frais pour le client. Ainsi, même en cas d'incapacité de gain, le but d'épargne se réalise certainement, ce qui est de grande importance en rapport avec la prévoyance vieillesse ou l'amortissement indirect d'un immeuble. La libération du paiement des primes peut être considérée pratiquement comme l'assurance complémentaire standard ; le plus souvent elle est intégrée dans le contrat.

■ Assurance complémentaire en cas de décès par accident

Ici la prestation consiste en une somme supplémentaire versée pendant la durée du contrat en cas de décès par accident. Cette assurance tend à disparaître de l'offre car en fait, le besoin du client est tout aussi élevé si le décès est la conséquence d'une maladie.

■ Rente temporaire de survie

En cas de décès, une rente du montant convenu est versée jusqu'à l'échéance du contrat.

■ Capital supplémentaire en cas de décès

En cas de décès, un capital-décès supplémentaire d'un montant convenu est versé pendant la durée du contrat.

7.5.3.4 Assurance de rente viagère

Une assurance de rente viagère sert essentiellement à garantir un revenu la vie durant.

On distingue principalement les produits suivants :

- rentes viagères avec ou sans restitution
- rentes viagères à paiement immédiat ou différé
- rentes viagères sur une ou sur deux têtes
- rentes viagères temporaires ou à vie

■ Avec ou sans restitution du capital

Dans le contrat avec restitution, en cas de décès le capital versé est remboursé aux survivants, sans intérêts, sous déduction des rentes éventuellement payées.

Exemple : Rente viagère **sans** restitution
Prime unique 100 000 fr.
Rente : 6 500 fr. (y compris 500.– de participation aux excédents) par an
Au total, 6 rentes ont été payées, combien reçoivent les bénéficiaires ?

Réponse : dans un contrat sans restitution, les bénéficiaires ne touchent rien !

- Dans les **rentes viagères sans restitution**, aucune restitution n'a lieu en cas de décès ; en contrepartie les rentes garanties sont un peu plus élevées.

Si cette assurance avait été conclue **avec** restitution :
100 000 fr. moins 36 000.– fr. de rente garantie = 64 000.– fr. de restitution.
Les participations aux excédents ne sont pas prises en considération !

■ Rente viagère à paiement immédiat
La rente est payée à terme échu mensuel, trimestriel, semestriel ou annuel. Elle est financée par une prime unique.

■ Rente viagère à paiement différé
La rente viagère n'est versée pour la première fois qu'à l'expiration d'un délai déterminé ou non (différé variable). Elle peut être financée par une prime unique ou par des primes périodiques, ou encore par une combinaison des deux modes de paiement. La rente est versée d'avance.

■ Rente viagère sur deux têtes
Une assurance de rente viagère peut aussi être conclue sur deux têtes. Le contrat peut prévoir une réduction de la rente en cas de décès de l'un des deux rentiers, le besoin étant moins élevé pour une seule personne. L'avantage de cette réduction est que la rente servie du vivant des deux rentiers sera légèrement augmentée.

■ Rente avec durée de paiement garantie
En cas de décès de la personne assurée au cours de la durée de paiement garantie, l'assurance ne fait pas de restitution mais elle continue de verser la rente jusqu'au terme convenu. Si l'assuré vit au-delà de la durée de paiement garantie, la rente continue de lui être versée sa vie durant. Le paiement de la rente pendant la durée garantie est inférieur à la somme qui serait restituée en cas de décès. De ce fait, l'assurance peut payer une rente plus élevée.

7.5.4 Nantissement, mise en gage, valeur de rachat, réserve mathématique
(art. 90 al. 2 LCA)

7.5.4.1 Nantissement, mise en gage

Une assurance sur la vie peut servir d'instrument de crédit. Un nantissement ou une mise en gage est possible. Dans la mise en gage, les droits découlant de l'assurance sont cédés au créancier; dans le nantissement, la police elle-même est déposée en garantie. Cela signifie qu'une partie du capital épargné (valeur de rachat) est versée au preneur d'assurance. Au versement de la prestation en cas de décès ou de vie, le montant du nantissement est déduit de la somme versée. Seules des assurances-vie présentant une valeur de rachat peuvent être déposées en nantissement. Le nantissement d'assurances en cas de vie et d'assurances mixtes est donc possible. Le nantissement est limité à 90 % de la valeur de rachat. En raison des fluctuations de valeur possibles, les polices liées à un fonds ne conviennent pas à un nantissement, ou seulement dans une mesure limitée. Un intérêt est débité sur le montant garanti. Le nantissement de polices du pilier 3a est exclu (raison fiscale).

7.5.4.2 Valeur de rachat et réserve mathématique

L'assureur est tenu de racheter, sur demande de l'ayant droit, les assurances sur la vie dont l'événement garanti se produira certainement. Il faut que les primes aient été payées pour trois ans au moins.
Cette disposition de la loi peut être modifiée en faveur de l'assuré: par exemple, une assurance-vie qui a été financée par une prime unique est immédiatement rachetable.

C'est le cas pour les genres d'assurance ci-après:

- assurance mixte
- assurance vie entière en cas de décès
- assurance en cas de vie avec restitution
- rente viagère avec restitution ou rentes garanties

La réserve mathématique ou la valeur de rachat s'établit comme suit :

	Réserve mathématique nette	(Somme des primes d'épargne avec intérêt au taux de l'intérêt technique)
+	Frais d'administration	
=	Réserve mathématique d'inventaire	
−	Déduction de rachat	(Frais d'acquisition non amortis)
=	Valeur de rachat nette	
+	évent. parts aux excédents ou parts de primes non utilisées	
=	**Valeur de rachat brute**	

7.5.4.3 Valeur de réduction (conversion)

Sur demande de l'assuré, l'assureur est tenu de convertir, totalement ou partiellement, en contrat libéré du paiement des primes, toute assurance-vie dont les primes ont été payées au moins pour trois ans. Cette disposition étant tirée d'un article de loi semi-contraignant, elle peut être modifiée en faveur de l'assuré.

La réserve mathématique d'une assurance est utilisée comme prime unique pour la constitution d'une nouvelle assurance de même nature. La prime unique sera la nouvelle somme d'assurance, appelée valeur de réduction.

Les éventuelles assurances additionnelles sont en général totalement supprimées par une réduction.

7.6 6. Impôts*

7.6.1 Principes d'imposition du 3ᵉ pilier

Les avantages fiscaux qui lui sont rattachés sont aussi un argument plaidant pour une prévoyance sous forme d'assurance sur la vie. Les lois fiscales de la Confédération et des cantons réservent certains droits particuliers aux assurances-vie et les assureurs ne se font pas faute de relever dans leurs programmes de marketing les avantages qui en découlent, surtout l'opération d'épargne liée à l'assurance et les allégements fiscaux.

Ces dernières années, des formes spéciales d'assurance-vie ont été créées, dans lesquelles les aspects investissement et rendement jouent aussi leur rôle. Le développement de l'offre n'est pas resté sans effet sur le droit fiscal. On voit nettement se dessiner une tendance à assimiler certaines formes d'assurance-vie aux autres placements de capitaux privés. Notamment dans le secteur des assurances constitutives de patrimoine, il en résulte des incertitudes en rapport avec la définition d'une assurance en droit fiscal. Le droit fiscal s'appuie sur une définition étendue de l'assurance. Un rapport d'assurance peut se fonder aussi bien sur la LCA que sur le CO.

Les assurances sociales de même que la prévoyance professionnelle ont leurs propres lois. Dans la prévoyance privée, ce qui est déterminant pour entrer dans la notion de l'assurance en droit fiscal, c'est que l'assureur endosse un risque défini par contrat et que le moment de la réalisation de l'événement assuré est incertain. Nous traitons ci-après les traits généraux de l'imposition des assurances sur la vie conclues par des personnes physiques.

7.6.2 Impôt sur le revenu
(art. 1ᵉʳ, 6-8 OPP 3)

Toutes les lois fiscales contiennent des clauses générales déclarant imposable la totalité des revenus. Selon ce principe, tous les éléments composant le revenu sont assujettis à l'impôt sur le revenu. Cela vaut aussi de prime abord pour les assurances privées sur la vie. Toutefois, au nom de la prévoyance personnelle que l'Etat entend promouvoir, les lois fiscales prévoient certaines exceptions et régimes spéciaux. Pendant la durée d'une assurance-vie, les intérêts et les participations aux excédents sont en général exonérés. Une imposition éventuelle n'a lieu qu'au moment de leur paiement.

---

* Source: Assurance-vie «actuel», Editrice: Association pour la formation professionnelle en assurance AFA, 2ᵉ édition 2002, Zurich (Verlag SKV), p. 216-227.

Les possibilités de déduire les primes du revenu imposable et les règles d'imposition des prestations d'assurance diffèrent selon qu'il s'agit :

- d'une assurance relevant de la prévoyance individuelle liée (pilier 3a) ou
- de la prévoyance individuelle libre (pilier 3b) et
- d'une assurance de capital ou
- d'une assurance de rente

7.6.2.1 La prévoyance individuelle liée (pilier 3a)

La prévoyance liée trouve sa base légale dans la LPP qui fixe le système d'imposition du pilier 3a :

- Les cotisations affectées à la prévoyance individuelle liée peuvent être déduites du revenu imposable.
- Les prestations du pilier 3a sont entièrement imposables comme revenu.
- Avant d'être devenues exigibles, les prétentions au titre de la prévoyance liée sont exonérées des impôts directs de la Confédération, des cantons et des communes.

Formes reconnues de prévoyance donnant droit à une déduction admise fiscalement :

- contrats de prévoyance liée auprès d'établissements d'assurance
- conventions de prévoyance liée conclues avec des fondations bancaires

Les avantages fiscaux dont bénéficie la prévoyance liée dépendent d'importants préalables :

- La prévoyance liée n'est accessible qu'à une personne domiciliée et contribuable en Suisse, qui touche le revenu d'une activité lucrative assujetti à l'AVS (exception : frontaliers suisses [impôt à la source]).
- Le preneur d'assurance est l'assuré lui-même.

- Une prévoyance liée n'est admissible qu'aussi longtemps que le preneur de prévoyance acquiert un revenu assujetti à l'AVS.
- Une forme de prévoyance du pilier 3a n'est autorisée que jusqu'à l'âge AVS.
- Le cercle des bénéficiaires est restreint : La prévoyance liée doit servir en premier lieu à l'assuré et à ses survivants. La désignation d'autres bénéficiaires n'est possible qu'à certaines conditions.
- La prévoyance liée n'est résiliable que dans des cas spéciaux. Le pilier 3a doit servir exclusivement et irrévocablement à la prévoyance.
- Pendant la constitution du pilier 3a, l'assuré ne peut disposer du capital que dans une mesure très limitée. La cession, la mise en gage et la compensation de prétentions de la prévoyance liée est exclue ; seule exception : la mise en gage pour l'acquisition par l'assuré de son propre logement.
- L'assuré ne peut faire valoir ses droits que cinq ans au plus tôt avant l'âge AVS. Un versement anticipé des prestations de vieillesse (p. ex. un rachat) n'est autorisé que pour l'une des raisons mentionnées à l'OPP 3 (p. ex. encouragement à la propriété du logement).

■ Déductibilité des cotisations

Le montant des cotisations déductibles à l'impôt est limité :

- Les personnes affiliées à une institution de prévoyance professionnelle peuvent déduire, par année, jusqu'à 8 % du montant-limite supérieur selon la LPP.
- Pour les personnes qui ne sont pas assurées auprès d'une institution de prévoyance professionnelle, la déduction possible est au maximum de 20 % du revenu imposable provenant d'une activité lucrative, mais au plus 40 % du montant-limite supérieur selon la LPP.

■ Imposition des prestations

Selon les dispositions de la LPP, l'impôt est dû aussi en totalité sur les prestations du pilier 3a. Tant la Confédération que les cantons imposent les prestations comme revenu (aussi les prestations en cas de décès).

■ Prestations en capital

La Confédération et les cantons imposent les prestations en capital séparément des autres revenus, par un impôt annuel et donc exigible en une fois, quelle que soit la durée de l'assujettissement. Le canton de domicile du bénéficiaire de la prestation au moment de son échéance a le droit de percevoir l'impôt en totalité.

La Confédération et de nombreux cantons appliquent aux prestations en capital un taux d'imposition spécial (p. ex. le cinquième du taux ordinaire ou le taux d'impôt qui serait applicable au dixième de la prestation en capital, etc.).

Il serait trop long d'énumérer ici les divers systèmes d'imposition; on se référera aux lois fiscales en question.

Ce mode particulier d'imposition des versements en capital est tout à fait justifié. En appliquant le taux ordinaire, on arriverait vite au taux maximum sur des montants en général élevés. La prévoyance en perdrait beaucoup de son attrait et ce serait contraire au mandat constitutionnel : encourager la prévoyance personnelle. En effet, les avantages fiscaux accordés au cours de la formation de la prévoyance seraient annulés par l'imposition lors du paiement des prestations. Cette situation déplorable subsiste malheureusement dans quelques cantons.

■ Rentes

La Confédération et les cantons imposent à 100 %, avec les autres revenus, les rentes du pilier 3a.

7.6.2.2 La prévoyance individuelle libre (pilier 3b)

Les assurances sur la vie contractées au titre de la prévoyance individuelle libre ne sont pas soumises aux restrictions du pilier 3a; c'est d'ailleurs pourquoi elles jouissent de beaucoup moins de privilèges d'ordre fiscal.

■ Déductibilité des primes

Les primes des assurances-vie de la prévoyance libre peuvent être déduites sous la rubrique générale de la déclaration fiscale réservée aux déductions des primes, cotisations et intérêts des capitaux d'épargne. Le maximum déductible, qui dépend de l'état civil et du nombre d'enfants du contribuable, est toutefois si modeste qu'il est généralement absorbé déjà par les primes des caisses-maladie. La déductibilité des primes pour les assurances-vie du pilier 3b est ainsi, le plus souvent, insignifiante.

■ Imposition des prestations

Dans la prévoyance libre, le preneur d'assurance, l'assuré et le payeur des primes peuvent être des personnes distinctes. En conséquence, les prestations d'assurance sont soumises à l'impôt sur le revenu, éventuellement à l'impôt sur les donations et sur les successions.

7.6.2.3 Versement du capital

■ En cas de vie et de rachat

Les prestations en cas de vie provenant d'assurances à prime annuelle constitutives de capitaux et rachetables qui sont versées au preneur d'assurance sont exonérées de l'impôt sur le revenu. Si l'assurance a été financée par une prime unique et conclue après le 31 décembre 1998, la prestation en cas de vie est exonérée par la Confédération et les cantons dans la mesure où elle « sert à la prévoyance », les conditions ci-après étant remplies :

- Le rapport d'assurance doit avoir duré au moins cinq ans.
- L'assuré doit avoir 60 ans révolus au moment du versement.
- Le contrat doit avoir été conclu avant le 66e anniversaire de l'assuré.
- Le contrat doit comprendre une protection d'assurance appropriée tant pour le cas de vie que pour le cas de décès.
- Les assurances sur deux têtes ne sont réputées servir à la prévoyance que pour des conjoints imposés en commun.

Pour les prestations provenant d'assurances qui ont été financées par une prime unique et qui ne servent pas à la prévoyance, la différence entre le versement et la prime est imposée comme revenu avec les autres éléments du revenu. En cas de rachat d'une telle assurance, les règles ci-dessus s'appliquent aussi au traitement fiscal de la valeur de rachat. Pour les contrats qui ont été conclus avant le 31 décembre 1998, des dispositions transitoires sont éventuellement à observer. Si une prestation d'assurance en cas de vie est versée à un tiers bénéficiaire, elle est assujettie dans certains cantons à un impôt sur les successions.

La Confédération et tous les cantons imposent comme revenu le versement de la valeur de rachat d'une assurance de rente et cela, selon les mêmes principes que pour les prestations en capital de la prévoyance liée.

■ En cas de décès

En ce qui concerne les prestations en cas de décès provenant d'assurances sur la vie, il y a lieu de distinguer, depuis l'harmonisation fiscale, si la prestation provient d'une assurance susceptible de rachat ou d'une assurance non rachetable (assurance de risque pur). Dans la plupart des cantons, les prestations en cas de décès provenant d'une assurance rachetable sont soumises à un impôt sur les successions.

La Confédération et la plupart des cantons imposent comme revenu, à un taux spécial et séparément, les prestations en cas de décès provenant de polices non rachetables. Ainsi, le degré de parenté ne joue plus aucun rôle dans l'imposition de la prestation en cas de décès provenant d'une assurance de risque pur. La Confédération et la plupart des cantons imposent comme revenu, à un taux spécial et séparément des autres revenus, les prestations en cas de décès provenant d'assurances de rentes.

■ Participation aux excédents

Une participation aux excédents qui est exigible régulièrement avec la prestation principale est traitée fiscalement de la même manière que la prestation d'assurance. Si l'événement assuré ne s'est pas réalisé pendant la durée du contrat, l'assureur peut verser à l'expiration de l'assurance (non rachetable) une participation aux excédents au sens d'une prestation en cas de vie.

■ Rentes

L'imposition des rentes diffère suivant que les prestations sont versées au preneur d'assurance lui-même ou à un tiers. Les cas où le bénéficiaire de la rente est un tiers sont commentés plus loin. Les participations aux excédents sur les rentes sont imposées comme la prestation principale.

7.6.3 Impôt sur la fortune

Contrairement aux cantons, la Confédération ne perçoit pas d'impôt sur la fortune des personnes physiques. Les indications ci-après concernent donc les cantons uniquement.

7.6.3.1 Prévoyance liée

Aucun impôt sur la fortune n'est perçu pendant la durée d'un contrat d'assurance de la prévoyance liée.

7.6.3.2 Prévoyance libre

Pour les assurances de la prévoyance libre (pilier 3b), il faut distinguer entre assurances susceptibles de rachat et assurances non rachetables. Assurances de capital rachetables : la valeur de rachat est assujettie à l'impôt sur la fortune jusqu'à l'échéance de la prestation d'assurance. Assurances de rente rachetables : dans la plupart des cantons, l'impôt sur la fortune est perçu tant que le versement des prestations est différé.

Sous l'angle technique, les assurances (de capital ou de rente) non rachetables peuvent avoir une valeur de rachat mais fiscalement, cette valeur ne doit pas être prise en considération.

Si la valeur de rachat est soumise à l'impôt sur la fortune, elle s'ajoute aux autres éléments de la fortune imposable et le résultat de l'addition sert de base pour le calcul de l'impôt. Bon nombre de cantons accordent encore sur la fortune imposable une franchise dont le montant dépend en partie de l'état civil et du nombre d'enfants du contribuable.

7.6.3.3 Impôts sur les successions et les donations

Les privilèges accordés aux assurances-vie, selon lesquels les bénéficiaires peuvent être désignés sans égard au droit successoral, ne dispensent pas le destinataire de remplir une éventuelle obligation fiscale.

L'impôt successoral est dû lorsque, à la suite du décès d'une personne, la propriété de ses biens change de mains. Sur les libéralités entre vifs, en revanche, c'est l'impôt sur les donations qui est perçu. Presque tous les cantons perçoivent aussi bien des impôts sur les successions que sur les donations.

Le conjoint est exonéré dans la plupart des cantons, de même que les descendants en ligne directe dans bon nombre de cantons. Actuellement seuls la Confédération et le canton de Schwytz font totale abstraction de tels impôts. Les lois fiscales mettent en général à égalité l'impôt sur les successions et l'impôt sur les donations. Le même tarif vaut alors pour les deux impôts. Le plus souvent, l'exonération (p. ex. du conjoint ou des descendants) se règle de manière analogue. Il en va de même pour le montant d'une éventuelle franchise d'impôt.

En principe, le canton compétent pour percevoir l'impôt sur une succession est celui du dernier domicile du défunt. Pour une donation, c'est le canton de domicile du donateur au moment du transfert des biens sans contre-prestation. L'impôt est toujours à la charge du destinataire des biens transférés (héritier, légataire ou donataire). Pour les assurances sur la vie, l'obligation de payer un impôt sur les successions ou sur les donations ne se présente en général que pour des assurances de la prévoyance libre. En droit fiscal, le preneur d'assurance entre seul en ligne de compte dans la prestation d'assurance en tant que de cujus ou donateur. Un impôt sur les successions ou sur les donations n'est donc dû que si des prestations sont versées à des tiers. Si le preneur d'assurance reçoit lui-même les prestations (prestations en cas de décès également, p. ex. s'il s'agit d'assurances sur la tête d'autrui, etc.), les règles énoncées sous chiffre 7.6.2.1 s'appliquent par analogie et le preneur d'assurance devra tout au plus des impôts sur le revenu

7.6.3.4 Prestations en capital

Sur les prestations en capital provenant d'assurances de capital susceptibles de rachat qui deviennent exigibles ensuite du décès du preneur d'assurance, le bénéficiaire est débiteur de l'impôt successoral. Les prestations versées à un tiers bénéficiaire du vivant du preneur d'assurance sont imposées en tant que donation. Pour les assurances de capital et de rente non rachetables, les principes figurant sous chiffre 7.6.2.2 sont applicables.

7.6.3.5 Prestations sous forme de rentes

Dans les assurances de rentes, les règles fiscales sont très compliquées, en particulier lorsque le bénéficiaire est un tiers. Il y a une notable différence entre le droit principal à la rente et le service de la rente (arrérages). Est en outre déterminant le caractère – révocable ou irrévocable – de la clause bénéficiaire lorsque le bénéficiaire est un tiers. En général, si la clause est irrévocable le droit principal à la rente passe à l'ayant droit.

Dans ce cas, les principes suivants sont applicables: Lorsque le tiers bénéficiaire acquiert non seulement les arrérages, mais aussi le droit principal à la rente, il doit payer sur ce droit un impôt sur les successions (transfert au décès du preneur d'assurance) ou sur les donations (transfert du vivant du preneur d'assurance). De plus, le bénéficiaire doit payer pour les arrérages un impôt sur le revenu à raison de 40 % de la somme. Si le droit principal à la rente n'a pas été transféré à l'ayant droit, ce dernier devra s'acquitter de l'impôt sur les successions ou sur les donations pour chaque arrérage qui lui est versé.

■ Tableau récapitulatif

Imposition par la Confédération	Pilier 3a	Pilier 3b
Assurance épargne avec prime annuelle	**Prévoyance liée**	**Prévoyance libre**
Paiement des primes	déductible à concurrence du montant maximum	dans le cadre des déductions à forfait pour primes d'assurance
Rendement du capital	exonéré	exonéré si l'assurance a duré au moins 5 ans
Fortune	exonéré	valeur de rachat imposable
Versement du capital	imposable à un tarif réduit de l'impôt sur le revenu, séparément des autres revenus	exonéré (y c. intérêt techn. + excédents) si l'assurance a duré au moins 5 ans
Versement de la rente	imposable à 100 % comme revenu, avec les autres éléments du revenu	imposable à 40 % comme revenu avec les autres éléments du revenu
Assurance épargne liée à un fonds (police de fonds) avec primes annuelles		
Paiement des primes	déductible à concurrence du montant maximum	dans le cadre des déductions à forfait pour primes d'assurance
Rendement du capital	exonéré	exonéré si la police a duré au moins 10 ans
Fortune	exonéré	valeur de rachat imposable
Versement du capital	imposable à un tarif réduit de l'impôt sur le revenu, séparément des autres revenus	exonéré (y c. intérêt techn. + excédents) si l'assurance a duré au moins 10 ans
Versement de la rente	imposable à 100 % comme revenu avec les autres éléments du revenu	imposable à 40 % comme revenu avec les autres éléments du revenu

■ Tableau récapitulatif (suite)

Imposition par la Confédération	Pilier 3a	Pilier 3b
Assurance risque décès pur avec primes annuelles		
Paiement des primes	déductible jusqu'à concurrence du montant maximum	dans le cadre des déductions à forfait pour primes d'assurance
Rendement du capital	–	–
Fortune	–	–
Versement du capital	imposable à un tarif réduit de l'impôt sur le revenu, séparément des autres revenus	imposable par la Confédération et la plupart des cantons à un tarif réduit de l'impôt sur le revenu, séparément des autres revenus
Assurance pour incapacité de gain (rente d'invalidité) avec primes annuelles		
Paiement des primes	déductible jusqu'à hauteur du montant maximum	dans le cadre des déductions à forfait pour primes d'assurance
Rendement du capital	–	–
Fortune	–	–
Versement de la rente	imposable à 100 % comme revenu avec les autres éléments du revenu	imposable à 40 % comme revenu avec les autres éléments du revenu
Prime unique		
Paiement de la prime	–	dans le cadre des déductions à forfait pour primes d'assurance
Rendement du capital	–	exonéré; conditions: durée minimale de l'assurance 5 ans, versement au plus tôt à l'âge de 60 ans, contrat conclu avant l'âge de 66 ans
Fortune	–	valeur de rachat imposable
Versement du capital	–	exonéré; conditions: durée minimale de l'assurance 5 ans, versement au plus tôt à l'âge de 60 ans révolus, contrat conclu avant l'âge de 66 ans
Versement de la rente	–	imposable à 40 % comme revenu, avec les autres éléments du revenu

Tableau récapitulatif (suite)

Imposition par la Confédération	Pilier 3a	Pilier 3b
Assurance liée à un fonds, prime unique		
Paiement de la prime	–	déductible dans le cadre du forfait pour primes d'assurance
Rendement du capital	–	exonéré ; conditions : durée minimale de l'assurance 10 ans, versement au plus tôt à 60 ans révolus, contrat conclu avant l'âge de 66 ans
Fortune	–	valeur de rachat imposable
Versement du capital	–	exonéré ; conditions : durée minimale de l'assurance 10 ans, remboursable à partir de 60 ans révolus, contrat conclu avant l'âge de 66 ans accomplis
Versement de la rente	–	imposable à 40 % comme revenu, avec les autres éléments du revenu
Rente viagère à paiement immédiat, prime unique		
Paiement de la prime	–	dans le cadre des déductions à forfait pour les primes d'assurance
Rendement du capital	–	exonéré
Fortune	–	exonéré si contrat conclu sans restitution de primes
Versement de la rente	–	imposable à 40 % comme revenu, avec les autres éléments du revenu

7.7 Bases de calcul

7.7.1 Bases de calcul du tarif

Servent de bases au calcul du tarif des assurances sur la vie: pour l'élément risque, les tables de mortalité (instrument statistique déterminant l'indice de mortalité) et pour l'élément épargne, l'intérêt technique et les frais.

Revue des bases de calcul:

- intérêt technique
- mortalité
- mise en invalidité
- frais

7.7.1.1 Intérêt technique

On dénomme ainsi l'intérêt fixé pour la durée du contrat et à l'aide duquel les futures prestations sont escomptées. La prime étant garantie pour toute la durée du contrat, cet intérêt doit être fixé avec beaucoup de prudence. I n'y a aucune possibilité de réagir à une modification de l'intérêt par une adaptation des primes en cours de contrat. Plus élevé est l'intérêt technique, plus faibles sont les primes pour une somme d'assurance donnée.

7.7.1.2 Mortalité

Les facteurs énumérés ci-après ont une influence sur le taux de mortalité:

- région de séjour et lieu d'origine
- âge
- sexe
- profession
- habitudes de vie
- etc.

L'indice de mortalité est la probabilité qu'une personne décède dans un espace de temps déterminé. Les probabilités de décès sont généralement établies sur un an. Si la probabilité de décès d'un homme de cinquante ans est de 6‰, cela signifie que sur un collectif de 1000 personnes, six mourront en l'espace d'un an.
La mortalité est mesurée d'une part sur la base de celle de la population générale et d'autre part sur la statistique commune des assureurs. Dans la statistique commune, le taux est plus faible que dans l'ensemble de la population parce que les compagnies d'assurance n'assurent pas des personnes dont l'indice de mortalité est très élevé. Pour calculer la participation aux excédents, la société d'assurance considère la mortalité interne de son effectif d'assurés.

Des tables de mortalité sont dressées séparément pour les assurances de capital et pour les assurances de rentes, les risques étant différents pour l'assureur : décès prématuré de l'assuré dans les assurances de capitaux et longévité dans les assurances de rentes.

Le tarif est calculé en tenant compte d'un supplément de mortalité afin que les cas de décès ou de rente puissent être financés à long terme. Ainsi la mortalité pour une personne de 65 ans présente un facteur 18.07 dans la table GKM (assurance de groupe en capital hommes) et de 9.19 dans la table ERM (rentes individuelles hommes). Il apparaît ainsi clairement que dans l'assurance de rente, le risque (l'événement assuré) réside dans la longévité de l'assuré. C'est pourquoi l'assureur suppute le décès de 9.19 personnes « seulement » pour une assurance de rente, mais de 18.07 personnes pour une assurance en capital.

■ **Tables de rentiers**

Les indices de mortalité dans les tables de rentiers doivent encore être corrigés vers le bas, notamment en raison de la montée de l'espérance de vie qui a pour corollaire l'augmentation marquante de la durée de paiement des rentes. A cela s'ajoute « l'effet antisélection » dû au fait que seules les personnes en bonne santé concluent une assurance de rente. Dans le secteur de la prévoyance personnelle aussi, l'augmentation de l'espérance de vie commande une modification du taux des rentes.

■ **Espérance de vie**

Elle indique la durée de vie présumée :

- hommes (de 65 ans) : en moyenne, encore 15.74 années de vie
- femmes (de 62 ans) : en moyenne, encore 23.45 années de vie

7.7.1.3 Mise en invalidité

La fréquence de la mise en invalidité est fixée dans des statistiques spéciales sur lesquelles se fondent les assureurs pour fixer les rentes en cas d'incapacité de gain et les tarifs de libération des primes.

On parle d'incapacité de travail pour le court terme (jusqu'à 730 jours) et d'incapacité de gain pour le long terme (à partir du 731e jour).

- **Incapacité de travail (invalidité) = évaluation médicale.**
  Le degré de l'incapacité de travail est établi par certificat médical. L'incapacité se réfère uniquement à la profession exercée au moment de l'examen.

- **Incapacité de gain = évaluation économique.**
  Selon cette méthode, le revenu réalisé avant invalidité est comparé avec le revenu réalisé comme invalide. La différence donne le degré d'invalidité. Dans la méthode économique, on considère l'ensemble du marché du travail ainsi que le revenu pouvant éventuellement être réalisé dans une autre profession.

Les facteurs suivants ont une influence sur la probabilité d'une incapacité de gain :

- âge et sexe
- degré et durée de l'incapacité de travail/invalidité
- délai d'attente convenu
- attitude personnelle envers le travail
- activité exercée
- prestations des assurances légales
- situation économique générale
- reprise de la vie active (mortalité)

7.7.1.4 Frais

Comme tout produit bancaire, l'assurance sur la vie engendre des frais qui doivent être supportés par le client. On distingue les genres de frais suivants :

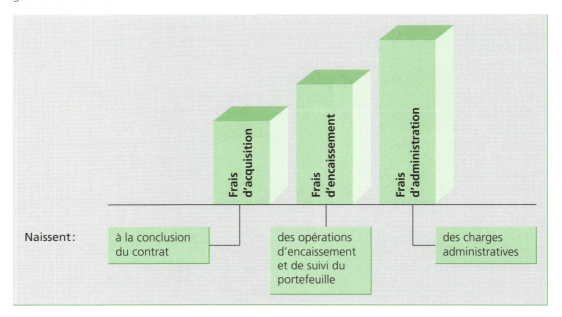

■ Frais d'acquisition

On désigne en principe comme frais d'acquisition tous ceux qui ne se produisent qu'une fois, au début du contrat. Ce sont notamment :

- publicité, marketing
- conseil et établissement de l'offre
- indemnités d'acquisition
- analyse du risque, y compris examen médical et acceptation de l'offre
- confection de la police
- enregistrement des données dans l'effectif des assurés

■ Encaissement et administration

Alors que les frais d'acquisition ne se produisent qu'une fois, les frais d'encaissement et d'administration sont des charges qui se répètent.
Les frais d'encaissement et de suivi du portefeuille concernent des travaux qui ont cours pendant la durée du contrat.

Les frais administratifs sont causés par la gestion proprement dite des contrats d'assurance.

Ce sont notamment les frais suivants :

- encaissement des primes
- suivi du portefeuille ou indemnité pour développement du portefeuille
- frais généraux d'administration
- salaires
- informatique
- gestion des placements de capitaux
- instruction des sinistres
- règlement des prestations d'assurance
- élaboration de produits
- calcul annuel des excédents
- rabais et suppléments
- etc.

7.8 Rachat, réduction ou renonciation

Un contrat d'assurance-vie peut être supprimé par

- rachat
- réduction
- renonciation.

■ Rachat
S'il y a rachat de l'assurance, le contrat s'éteint et la valeur de rachat est versée.

■ Réduction
En cas de réduction de l'assurance, aucune prime n'est plus payée. La valeur de rachat existante est utilisée comme prime unique et créditée de l'intérêt technique jusqu'à l'échéance du contrat. Souvent, la réduction du contrat apparaît à première vue plus intéressante pour le client que le rachat. De fait, la réduction se fonde aussi sur la valeur de rachat et elle présente le seul avantage d'une protection d'assurance qui d'ailleurs est généralement de peu d'importance.

■ Renonciation
On entend par renonciation la dénonciation d'une assurance de risque pur sans valeur de rachat. Le contrat est supprimé sans que le client ait droit à une restitution des primes ou à une valeur de rachat.

7.9 Participation aux excédents

A part l'intérêt technique garanti, des participations aux excédents sont versées au preneur d'assurance. Ces excédents découlent en principe de trois sources :

7.9.1 Utilisation des excédents

Les excédents peuvent être utilisés comme suit :

- accumulation des parts à l'excédent avec intérêts
- réduction de la prime
- augmentation de la somme d'assurance
- versement de l'excédent

Pour les assurances constitutives de capitaux, c'est le système d'accumulation de l'excédent avec intérêts qui est utilisé. Les excédents sont accumulés sur un compte séparé qui est crédité d'un intérêt au taux du marché. L'avoir ainsi constitué est versé en cas de vie avec la somme d'assurance, en cas de décès avec le capital au décès.

Une réduction de la prime au moyen des excédents est utilisée surtout dans les assurances risque. Les primes sont réduites chaque année du montant de la participation aux excédents.

Excédent sur intérêts	Différence entre l'intérêt technique et le rendement effectivement obtenu par la société d'assurance.
Excédent sur risque	Différence entre la prime de risque (prévue dans la tarification) et la somme des indemnités effectivement versées au cours de l'exercice. Ainsi il y aura excédent sur le risque décès d'anciennes assurances si les cas de décès ont été moins nombreux que prévu. C'est l'inverse pour les rentes viagères : si les décès sont moins nombreux qu'on ne l'avait prévu dans la tarification, les excédents auront tendance à baisser.
Excédent sur chargement pour frais	Des excédents peuvent être versés si les frais de la société d'assurance-vie sont inférieurs aux prévisions admises dans la tarification.

Les plans pour le calcul des excédents doivent être approuvés par l'Office fédéral des assurances privés (OFAP).

L'augmentation de la somme d'assurance et le versement des parts aux excédents sont peu usités, voire inconnus dans la pratique. Les excédents ne sont pas garantis ; ils sont sujets à changement.

7.10 La clause bénéficiaire

Une particularité de l'assurance sur la vie est la possibilité pour le preneur d'assurance de désigner un tiers (personne physique ou juridique) comme bénéficiaire des prestations de l'assurance en faisant usage de la clause bénéficiaire. Dans la prévoyance libre (pilier 3b), le bénéficiaire peut être librement choisi; il peut s'agir de personnes qui recevront les prestations d'assurance sans égard au droit successoral. Le versement ne pourra être réduit qu'en cas d'action en réduction pour violation de droits réservataires. Mais dans cette hypothèse, seule la valeur de rachat de la police (et non pas la somme d'assurance) entre dans le calcul et cette valeur serait insignifiante surtout s'il s'agit d'assurances risque décès pur. Il n'y a pas non plus de restrictions quant au choix des bénéficiaires. Les prétentions découlant de l'assurance-vie sont payées indépendamment de la dévolution successorale; autrement dit, même si la succession est répudiée, la créance découlant de l'assurance-vie est néanmoins versée au bénéficiaire.

7.10.1 Attribution bénéficiaire dans la prévoyance liée

Dans la prévoyance liée, le législateur a restreint les possibilités de l'attribution bénéficiaire au sens de la prévoyance familiale. Le bénéficiaire peut être, dans l'ordre suivant:

1. en cas de vie: le preneur d'assurance

après son décès:
2. le conjoint
3. les descendants en ligne directe ainsi que les personnes à l'entretien desquelles le défunt subvenait
4. les parents
5. les frères et sœurs
6. les autres héritiers

A partir du point 4, l'ordre peut être modifié. A la place des parents les autres héritiers peuvent entrer en ligne de compte. Un « autre héritier » pourrait être par exemple la compagne ou le compagnon de vie. A noter que le concubin ne peut devenir héritier que par testament ou pacte successoral; il ne peut pas être héritier légal. Ce changement de la clause bénéficiaire doit être communiqué à la société d'assurance. Celle-ci vérifie, en cas d'exigibilité de la prestation, si la clause bénéficiaire ne contrevient pas aux prescriptions légales: dans l'intervalle le preneur d'assurance s'est peut-être marié et c'est alors le conjoint qui doit être bénéficiaire.

7.10.1.1 Attribution bénéficiaire irrévocable

Si le preneur d'assurance a déclaré la clause bénéficiaire irrévocable, la police doit être remise au bénéficiaire et la clause ne subira plus aucune modification sans le consentement du bénéficiaire.

7.11 Privilèges en droit successoral et en droit des poursuites

Un des privilèges reconnus à l'assurance-vie en droit successoral, c'est que la prestation d'assurance doit être en tout cas versée au bénéficiaire, même si la succession a été répudiée.

En matière de poursuite et faillite, le privilège réside dans le fait que la créance découlant d'une assurance-vie n'entre pas dans la masse en faillite si l'épouse et/ou les enfants ont été désignés comme bénéficiaires; cela, sous réserve de contrats de gage existants.

De plus, lorsque le droit dérivant de l'assurance doit être réalisé par voie de saisie ou de faillite, le conjoint survivant a le droit de reprendre le contrat d'assurance-vie comme preneur d'assurance contre paiement aux créanciers de la valeur de rachat. Lorsqu'il s'agit d'une police grevée d'un droit de gage et d'un assuré atteint dans sa santé, ce procédé a l'avantage de maintenir la protection d'assurance. L'assuré de santé déficiente n'aurait peut-être plus la possibilité de conclure une nouvelle assurance-vie, si ce n'est à des conditions pour risques aggravés (réserve, supplément de prime, réduction des prestations).

7.12 Contentieux

Les conflits de droit privé sont de la compétence du juge civil.

L'Association suisse d'assurance (ASA) a créé en 1972 déjà un office de médiation sous la forme d'une fondation (aujourd'hui: Fondation Ombudsman de l'assurance privée et de la SUVA) à laquelle sont affiliées la presque totalité des sociétés d'assurance actives en Suisse. Quiconque a des difficultés avec l'une de ces sociétés peut s'adresser à l'office de médiation (siège à Zurich, succursales à Lausanne et Lugano) qui s'entremettra pour trouver une solution amiable. La voie de droit reste ouverte même après l'intervention de l'ombudsman.

Assurance-vie

7.13 L'assurance-vie en bref

Buts de l'assurance sur la vie
- prévoyance pour la vieillesse
- prévoyance pour la famille
- prévoyance pour le cas d'invalidité

Prestations
- **assurance en cas de vie**
  les prestations sont versées en cas de vie; en cas de décès, restitution des primes payées (avec intérêt) et paiement de la part aux excédents
- **assurance risque décès**
  les prestations sont versées en cas de décès (pendant la durée du contrat); en cas de vie, l'assurance s'éteint, pas de remboursement
- **assurance mixte**
  la somme d'assurance plus les excédents accumulés sont payés
  – en cas de décès : pendant la durée du contrat
  – en cas de vie : à l'échéance du contrat

Assurés

obligatoirement
il n'y a pas de régime obligatoire
non assurables
(ou seulement à des conditions pour risques aggravés): personnes déjà atteintes dans leur santé avant le dépôt de la proposition
admission à des conditions pour risques aggravés
si la santé de l'assuré est déficiente, l'assureur a les possibilités suivantes:
- supplément de prime
- réserve
- réduction des prestations
- refus d'admission

Assurances-vie

selon les personnes assurées
- assurance sur sa propre tête
- assurance sur la vie d'autrui
- assurance sur deux têtes

Assurances constitutives d'un capital
- assurances mixtes
  - sur deux têtes
  - à capital croissant
- plans par étapes
- assurances à terme
- assurance en cas de survie avec restitution des primes
- assurance pour enfant
- police liée à un fonds
- polices liées à un portfolio
- polices en monnaie étrangère
- assurances-vie liées à un indice

Assurances risque
- assurance en cas de décès vie entière
- assurance temporaire en cas de décès
- assurances pour incapacité de gain

Début et fin de l'assurance-vie

Début
- en règle générale, à la signature du contrat d'assurance

Fin
- en cas de décès: pendant la durée du contrat (exception pour l'assurance à terme fixe)
- en cas de vie: au terme de la durée du contrat

Assurances de rentes

Elles garantissent un revenu assuré la vie entière. Financement par des primes périodiques ou par une prime unique.
- rentes viagères avec restitution de primes: total des primes moins prestations versées; le solde positif est versé
- rentes viagères sans restitution; pas de restitution de primes mais rentes un peu plus élevées

Financement

Les assurances sur la vie sont financées selon la méthode de la capitalisation. Par ses primes individuelles, le preneur d'assurance épargne un capital.
Primes:
- prime nivelée: fixe
- prime naturelle: variable; s'adapte au risque
- dépôt de primes: les primes sont débitées au compte de dépôt constitué

Privilèges

- impôts
- faillite
- droit successoral

**L'assurance de personnes
et l'assurance sociale –
Notions de base**

8 LAMal

8.1 Fondement

8.1.1 Historique

En 1914 est entrée en vigueur la Loi fédérale sur l'assurance-maladie et accidents (LAMA). Elle s'appuyait sur un article constitutionnel de 1890 et était conçue comme une loi dite de subvention : Les caisses qui remplissaient les conditions minimales recevaient des subsides fédéraux directs. La loi fut partiellement révisée en 1964 puis divers projets de révision ultérieurs échouèrent. Il fallut résoudre par le droit d'urgence les problèmes les plus graves, surtout dans le domaine des coûts.

8.1.2 But

En 1984, avec l'introduction de la Loi fédérale sur l'assurance-accidents (LAA), la branche accidents fut détachée de la LAMA. La nouvelle Loi sur l'assurance-maladie (LAMal), votée en 1994, est entrée en vigueur en 1996. Ses principales innovations sont :

- l'introduction du régime obligatoire
- la séparation de l'assurance de base et de l'assurance complémentaire en assurance sociale et assurance privée

Les caisses-maladie ont conservé le droit de pratiquer cette assurance. Elles ne reçoivent pas de subsides directs de la Confédération ; en revanche les assurés de condition modeste bénéficient d'une aide au paiement des primes.

8.2 Bases légales

■ Constitution fédérale

Art. 117 Assurance maladie et accidents

■ Lois fédérales

- Loi fédérale sur la partie générale du droit des assurances sociales (LPGA), en vigueur depuis le 1er janvier 2003
- Loi fédérale sur l'assurance-maladie (LAMal), en vigueur depuis le 1er janvier 1996

■ Ordonnances du Conseil fédéral

- Ordonnance sur la partie générale du droit des assurances sociales (OPGA)
- Ordonnance sur l'assurance-maladie (OAMal), en vigueur depuis le 1er janvier 1996
- Ordonnance concernant l'entrée en vigueur et l'introduction de la loi fédérale sur l'assurance-maladie, en vigueur depuis le 1er juin 1995
- Ordonnance sur les subsides fédéraux destinés à la réduction des primes dans l'assurance-maladie, en vigueur depuis le 1er janvier 1996
- Ordonnance sur la compensation des risques dans l'assurance-maladie, en vigueur depuis le 1er janvier 1996

■ Ordonnances du Département fédéral de l'Intérieur (DFI)

- Ordonnance sur les prestations dans l'assurance obligatoire des soins en cas de maladie OPAS, en vigueur depuis le 1er janvier 1996, avec
- Annexe 1: Prise en charge par l'assurance obligatoire des soins de certaines prestations fournies par les médecins
- Annexe 2: Liste des moyens et appareils (LiMA)

8.3 Organisation

■ Organigramme « Assurance-maladie »

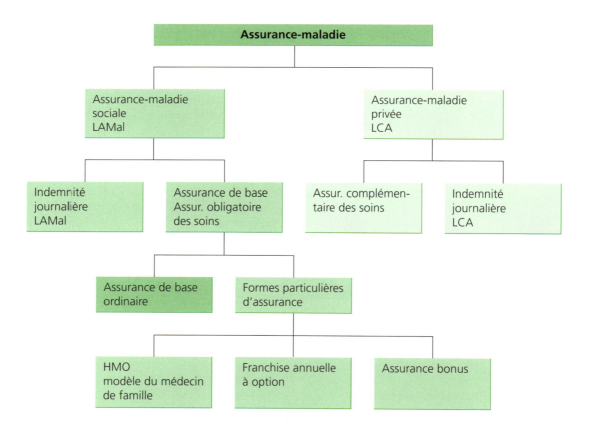

L'assurance-maladie est pratiquée dans tous les domaines par un grand nombre d'institutions. Ce sont d'une part les caisses-maladie centralisées qui opèrent dans toute la Suisse, d'autre part de nombreuses caisses-maladie de plus faible dimension, actives en général sur le plan régional et qui sont aussi réunies en fédérations.

A part l'assurance obligatoire des soins, les caisses-maladie doivent aussi offrir l'assurance facultative d'indemnités journalières selon la LAMal. Elles peuvent en outre inclure dans leur palette de produits des assurances complémentaires privées pour les soins (frais de guérison) ainsi qu'une autre assurance d'indemnité journalière selon la LCA. Certaines caisses assurent elles-mêmes ces branches; d'autres ont fondé à cet effet des sociétés partenaires. Jusqu'à présent, les institutions d'assurance privées n'ont pas fait usage de la faculté qui leur est donnée de se faire reconnaître en qualité d'assureurs maladie au sens de la LAMal.

8.3.1 Surveillance
(art. 13 et 21 ss LAMal)

La surveillance des caisses-maladie est exercée sur deux plans. Le Département fédéral de l'intérieur (DFI) leur accorde la reconnaissance si elles sont organisées sous l'une des formes juridiques autorisées et qu'elles remplissent en outre les conditions énoncées à l'article 13 LAMal. Les formes juridiques autorisées sont:

- association selon l'article 60 CC
- société coopérative selon l'article 848 CO
- fondation selon l'article 80 CC
- société anonyme dont le but n'est pas de nature économique (art. 620, al. 3 CO)
- personne morale de droit public cantonal.

L'Office fédéral des assurances sociales (OFAS) surveille en principe les assureurs maladie en ce qui concerne les produits de l'assurance sociale: assurance obligatoire des soins et assurance facultative d'indemnités journalières selon la LAMal. Cette autorité dispose de certains moyens coercitifs: avertissement, amende d'ordre et, en dernière extrémité, proposition au DFI de retirer à l'assureur l'autorisation de pratiquer l'assurance-maladie sociale.

L'Office fédéral des assurances privées (OFAP) exerce la surveillance sur la pratique des assurances complémentaires uniquement (produits et sécurité financière) conformément à la législation sur les institutions d'assurance privées. Si un assureur maladie ne pratique pas lui-même les assurances complémentaires mais qu'il a créé une société à cet effet, celle-ci est soumise à la surveillance unique de l'Office fédéral des assurances privées en vertu de la Loi sur le contrat d'assurance (LCA).

8.4 Personnes assurées

8.4.1 Assurance obligatoire
(art. 3 ss LAMal)

■ **Personnes domiciliées en Suisse**

Toute personne domiciliée en Suisse doit s'assurer pour les soins en cas de maladie. Sont soumis à cette obligation non seulement les Suisses mais également les étrangers au bénéfice d'un permis de séjour ou d'établissement. Les demandeurs d'asile dont la demande a été provisoirement admise doivent également être assurés.

■ **Personnes domiciliées dans des Etats de l'UE**

En vertu des accords bilatéraux, les citoyens de l'UE domiciliés dans un Etat de l'UE mais qui travaillent en Suisse ou à qui la Suisse verse une rente ou une indemnité de chômage sont maintenant soumis aussi à l'assurance obligatoire. Lorsqu'un citoyen UE est domicilié et travaille en Suisse, les membres de sa famille domiciliés dans un Etat de l'UE sont soumis à l'assurance en Suisse. L'un ou l'autre Etats de l'UE ont cependant décidé des exceptions au sens d'un droit d'option pour leurs citoyens.

■ **Suspension**

La couverture d'assurance est suspendue pour l'assuré qui est soumis à l'assurance militaire pendant plus de 60 jours consécutifs (coordination avec l'assurance militaire).

L'assuré qui est entièrement couvert à titre obligatoire pour le risque des accidents professionnels et non professionnels peut demander la suspension de cette couverture. Elle est réactivée d'office auprès de l'assurance maladie sociale dès que cesse la couverture au sens de la LAA.

■ **Choix de l'assureur**

Les personnes tenues de s'assurer choisissent librement parmi les assureurs autorisés et pratiquant dans leur région. Les assureurs ont l'obligation de les accepter. Ils ne peuvent pas refuser quelqu'un en raison de son âge ou de son état de santé, ni imposer une réserve d'assurance ou exclure des prestations. Les assurés peuvent sans inconvénient changer d'assureur pourvu qu'ils observent les délais de résiliation. Les cantons veillent au respect de l'obligation de s'assurer. Ils peuvent affilier d'office à un assureur les personnes qui se soustraient à leur obligation.

8.4.1.1 L'assurance obligatoire des soins

Elle est réglée en détail et limitativement dans la LAMal et ses ordonnances. Ces normes sont obligatoires pour les assureurs maladie. C'est ainsi qu'il ne peut y avoir de différences de prestations entre les caisses. En revanche des différences de primes existent bien ; elles sont dues à la structure des risques variable d'un assureur à l'autre et qui doit être nivelée par une compensation des risques.

L'assurance couvre les risques suivants :

- maladie
- accident (si aucun autre assureur n'en répond)
- maternité.

Le risque d'accident peut être exclu s'il existe une assurance-accidents professionnelle et non professionnelle obligatoire selon la LAA.
L'assurance obligatoire des soins peut être conclue dans la forme première prévue avec libre choix des fournisseurs de prestations et une franchise annuelle de 230 francs (chiffre actuel). L'assuré a toutefois la possibilité, pour obtenir une réduction de prime, de se déterminer pour une franchise annuelle plus élevée – franchise à option plafonnée actuellement à 1500 fr. pour les adultes – ou encore de renoncer au libre choix des fournisseurs de prestations selon l'un des modèles proposés par certains assureurs, par exemple :

- **HMO :** (Health Maintenance Organization) : réseau de santé doté d'un budget global et dans lequel le médecin est récompensé pour les économies réalisées et n'a pas intérêt à la quantité d'actes médicaux.
- **Modèle du médecin de famille :** l'assuré s'engage à consulter toujours en premier lieu le médecin de famille qu'il aura désigné par contrat.

La LAMal prévoit aussi une assurance avec bonus qui cependant est d'importance secondaire dans la pratique car elle lie l'assuré pour cinq ans au moins.
L'assurance obligatoire des soins peut faire l'objet d'un contrat collectif mais les primes ne doivent pas être différentes de celles de l'assurance individuelle. L'assureur a uniquement le droit d'indemniser un partenaire collectif, une entreprise par exemple, pour la prise en charge de certaines tâches administratives.

■ **Barème des franchises annuelles**

Assuré	Franchise	Rabais
Adulte	Fr. 230.–	0 %
Adulte	Fr. 400.–	8 %
Adulte	Fr. 600.–	15 %
Adulte	Fr. 1 200.–	30 %
Adulte	Fr. 1 500.–	40 %
Enfant	pas de franchise légale	0 %
Enfant	Fr. 150.–	15 %
Enfant	Fr. 300.–	30 %
Enfant	Fr. 375.–	40 %

8.4.2 Assurance facultative
(art. 12, al. 2 et 3 ; art. 67 ss LAMal)

8.4.2.1 Assurance d'indemnités journalières selon la LAMal

Le but de cette assurance est de couvrir la perte de gain. La loi fait obligation aux assureurs maladie d'offrir cette assurance à tout intéressé ; c'est une condition de la reconnaissance par la Confédération. Les assureurs ne peuvent exclure de l'assurance par une clause de réserve que les maladies existant au moment de l'admission et les réserves sont caduques au plus tard après cinq ans. Le risque accident peut être exclu mais la maternité est obligatoirement coassurée. La loi ne règle pas le montant maximal assurable. Aussi les assureurs le fixent-ils souvent très bas : ils ne sont pas intéressés par cette assurance qui les oblige à admettre toute personne qui la demande.
L'assurance d'indemnités journalières selon la LAMal est ouverte à toute personne de 15 à 65 ans domiciliée ou travaillant en Suisse. Elle peut être conclue auprès d'un autre assureur que celui de l'assurance obligatoire des soins. Sont convenus dans le contrat le montant des indemnités et le délai d'attente, c.-à-d. la période durant laquelle le versement des prestations est différé compte tenu de l'obligation de l'employeur de verser le salaire pendant un certain temps. La conclusion de l'assurance peut dépendre du résultat d'un examen médical sur la base duquel l'assureur instituera éventuellement des réserves. Les réserves sont caduques au plus

tard après cinq ans. L'assureur peut également émettre des réserves en cas d'augmentation de l'assurance ou de réduction du délai d'attente.

La LAMal prévoit des modalités spéciales pour le cas où l'assuré est obligé de changer d'assureur. L'assuré peut invoquer le droit de libre passage lorsque

- ses rapports de travail ou la fin de ceux-ci l'exigent
- il sort du rayon d'activité de son précédent assureur
- son assureur ne pratique plus l'assurance-maladie sociale.

Libre passage signifie que l'ancienne assurance peut continuer en ce qui concerne le montant et la durée des réserves, mais sans garantie que les primes restent identiques. L'ancien assureur doit faire en sorte que l'assuré soit renseigné par écrit sur son droit de libre passage à faire valoir dans les trois mois auprès d'un autre assureur. S'il omet de le faire, la couverture d'assurance auprès de lui subsiste.

A noter que les assureurs favorisent l'assurance d'indemnités journalières selon le droit des assurances privées, donc aux conditions de la Loi sur le contrat d'assurance (LCA). Ils y trouvent une plus grande marge d'action pour des solutions individuelles ainsi que pour la sélection des risques. L'absence d'une assurance obligatoire d'indemnités journalières empêche souvent la conclusion d'une telle assurance à des conditions raisonnables dans le cas de mauvais risques. D'autre part il existe de nombreuses solutions par branche via les conventions collectives de travail et les assurances collectives.

L'assurance d'indemnités journalières peut être conclue individuellement ou par un employeur ou une organisation d'employeurs et de travailleurs au sens d'une assurance collective pour les travailleurs. Lorsqu'un assuré sort de l'assurance collective ou que le contrat est résilié, il a le droit de passer dans l'assurance individuelle qui lui garantit les mêmes prestations; en revanche les mêmes primes ne peuvent lui être garanties. L'assuré doit faire valoir son droit de passage dans les trois mois qui suivent la réception de la communication. S'il ne l'a pas fait, faute d'avis écrit de l'assureur, il reste dans l'assurance collective.

8.4.2.2 Assurance complémentaire des soins

Tout le domaine de l'assurance complémentaire est réglé dans la LAMal au sens où la compétence en est donnée aux assureurs maladie. Ces assurances ont pour base juridique le droit des assurances privées. Les prestations sont définies exclusivement dans les dispositions générales contractuelles propres à la caisse, comme il est d'usage dans l'assurance privée. L'offre comprend :

- assurance en cas d'hospitalisation
- assurance de la médecine complémentaire
- autres prestations non obligatoires
- assurance de voyage
- assurance des soins dentaires.

L'assureur n'est pas autorisé à faire dépendre ces assurances de l'existence simultanée d'une assurance de base. Les assurances complémentaires peuvent donc être conclues individuellement ou auprès d'assureurs différents. Elles font souvent partie de contrats collectifs ou de contrats avec rabais. Généralement, des tarifs de primes autres que ceux de l'assurance individuelle sont alors pratiqués.

8.4.2.3 Assurances traitées à titre d'intermédiaire

Les assureurs maladie interviennent aussi pour leurs clients en tant que simples intermédiaires pour la conclusion d'assurances qui sont alors placées auprès d'autres institutions d'assurance privées. Souvent, ces assurances figurent dans la police de l'assureur maladie mais avec la mention précise de l'assureur. On pense surtout ici à certaines formes d'assurances sur la vie que les assureurs maladie ne peuvent eux-mêmes pratiquer que dans d'étroites limites qui sous cette forme ne répondent pas à un besoin.

8.5 Début et fin de l'assurance

8.5.1 Début
(art. 5, al. 1 et 2 LAMal)

Toute personne tenue de s'assurer doit s'affilier dans les trois mois à compter de la date de sa prise de domicile en Suisse. En cas de dépassement du délai, l'assurance déploie ses effets dès l'affiliation et si le retard n'est pas excusable, l'assuré doit verser un supplément de prime pour une période limitée, en fonction de la durée du retard. Le législateur a voulu empêcher par là qu'une personne tenue de s'assurer attende, pour s'affilier, de tomber malade et d'avoir besoin d'une protection d'assurance. Pour les enfants, la protection d'assurance commence le jour de la naissance.

8.5.2 Fin
(art. 5, al. 3 ; art. 7 LAMal)

La couverture d'assurance prend fin au décès de l'assuré ou lorsque l'assuré cesse d'être soumis à l'obligation de s'assurer, p. ex. s'il transfère son domicile à l'étranger.

8.5.2.1 Changement d'assureur

Malgré le régime obligatoire, un changement d'assureur est possible moyennant certaines modalités qui garantissent que l'assuré ne puisse se dérober à l'obligation d'être assuré. Ainsi l'ancien assureur ne peut libérer l'assuré de son affiliation avant que le nouvel assureur lui ait confirmé l'admission. Le moment du changement est réglé uniformément pour tous les assureurs : c'est pour la fin d'un semestre d'une année civile, moyennant un préavis de trois mois.

Dans les cas suivants, la règle est différente :

- Lorsque la nouvelle prime lui est communiquée (généralement à la fin de l'année), l'assuré peut changer d'assureur pour la fin du mois qui précède le début de la validité de la nouvelle prime, moyennant un préavis d'un mois. L'assureur doit annoncer les nouvelles primes deux mois d'avance et signaler à l'assuré qu'il a le droit de changer d'assureur.
- Si l'assuré a opté pour une franchise plus élevée, il ne peut résilier l'assurance que pour la fin de l'année après une durée d'affiliation d'au moins une année.
- Si l'assuré doit changer d'assureur parce qu'il change de résidence ou d'emploi, le rapport d'assurance prend fin au moment du changement de résidence ou de la prise d'emploi chez le nouvel employeur.
- Le rapport d'assurance prend fin immédiatement lorsque l'autorisation de pratiquer est retirée à un assureur.

8.6 Financement

8.6.1 Primes
(art. 60, 61 ss, 65 ss LAMal)

L'assurance obligatoire des soins est financée en premier lieu par des primes par tête et par la participation aux coûts des assurés. Le financement fait sans cesse l'objet de discussions. Le rendement des capitaux contribue aussi au financement. Les subventions ne sont plus versées selon le principe de l'arrosoir, mais uniquement à des assurés de condition économique modeste.

8.6.1.1 Méthode de financement

Les dépenses d'une année sont couvertes par les recettes de la même année (système de la répartition des dépenses). Il existe au surplus une réserve de sécurité et de fluctuation. Ces réserves sont réglées exactement dans la loi et l'ordonnance de même que le mode de fixation des primes. C'est le principe de réciprocité qui prévaut, ce qui veut dire que chaque assuré paie les mêmes primes, indépendamment du risque, sous réserve des exceptions suivantes prévues par la loi:

- L'assureur peut échelonner les montants des primes si les coûts diffèrent selon les cantons et les régions; cette disposition tient compte de la souveraineté cantonale en matière de santé publique. L'Office fédéral des assurances sociales détermine les régions à l'intérieur des cantons.
- Pour les assurés de moins de 18 ans révolus (enfants), l'assureur doit fixer une prime plus basse que celle des assurés plus âgés (adultes); il est autorisé à le faire pour les assurés de moins de 25 ans révolus.

Le Conseil fédéral règle la question des rabais sur primes.

Les tarifs des primes fixés par les assureurs doivent être approuvés par le Conseil fédéral. Ils ne peuvent être appliqués qu'après leur approbation. L'Office fédéral des assurances sociales publie chaque année un tableau des primes. Les nouvelles primes sont portées à la connaissance des assurés au moins deux mois avant la date de leur entrée en vigueur. Lorsqu'une nouvelle prime est fixée, l'assuré a le droit de changer de caisse sur préavis raccourci.

Les assureurs ne peuvent affecter les recettes qu'au but de l'assurance maladie; ils ne sont pas autorisés à verser des bénéfices à des actionnaires ou membres de coopérative. L'assurance des soins doit s'autofinancer. Notamment, aucune subvention transversale provenant de l'assurance complémentaire n'est permise.

8.6.1.2 Réduction des primes

La réduction de primes accordée aux assurés de condition économique modeste se compose d'un subside de la Confédération et d'un subside du canton de domicile de l'assuré. Les subsides annuels de la Confédération sont fixés par l'Assemblée fédérale. Le montant que le canton doit aligner sur le subside fédéral est fixé selon sa capacité financière. Le canton peut le réduire jusqu'à 50 % pourvu que la réduction des primes aux assurés de condition économique modeste soit garantie.

Dans ce cas toutefois, la Confédération réduit aussi son subside, ce qui a eu régulièrement pour conséquence, ces dernières années, que d'importants subsides n'ont pu être versés aux assurés. Les cantons fixent eux-mêmes la clé de répartition des fonds. Ils peuvent à ce sujet s'entendre avec les assureurs maladie et ces derniers sont tenus de collaborer. Cette solution fédéraliste entraîne de lourdes charges administratives pour les assureurs qui exercent leur activité dans toute la Suisse. Les accords bilatéraux prévoient aussi un système de réduction des primes pour les personnes assurées en Suisse mais domiciliées en UE.

8.6.2 Participation aux coûts
(art. 64 LAMal)

Dans l'assurance obligatoire des soins, les assurés sont tenus d'assumer une partie des coûts. Cela consiste en une franchise annuelle de 230 francs (état 2002) et d'une prise en charge de 10 % des coûts qui dépassent la franchise (quote-part). Cette participation aux coûts (quote-part) doit être assumée tant pour le traitement ambulatoire qu'hospitalier. Elle n'est pas exigible pour les prestations en cas de maternité ainsi que sur certaines mesures préventives. Le montant maximum annuel de la quote-part s'élève à 600 francs. Avec la franchise de 230 francs cela fait une participation aux coûts maximale de 830 francs par année civile. Pour les enfants jusqu'à 18 ans, aucune franchise n'est exigée et le montant maximum de la quote-part est de 300 francs par année civile. La loi prévoit divers allégements pour les familles dont plusieurs enfants sont assurés auprès de la même caisse.

En cas de changement d'assureur pendant une année civile, la franchise n'est due qu'une fois. Le nouvel assureur impute la franchise et la quote-part déjà facturées pour la même année. Si le traitement continue au-delà de la fin de l'année, la participation aux coûts doit être payée à double parce qu'elle se rapporte toujours à l'année civile et non au traitement.

Outre la franchise et la quote-part, l'assuré doit en outre verser, en cas d'hospitalisation, une contribution aux frais de séjour pour tenir compte des frais de logement et d'entretien qu'il économise pendant son séjour. Il en est dispensé s'il vit en ménage commun avec une ou plusieurs personnes avec lesquelles il a une relation relevant du droit de la famille. Il existe d'autres dispositions spéciales. Le Conseil fédéral peut prescrire des participations aux coûts plus élevées pour certaines prestations.

Les assurés peuvent opter pour une franchise plus élevée que la franchise légale afin de réaliser des économies sur les primes. A noter toutefois que la réassurance de cette franchise ou de la franchise ordinaire de 230 francs auprès du même assureur ou d'un autre assureur n'est pas autorisée.

Modèle de base		Franchise annuelle		Résultat effectif	
prime annuelle	Fr. 3 600.–	légale	Fr. 230.–	prime annuelle	Fr. 3 600.–
40 % de rabais	– Fr. 1 440.–	augmentation de	**Fr. 1 270.–**	économie	**Fr. 1 270.–**
nouvelle prime	Fr. 2 160.–	franchise à option	Fr. 1 500.–	nouvelle prime	Fr. 2 330.–

Ce tableau n'est qu'un point de départ. Le rabais accordé ne peut en aucun cas être plus élevé que le risque que l'assuré assumerait par la franchise plus élevée.

Exemple: Un assuré dont la prime est de 300 francs et la franchise de 230 francs choisit d'augmenter sa franchise à 1500 francs, assumant ainsi un risque supplémentaire de 1270 francs par année civile. L'économie qu'il réalise sur les primes ne doit pas dépasser ce montant, même si 40 % de 3600 francs (12 primes mensuelles) feraient en réalité 1400 francs.

8.6.3 Rendements de capitaux

L'Ordonnance sur l'assurance-maladie contient des directives assez strictes concernant les placements. L'Office fédéral des assurances sociales en surveille l'exécution. Les placements doivent garantir la sécurité financière, le maintien des liquidités nécessaires et une répartition équilibrée des risques, compte tenu d'un rendement approprié. Le rendement profite aux assurés et représente aussi une source de financement.

8.6.4 Recettes provenant de recours contre des tiers responsables
(art. 79 LAMal)

Etant donné que l'assurance-maladie des soins fournit aussi des prestations en cas d'accident à des personnes sans couverture LAA, les recettes provenant de recours contre ces tiers responsables constituent une source de financement non négligeable. En tant qu'assurance sociale fédérale, l'assurance-maladie intervient en premier lieu comme fournisseur de prestation, même si le sinistre a été causé par un tiers. Il ne serait pas admissible que cette tierce personne ou son assureur en responsabilité civile soient ménagés du seul fait qu'une assurance sociale fournit une prestation. C'est pourquoi le principe de la subrogation légale est applicable dans l'assurance-maladie.

■ **Subrogation**

Dès la survenance de l'événement dommageable, l'assureur maladie est subrogé, jusqu'à concurrence de son obligation de prestation (prestations nettes), aux droits de la personne assurée contre tout tiers responsable. Il peut ainsi faire valoir ses droits à l'égard de l'auteur du dommage ou de son assureur en responsabilité civile. Les droits accessoires, tels que le droit direct de créance du lésé envers l'assureur en responsabilité civile de véhicule à moteur, passent aussi à l'assureur maladie. Le lésé peut faire valoir lui-même les frais non assumés par l'assureur maladie.

8.6.5 Compensation des risques
(art. 105 LAMal)

Le système de compensation des risques prévu dans la LAMal vise à équilibrer la répartition des coûts entre les assureurs maladie et à contrer le phénomène de désolidarisation qui s'était produit ces années passées. Les assurés de la catégorie des bas risques (assurés jeunes) quittaient en masse leur caisse-maladie pour des assureurs meilleur marché, ce qui avait pour effet d'augmenter encore les primes dans les caisses déjà plus chères, où restaient surtout des assurés de la catégorie des risques élevés (femmes, personnes âgées). Dans la compensation des risques qui a été instituée, les assureurs dont les effectifs comportent une forte proportion de bas risques doivent verser une contribution qui profite aux assureurs dont les effectifs de risques élevés dépassent la moyenne. La compensation des risques est toujours calculée par canton, si bien qu'il peut arriver à un assureur de devoir verser des contributions de compensation pour un canton et d'en percevoir d'un autre canton.

8.6.6 Financement de l'assurance facultative d'indemnités journalières
(art. 75 ss LAMal)

Dans cette assurance, les primes sont l'unique source de financement. Elles peuvent être échelonnées selon l'âge d'entrée et la région. Leur montant varie aussi selon le délai d'attente convenu. Au contraire de ce qui prévaut dans l'assurance obligatoire des soins, des primes différentes peuvent être exigées dans l'assurance collective d'indemnités journalières, ce qui permet de tenir compte du fait que généralement, les collectifs présentent un risque beaucoup plus favorable. Les collectifs sont presque toujours des travailleurs d'une entreprise.

8.7 Les prestations

8.7.1 Prestations de l'assurance obligatoire des soins
(art. 24 ss, 25 ss, 27, LAMal; art. 4, 5, 12, 13 ss, 17-19a, 20, 25, 26 ss, 28, 29 ss, OPAS)

Les prestations de l'assurance obligatoire des soins sont fixées définitivement dans la loi et l'ordonnance. Il n'y a aucune latitude pour d'autres réglementations ou pour des prestations à bien plaire. Les prestations doivent être efficaces, appropriées et économiques. La LAMal mentionne expressément des prestations de médecine complémentaire qui sont prises en charge à condition qu'elles soient fournies par des médecins ayant la formation spécialisée requise. Le législateur a délégué au DFI, via le Conseil fédéral, la compétence de fixer les prestations obligatoires. Ainsi, la liste peut être adaptée aux progrès de la médecine. Une commission spécialisée assiste le DFI de ses conseils.

En principe, des prestations ne sont fournies qu'en Suisse, sauf exception en cas d'urgence: si un traitement est nécessaire à l'étranger et que le retour en Suisse n'est pas indiqué, l'assurance intervient mais paie au maximum le double tarif. Si un assuré se rend à l'étranger pour y recevoir un traitement, l'assurance n'assume aucuns frais. Le DFI peut toutefois désigner des traitements particuliers, non disponibles en Suisse mais qui peuvent être entrepris à l'étranger. En vertu de l'assistance internationale dans le cadre des accords bilatéraux, les assureurs maladie sont de plus en plus appelés à verser des prestations à des personnes habitant à l'étranger. Des réglementations spéciales sont prévues à cet égard.

Catalogue des prestations: Assurance obligatoire des soins en cas de maladie – participation au coût de toutes les prestations (sans la maternité)	
Traitement ambulatoire médecine classique	Couverture des coûts selon tarif (médecin autorisé à pratiquer à la charge des caisses dans le canton de domicile ou le lieu de travail) pour les soins dispensés par des médecins, chiropraticiens, sages-femmes, logopédistes, physiothérapeutes et ergothérapeutes, infirmiers et infirmières reconnus
Traitement ambulatoire médecine complémentaire	Consultations de médecine complémentaire chez un médecin. Traitement dispensé par un médecin dont la formation dans la discipline en question est reconnue par la FMH pour les méthodes suivantes: acupuncture, médecine anthroposophique, médecine chinoise, homéopathie, thérapie neurale et phytothérapie
Médicaments	Médicaments prescrits par le médecin ou le chiropraticien selon Liste des médicaments et Liste des spécialités (LS)
Séjours hospitaliers	Séjour en division commune d'un hôpital figurant dans la liste du canton de domicile, prestations illimitées
Cures balnéaires	Participation à une cure balnéaire prescrite par le médecin: 10 fr. par jour pendant 21 jours au maximum par année civile. Thérapies ambulatoires selon tarif
Maternité	Prise en charge selon tarif de 7 examens de contrôle, 2 contrôles ultrasonographiques et 3 séances de conseils en allaitement. 100 francs pour participation à un cours de préparation à la naissance dispensé par une sage-femme
Mesures de prévention	Participation à des mesures médicales de prévention, p.ex. examen gynécologique, vaccinations pour enfants
Soins à domicile	Soins à domicile prescrits par un médecin et dispensés par une organisation de soins et d'aide à domicile reconnue; au maximum 60 heures par trimestre
Moyens auxiliaires	Participation au coût de moyens auxiliaires selon la Liste des moyens et appareils
Lunettes et lentilles de contact	Participation de 200 francs par année civile jusqu'à l'âge de 18 ans, puis une fois tous les cinq ans. Exceptions pour prestations plus étendues selon Ordonnance sur les prestations de l'assurance des soins (OPAS)
Frais de transport et de sauvetage	Participation aux frais de transport à hauteur de 50% (max. 500 francs par année civile) et aux frais de sauvetage à hauteur de 50% (max. 5000 francs par année civile)
Séjours à l'étranger	En cas d'urgence, prise en charge des coûts à concurrence du double du tarif applicable dans le canton de domicile en Suisse. Il existe des règlements spéciaux pour l'entraide internationale dans le cadre des accords bilatéraux avec l'UE.
Soins dentaires	Prise en charge: des soins occasionnés par une maladie grave du système de la mastication; des traitements dentaires occasionnés par une infirmité congénitale et non couverts par l'assurance invalidité fédérale; des soins dentaires nécessaires au traitement d'une autre maladie grave; du traitement de lésions du système de la mastication causées par un accident.

8.7.1.1 Traitements par des médecins

Les assureurs maladie sont en principe tenus d'assumer les frais de tout traitement médical. La loi attribue néanmoins la compétence au Conseil fédéral, soit au DFI, de lier à certaines conditions la prise en charge de traitements déterminés ou d'en exclure totalement, cela par voie d'ordonnance (Annexe 1 de l'Ordonnance sur les prestations de l'assurance des soins, OPAS). Pour en décider, l'autorité fédérale s'appuie sur la Commission fédérale des prestations générales de l'assurance-maladie prévue par la loi.

■ **Méthodes de traitement complémentaires**

Les praticiens de thérapies dites complémentaires ne sont pas assimilés aux médecins et ils ne peuvent exercer à la charge de l'assurance des soins. Quelques méthodes de traitement complémentaires – médecine anthroposophique, médecine chinoise, acupuncture, homéopathie, thérapie neurale et phytothérapie – sont admises dans un premier temps comme prestations obligatoires pour une durée limitée. La condition est qu'elles soient dispensées par des médecins au bénéfice d'une formation spéciale reconnue.

8.7.1.2 Traitement par des chiropraticiens

Dans la LAMal, les chiropraticiens sont assimilés aux médecins. Leurs traitements sont pris en charge par les caisses. Ils peuvent également prescrire d'autres prestations qui sont, elles aussi, strictement définies.

8.7.1.3 Traitement par du personnel paramédical

Les physiothérapeutes et ergothérapeutes peuvent dispenser, sur prescription médicale, 12 séances au plus dans une période de trois mois, à la charge de l'assurance obligatoire des soins. Dans le cadre des soins extra-hospitaliers, du personnel infirmier peut intervenir sur prescription médicale pour des mesures d'évaluation et de conseil, des examens, traitements et soins de base. Les autres professions paramédicales autorisées à fournir des prestations concernent la logopédie, le conseil nutritionnel et le conseil aux diabétiques. Ces prestations sont aussi limitées dans la durée et elles doivent être prescrites par le médecin.

8.7.1.4 Analyses

L'assurance prend en charge les analyses effectuées par un médecin (éventuellement aussi par un chiropraticien) pour la pose d'un diagnostic ou le contrôle de l'évolution d'un traitement.
Ces analyses, qui figurent dans une Liste des analyses, peuvent être exécutées dans un laboratoire indépendant ou au cabinet du médecin.

8.7.1.5 Médicaments

Tous les médicaments prescrits par le médecin ne sont pas nécessairement pris en charge par l'assurance des soins. L'assurance rembourse ceux qui figurent dans la Liste des spécialités (LS) ou dans la Liste des médicaments avec tarif. Les pharmaciens peuvent remplacer un médicament original par un générique à moins que le médecin n'ait exigé l'original. Les médicaments qui ne sont pas remboursés même par les assurances complémentaires figurent dans une autre liste.

8.7.1.6 Moyens et appareils

L'annexe 2 à l'OPAS est une liste détaillée des moyens et appareils pris en charge par l'assurance obligatoire des soins, avec leurs prix de location ou d'achat maximum. Les moyens et appareils sont fournis sur prescription du médecin, le cas échéant du chiropraticien. Pour certains de ces objets (verres de lunettes, p. ex.), l'assurance n'accorde qu'une participation au coût.

8.7.1.7 Cures balnéaires

Sont réputés cures balnéaires des traitements dans des établissements spéciaux utilisant des sources thermales, c.-à-d. dont l'eau, en raison d'une propriété chimique ou physique particulière, exerce ou permet d'attendre un effet curatif scientifiquement reconnu. Les assureurs maladie ne participent au coût d'une cure balnéaire prescrite par le médecin que durant 21 jours par année civile à raison de 10 francs par jour. L'assureur rembourse les thérapies ambulatoires selon le tarif.

8.7.1.8 Réadaptation

La LAMal n'explicite pas la notion de réadaptation. Selon la jurisprudence, elle comprend des mesures qui suivent un traitement intensif en vue de stabiliser à un niveau déterminé l'état de santé de l'assuré. L'idée de départ est qu'aucune autre amélioration n'est plus possible. La réadaptation peut se faire ambulatoirement ou à l'hôpital. La cure de réadaptation se distingue clairement de la cure de convalescence qui, elle, n'est pas une prestation obligatoire.

8.7.1.9 Traitement hospitalier

Si une hospitalisation est nécessaire, l'assurance prend en charge le séjour en division commune d'un hôpital figurant dans la liste dressée par le canton de domicile. La rémunération a lieu sur la base de forfaits comprenant, outre les soins médicaux, les frais de séjour proprement dits. Bien qu'en général ces forfaits ne couvrent pas le coût effectif, il n'en résulte aucuns frais supplémentaires pour l'assuré. Pour les habitants du canton, la couverture des frais dans les hôpitaux publics ou subventionnés par les pouvoirs publics est limitée à 50%. Le canton supporte lui-même la différence. La durée de la prise en charge par l'assureur n'est pas limitée. Des traitements hospitaliers peuvent également être dispensés ambulatoirement ou en semi-hospitalisation dans des cliniques de jour.

8.7.1.10 Etablissements médico-sociaux

En cas de séjour dans un établissement médico-social, l'assureur prend en charge les mêmes prestations que pour un traitement ambulatoire et pour les soins à domicile. Les frais de logement et de nourriture sont toutefois à la charge personnelle de l'assuré (revenu et fortune).

8.7.1.11 Transports et sauvetage

L'assureur est tenu de participer aux frais de transport et sauvetage médicalement nécessaires. Cette participation est limitée à 50% de la facture effective et le montant maximum par année civile est de 500 francs pour le transport et 5 000 francs en cas de sauvetage. Les frais de transport médical d'un hôpital à l'autre ne sont pas remboursés séparément : ils font partie du traitement hospitalier.

8.7.1.12 Prévention

L'assureur assume le coût de certains examens destinés à découvrir à temps certaines maladies ainsi que des mesures préventives en faveur d'assurés particulièrement menacés. Cette prise en charge se fonde sur un catalogue de prestations impératif.

8.7.1.13 Infirmité congénitale

En cas d'infirmité congénitale non couverte par l'assurance-invalidité, l'assurance obligatoire des soins prend en charge les mêmes prestations qu'en cas de maladie. Elle intervient donc aussitôt qu'une infirmité congénitale n'est plus de la compétence de l'AI ou est rayée de la liste des infirmités congénitales. De même lorsque l'assuré a 20 ans accomplis et que l'infirmité subsiste.

8.7.1.14 Maternité

L'assureur maladie rembourse en principe les mêmes prestations qu'en cas de maladie et en plus, les prestations spécifiques ci-après :

- examens de contrôle effectués par un médecin ou une sage-femme, en nombre limité dans une grossesse normale, illimité lors de grossesse à risque
- l'accouchement à domicile, à l'hôpital ou dans une institution de soins semi-hospitaliers, ainsi que l'assistance d'un médecin ou d'une sage-femme
- les soins au nouveau-né en bonne santé et son séjour, tant qu'il demeure à l'hôpital avec sa mère
- d'autres prestations telles que cours de préparation à la naissance, conseils en cas d'allaitement, soins à domicile par une sage-femme.

8.7.1.15 Interruption de grossesse

L'assureur paie également les frais d'une interruption de grossesse non punissable.

8.7.1.16 Soins dentaires

Dans l'assurance obligatoire des soins, c'est sans doute cette catégorie de prestations qui donne le plus souvent lieu à des incertitudes. Le traitement de lésions dentaires dues à un accident est certes pris en charge; les soins occasionnés par une maladie ne le sont que dans une mesure très restreinte, selon une réglementation définitive mais compliquée. Il doit s'agir d'une maladie grave et non évitable du système de mastication ou d'une affection générale figurant dans une liste de l'OPAS. Les soins dentaires doivent être nécessaires pour traiter une maladie grave ou ses séquelles. Enfin l'assurance prend en charge sous certaines réserves le coût de traitements dentaires occasionnés par une infirmité congénitale.

8.7.2 Fournisseurs de prestations
(art. 36, 37, 38. 39, 40, 41 LAMal)

8.7.2.1 Médecins

Pour être admis à pratiquer à la charge de l'assurance-maladie sociale, ils doivent être en possession du diplôme fédéral ou d'un certificat scientifique reconnu comme équivalent au sens de la Loi fédérale sur l'exercice des professions médicales et pouvoir attester de la formation postgraduée requise. Les dentistes sont assimilés aux médecins pour les prestations prises en charge par l'assurance.

8.7.2.2 Pharmaciens

Eux aussi sont admis s'ils sont titulaires du diplôme fédéral et d'une formation postgraduée reconnue par le Conseil fédéral. Le pharmacien a le droit de remplacer par un générique une préparation originale prescrite par le médecin, à moins que ce dernier ne demande expressément que la préparation originale soit dispensée.

8.7.2.3 Autres fournisseurs de prestations ambulatoires

Sont en outre admis selon ordonnance à fournir des prestations:

- chiropraticiens
- sages-femmes autorisées à pratiquer à titre indépendant
- professions paramédicales:
  - physiothérapeutes
  - ergothérapeutes
  - infirmiers et infirmières
  - logopédistes
  - diététiciens.

Les organisations qui dispensent des soins à domicile et de l'ergothérapie peuvent aussi être admises si elles ont un mandat de prestation et qu'elles disposent du personnel spécialisé ayant la formation nécessaire.

Les laboratoires doivent être admis s'ils remplissent les conditions spécifiques qui les concernent. L'OAMal mentionne aussi les centres de remise de moyens et d'appareils ainsi que les entreprises de transport et de sauvetage.

8.7.2.4 Hôpitaux et autres institutions

Les hôpitaux pourvoient au traitement hospitalier des maladies aiguës et à l'exécution en milieu hospitalier des mesures de réadaptation. Ils doivent garantir une assistance médicale suffisante, disposer du personnel qualifié nécessaire et de l'infrastructure adéquate. Les cantons établissent, individuellement ou conjointement, une planification des établissements couvrant les besoins en soins (liste des hôpitaux). Sont en outre admis aux mêmes conditions les établissements médico-sociaux et institutions semi-hospitalières, les cliniques dites de jour ou de nuit.

8.7.2.5 Etablissements de cure balnéaire

Ce sont des établissements qui, sous surveillance médicale, utilisent une source thermale dans un but thérapeutique. Ils doivent être reconnus par l'autorité fédérale, autorisés par le canton et disposer du personnel spécialisé et de l'infrastructure nécessaires.

8.7.2.6 Libre choix de l'assuré

Selon la LAMal, l'assuré a en principe le libre choix entre les fournisseurs de prestations admis. L'assureur n'est cependant pas tenu systématiquement de prendre en charge la totalité des coûts : en cas de traitement ambulatoire, il les assume jusqu'à concurrence du tarif applicable au lieu de résidence ou de travail de l'assuré ou dans les environs ; en cas de traitement hospitalier, jusqu'à concurrence du tarif applicable dans le canton où réside l'assuré. Dans ces limites, l'assuré bénéficie de la pleine protection tarifaire, c.-à-d. que le fournisseur de prestations ne peut lui facturer aucun supplément. Ne sont à la charge de l'assuré que les participations aux coûts légales ou contractuelles.

L'assuré qui, sans nécessité médicale particulière, recourt à un traitement en dehors de ces limites, encourt des frais qu'il devra supporter lui-même à défaut d'une assurance complémentaire. C'est ainsi que les hôpitaux ont un tarif pour les patients hors canton. Chaque canton subventionne ses hôpitaux au moyen des impôts ; il ne serait pas équitable de concéder à ces patients le tarif le plus avantageux. En revanche, si pour des raisons médicales l'assuré recourt aux services d'un hôpital public ou subventionné hors de son canton de résidence (p. ex. lorsque le traitement requis n'est pas fourni dans son canton), le canton de résidence du patient concerné prend en charge la différence de tarif. Ce système est applicable aussi dans les cas d'urgence.

Il existe un modèle d'assurance dans lequel l'assuré peut limiter son choix et bénéficier ainsi d'une prime plus basse.

8.7.3 Conventions, tarifs, protection tarifaire
(art. 42, 43 ss, 44, 46 LAMal)

8.7.3.1 Fixation des tarifs

Les fournisseurs de prestations sont tenus d'établir leurs factures selon les tarifs et les prix en vigueur. Ceux-ci sont fixés par conventions entre fournisseurs et assureurs ou, dans les cas prévus par la loi, par l'autorité compétente. Là où la loi ne prévoit pas des décisions obligatoires des autorités, les parties doivent négocier les tarifs. Les pouvoirs publics n'interviennent qu'en cas d'échec de ces négociations. Les tarifs peuvent être conçus sous les formes suivantes :

- tarif au temps consacré (taxe par unité de temps)
- tarif à la prestation (chaque prestation est cotée en nombre de points)
- tarif forfaitaire par patient (montant par cas de traitement)
- forfait par groupe d'assurés (pour tous les traitements possibles dispensés par année à un nombre déterminé d'assurés).

8.7.3.2 Conventions tarifaires

Si une fédération ou association (p. ex. de caisses-maladie ou de fournisseurs de prestations) passe une convention tarifaire, celle-ci ne lie les membres de l'association que s'ils ont adhéré à la convention. L'adhésion est ouverte aux non-membres. C'est un moyen d'exclure des accords de quasi cartel ou des clauses « du plus favorisé ». Les conventions tarifaires doivent être approuvées par les gouvernements cantonaux ou, suivant le cas, par le Conseil fédéral.

8.7.3.3 Tarifs édictés par les autorités

Le Département fédéral de l'intérieur édicte pour toute la Suisse :

- une Liste des analyses avec tarif (LA)
- une liste avec tarif des produits et des substances actives et auxiliaires employés pour la prescription magistrale, qui comprend aussi les prestations du pharmacien
- une liste, avec prix, des préparations pharmaceutiques et des médicaments (Liste des spécialités LS)
- des dispositions sur les prix et taux de rémunération des moyens et appareils diagnostiques ou thérapeutiques (Liste des moyens et appareils LiMA).

8.7.3.4 Protection tarifaire et garantie du traitement

Les assurés jouissent en principe de la protection tarifaire intégrale et aucun autre coût ne peut être exigé d'eux. Le gouvernement cantonal fixe un tarif officiel pour les fournisseurs de prestations admis qui n'ont pas adhéré à une convention tarifaire. Il doit le faire aussi lorsqu'un tarif convenu par contrat tombe.

Les fournisseurs de prestations ne sont pas tenus de pratiquer dans le cadre de la LAMal. Ils peuvent se récuser auprès de l'organisme désigné à cet effet par le canton mais ils ont alors l'obligation d'en informer l'assuré avant le traitement. En pareil cas, l'assureur maladie ne rembourse aucune prestation. Si, du fait de la récusation d'un trop grand nombre de fournisseurs de prestations, le traitement des assurés n'est pas garanti conformément à la loi, le gouvernement cantonal prend les dispositions nécessaires pour qu'il le soit.

8.7.3.5 Systèmes de facturation

La LAMal prévoit le système du « tiers garant » dans lequel l'assuré est lui-même le débiteur des honoraires. L'assureur lui rembourse les prestations (montant de la facture) sous déduction de la participation aux coûts.

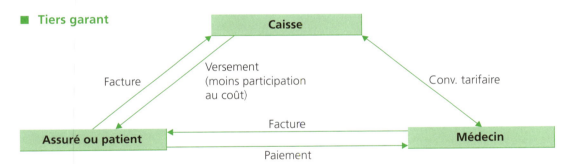

Il est néanmoins possible de convenir du système du « tiers payant », c.-à-d. du paiement direct par l'assureur au fournisseur de la prestation. L'assureur paie sa créance au fournisseur de prestation et facture à l'assuré la participation au coût.

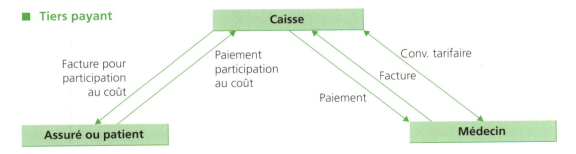

8.7.4 Contrôle du caractère économique et de la qualité des prestations
(art. 56, 57, 58 LAMal)

8.7.4.1 Caractère économique

Lorsqu'un traitement a donné lieu à des prestations dépassant la mesure nécessaire, l'assureur est en droit d'exiger le remboursement de ses prestations. Si l'assuré a déjà payé, il peut demander que l'assureur le représente pour obtenir le remboursement. L'assureur contrôle le caractère économique soit par l'analyse du coût par cas, soit par comparaison sur une base statistique (comparaison du coût moyen).

La loi précise aussi que le fournisseur de prestations doit répercuter sur le débiteur de la rémunération les avantages directs ou indirects qu'il perçoit.

8.7.4.2 Médecins-conseils

Les médecins-conseils sont désignés par les assureurs. Ils ont pour tâche de conseiller les assureurs sur des questions médicales et sur l'application des tarifs. Ils sont aussi les personnes de confiance des assurés, notamment en veillant au respect des droits de la personnalité et du secret du patient. Ils ne transmettent aux organes compétents des assureurs que les indications dont ceux-ci ont besoin pour remplir leur tâche. Ils ont ainsi une fonction de filtre entre assurés et assureurs et leur désignation est soumise à l'accord de la société médicale cantonale. Le médecin-conseil n'a pas de directives à recevoir de l'assureur maladie; il n'en dépend que sur le plan administratif.

8.7.4.3 Garantie de la qualité

Le Conseil fédéral contrôle périodiquement la qualité des prestations fournies à la charge de l'assurance obligatoire des soins. Il peut déférer en grande partie cette tâche aux fournisseurs de prestations et aux assureurs qui définissent par convention les exigences de qualité. L'accord du médecin-conseil est nécessaire avant l'exécution de mesures diagnostiques ou thérapeutiques particulièrement coûteuses. Ces mesures ne sont prises en charge que lorsqu'elles sont pratiquées par des fournisseurs de prestations qualifiés en la matière.

8.7.5 Prestations de l'assurance facultative d'indemnités journalières
(art. 72 LAMal)

Le montant de l'indemnité et la durée du délai d'attente sont convenus par contrat. Le cas de maternité est inclus. La loi fixe aussi la durée du versement des prestations (720 jours dans une période de 900 jours). Les prestations sont allouées en cas de maladie et de maternité. L'assurance peut inclure le cas d'accident. Cela vaut surtout dans l'assurance individuelle, tandis que les personnes assurées collectivement le sont généralement selon la LAA.

Sauf accord contraire, l'indemnité journalière est versée à partir d'une incapacité de travail de 50 %. Etant donné que la LAMal ne renferme que peu de dispositions sur l'assurance de l'indemnité journalière et que cette assurance n'est pas obligatoire, les assureurs maladie disposent d'une grande marge pour fixer leurs propres conditions. Il leur est loisible, p.ex., de ne proposer selon la LAMal qu'une assurance d'indemnité journalière d'un montant limité et d'orienter les intéressés sur l'assurance selon la loi sur le contrat d'assurance.

Il existe des règles spéciales de coordination avec l'assurance chômage et pour l'éventualité de concours avec des prestations d'autres assurances sociales: invalidité, accidents et assurance militaire.

8.8 Contentieux

8.8.1 Voie de droit dans l'assurance sociale
(art. 49 LPGA, art. 80 et 85 ss LAMal)

L'assureur maladie est tenu de rendre par écrit les décisions qui portent sur des prestations, créances ou injonctions importantes ou sur lesquelles l'assuré n'est pas d'accord. La décision peut être attaquée dans les trente jours par voie d'opposition auprès de l'assureur. La décision sur opposition que doit alors rendre l'assureur (la loi ne fixe pas de délai pour le faire ; elle parle de « délai approprié ») peut être soumise, dans les 30 jours, au tribunal cantonal des assurances ; le jugement du tribunal cantonal peut être porté devant le Tribunal fédéral des assurances. La procédure, qui est en grande partie gratuite, est régie par la maxime officielle.

Des modalités spéciales sont prévues en matière d'encaissement et de litige entre l'assureur et un fournisseur de prestation. Si un assuré fait opposition au commandement de payer d'un assureur, ce dernier peut lui-même par décision lever l'opposition, ensuite de quoi la procédure exposée ci-dessus est introduite.

Chaque canton désigne un tribunal arbitral spécial qui a compétence de juger les litiges entre assureurs et fournisseurs de prestations ; il peut s'agir notamment de l'application des tarifs ou du contrôle du caractère économique des prestations.

8.8.2 Voie de droit dans l'assurance complémentaire
(art. 47 LCA)

Dans l'assurance complémentaire régie par le droit privé, la procédure passe en principe par le juge civil. L'établissement d'une décision n'est plus possible. L'assuré doit actionner l'assureur. La Loi sur la surveillance des assurances prévoit toutefois certaines facilités. Là aussi, la maxime officielle s'applique : le juge établit d'office les faits déterminants et les apprécie librement. En première instance, la procédure est gratuite. Il n'est pas simple de séparer les procédures de l'assurance sociale et de l'assurance complémentaire car très souvent, la même question se pose dans les deux assurances (p. ex. l'indication d'hospitalisation).

Assurances selon la LAMal	Assurances complémentaires selon la LCA
Décision de la Caisse	Pas de décision possible
Procédure d'opposition	Pas de procédure d'opposition
Recours au Tribunal cantonal des assurances	Action directe devant le tribunal cantonal compétent
Recours au Tribunal fédéral des assurances (Lucerne)	Recours au Tribunal fédéral (Lausanne)
Procédure simple et rapide, fondée sur le principe de l'instruction et en grande partie gratuite	En principe procès civil, mais procédure simplifiée et gratuité partielle

8.8.3 Dispositions pénales
(art. 92 ss LAMal)

La LAMal contient quelques dispositions pénales qui aident à assurer une application correcte de l'assurance obligatoire des soins. Des pénalités sont prévues par exemple pour un assureur qui, par des indications fausses, se soustrait à ses obligations d'assurance ou pour un organe d'exécution qui viole l'obligation de garder le secret.

8.8.4 Devoir de discrétion et protection des données
(art. 83 ss LAMal)

Toutes les personnes chargées d'appliquer l'assurance maladie sociale, d'en contrôler et d'en surveiller l'exécution, sont tenues de garder le secret à l'égard des tiers. Elles peuvent toutefois communiquer des renseignements dans les cas et aux conditions prévus par la loi.

La LAMal dispose en outre que les assureurs maladie sont assujettis à la loi sur la protection des données et elle renferme une série de dispositions à ce sujet. Les assureurs doivent adapter leur organisation aux exigences de la protection et de la sécurité des données et faire enregistrer les données recueillies. La loi précise quand, comment et dans quelle mesure des informations peuvent être communiquées à des tiers. Les assurés ont un droit de regard sur les données enregistrées qui les concernent.

8.9 La LAMal en bref

Buts de la LAMal

L'assurance maladie sociale doit contribuer à ce que toute la population reçoive une assistance médicale de haut niveau à des prix supportables.

La communauté des assurés supporte les coûts du traitement médical et de la perte de gain conformément à ce qui a été convenu.

Financement

L'assurance obligatoire des soins est financée en premier lieu par des primes par tête et des participations aux coûts des assurés.
- les dépenses sont couvertes par les recettes de la même année
- participation aux coûts : franchise annuelle de 230.– fr. et quote-part de 10 %
- réduction des primes pour personnes de condition modeste
- recettes provenant de recours contre des tiers

Dans l'assurance facultative d'indemnités journalières, les primes sont l'unique source de recettes.

Assurés

Assurance obligatoire des soins
- toutes les personnes domiciliées en Suisse
  - étrangers au bénéfice d'un permis de séjour ou d'établissement
  - demandeurs d'asile accueillis provisoirement
- personnes résidant en UE mais travaillant en Suisse ou qui touchent une rente ou une indemnté de chômage de Suisse

Assurance facultative
- assurance d'indemnités journalières (possible uniquement à titre facultatif)

Début et fin

Début
- à la naissance ou dans les trois mois à compter de la prise de domicile en Suisse
- règle spéciale pour les personnes domiciliées dans un pays de l'UE

Fin
- au moment où l'assuré quitte la Suisse
- au décès

Prestations

de l'assurance obligatoire des soins
prise en charge des coûts de
- traitements par un médecin
- traitements par un chiropraticien
- traitements par du personnel paramédical
- analyses
- médicaments
- moyens et appareils
- cures balnéaires
- réadaptation
- traitement hospitalier
- établissements médico-sociaux
- soins à domicile
- transports et sauvetage
- mesures de prévention
- infirmités congénitales
- maternité
- soins dentaires, uniquement ceux occasionnés par un accident ; prise en charge partielle des soins nécessités par une maladie grave

Prestations de l'assurance facultative d'indemnités journalières

Ces prestations sont convenues par contrat ; elles sont allouées en cas de maladie et de maternité. Possibilité d'inclure l'accident. Versement de l'indemnité journalière à partir d'une incapacité de travail de 50 %.

**L'assurance de personnes
et l'assurance sociale –
Notions de base**

9
IJM – Assurance collective d'indemnités journalières maladie

9.1 Fondement

Le paiement du salaire en cas de maladie est réglé par le droit des obligations. Les exigences fixées par la loi sont très modestes. Nombre d'employeurs souhaitent protéger leur personnel contre les conséquences économiques de la maladie mieux que ne le prévoient les dispositions légales. En assurant son personnel, l'employeur s'assure simultanément contre les conséquences financières de son obligation de continuer à verser le salaire.

Une incapacité de travail met en opposition différents intérêts de l'employeur et du travailleur. La loi fait obligation à l'employeur de verser le salaire entier pendant une certaine période. Pour le travailleur, cela représente la sécurité de ses moyens d'existence auxquels il n'est plus capable de pourvoir lui-même pendant une période limitée ou illimitée.

9.2 Bases légales concernant le versement du salaire

- Article 324 a CO
- Convention collective de travail (CCT)
- Contrat-type de travail (CTT)
- Contrat individuel de travail (CIT)

9.2.1 Article 324 a CO

L'obligation de l'employeur de continuer à payer le salaire est réglée à l'article 324 a du Code des obligations. Ce paragraphe a la teneur suivante :

> [1] Si le travailleur est empêché de travailler sans faute de sa part pour des raisons inhérentes à sa personne, telles que maladie, accident, accomplissement d'une obligation légale ou d'une fonction publique, l'employeur lui verse le salaire pour un temps limité, y compris une indemnité équitable pour le salaire en nature perdu, dans la mesure où les rapports de travail ont duré plus de trois mois ou ont été conclus pour plus de trois mois.
>
> [2] Sous réserve de délais plus longs fixés par accord, contrat-type de travail ou convention collective, l'employeur paie pendant la première année de service le salaire de trois semaines et, ensuite, le salaire pour une période plus longue fixée équitablement, compte tenu de la durée des rapports de travail et des circonstances particulières.
>
> [3] En cas de grossesse et d'accouchement de la travailleuse, l'employeur a les mêmes obligations.
>
> [4] Un accord écrit, un contrat-type de travail ou une convention collective peut déroger aux présentes dispositions à condition d'accorder au travailleur des prestations au moins équivalentes.

9.2.2 Notion de maladie

Par maladie, on entend toute atteinte à la santé physique ou mentale qui n'est pas due à un accident, qui exige un examen ou un traitement médical et qui a pour conséquence une incapacité de travail.

9.2.3 Rapports contractuels de travail

Les descriptions suivantes de la convention collective de travail (CCT), du contrat individuel de travail (CIT) et du contrat-type de travail (CTT) ne comprennent que les conditions contractuelles de travail le plus souvent en usage en Suisse et ne sont donc pas exhaustives.

Dans l'ordre juridique suisse, les normes de droit privé ont un caractère dispositif, ce qui signifie que les relations entre employeur et travailleur sont soumises à leur libre pouvoir de disposition et à leur liberté d'élaboration. Mais la loi prévoit des normes pour les cas et les questions qui n'ont pas été discutés et expressément réglés par les parties. Certaines limitations vont plus loin dans les prescriptions légales relativement et absolument contraignantes. De même, des dispositions d'une convention collective ou d'un contrat-type de travail applicable peuvent s'opposer à la liberté de réglementation.

Dans la conception d'un contrat de travail il y a donc lieu d'observer – dans toutes les libertés existantes – que seule la partie à caractère dispositif peut être exclue par le droit du travail. Lors de la conclusion et de l'évaluation des rapports de travail il importe en conséquence d'examiner s'il n'y a pas lieu d'appliquer la norme légale ou un autre contrat aux prescriptions divergentes, en particulier une convention collective de travail.

9.2.4 La convention collective de travail (CCT)

Une convention collective de travail est un accord entre une ou plusieurs associations d'employeurs et une ou plusieurs associations de travailleurs, par lequel ces associations établissent en commun des règles impératives sur les conditions de salaire et de travail ainsi que sur les rapports entre parties contractantes.

En 2001, 592 conventions de base étaient en vigueur en Suisse, auxquelles étaient soumis quelque 1,3 million de travailleurs. Le degré de couverture par des conventions collectives de travail s'élevait ainsi à 34,8 % pour l'ensemble de l'économie privée suisse. Il était de 10,6 % dans le secteur industriel, 77 % dans la construction et 25,9 % dans le secteur des services.

On distingue deux genres de conventions collectives de travail:

9.2.4.1 Convention collective de travail avec extension

Sur demande des associations signataires, la convention est déclarée obligatoire pour tous par le Conseil fédéral. La CCT vaut dès lors pour l'ensemble des employeurs et travailleurs enregistrés, sans égard au fait qu'ils ont ou non approuvé la CCT.

9.2.4.2 Convention collective de travail sans extension

La CCT sans force obligatoire générale (sans extension) ne vaut que pour les employeurs membres de l'association signataire. En outre elle ne vaut que pour les travailleurs qui sont membres du syndicat signataire.

La CCT précise entre autres l'obligation de l'employeur de payer le salaire. Elle règle aussi une éventuelle obligation d'assurance ainsi que la répartition des primes. Si une CCT est obligatoire pour une branche professionnelle, les règles qu'elle fixe ne peuvent être modifiées qu'en faveur des travailleurs.

9.2.5 Le contrat individuel de travail (CIT)

Le contrat individuel de travail règle les rapports entre travailleurs et employeur. C'est la forme de convention la plus fréquente en droit du travail. Le CIT règle en particulier les obligations du travailleur et de l'employeur, le paiement du salaire, les congés, vacances, clause de résiliation, etc.

La forme écrite n'est pas requise pour un contrat individuel de travail; elle est néanmoins recommandée. Un contrat individuel de travail est réputé conclu dès lors que travailleur et employeur se sont entendus sur les points essentiels, oralement ou par un comportement concluant. Si rien n'est fixé dans le CIT au sujet de l'obligation de verser le salaire en cas d'empêchement de travailler, le droit des obligations est applicable.

9.2.6 Le contrat-type de travail (CTT)
(art. 359 ss CO)

Le contrat-type de travail est une forme beaucoup moins répandue. Il ne s'agit pas de contrat au sens juridique, mais d'ordonnances du Conseil fédéral ou de l'autorité cantonale compétente qui renferment du droit privé. Le contrat-type de travail se rencontre le plus souvent dans des secteurs où les CCT sont presque inexistantes. C'est pour certaines professions une sorte de contrat modèle qui s'applique lorsque les parties au contrat n'ont rien convenu d'autre.

Les clauses du contrat-type de travail ont un effet dispositif, c.-à-d. qu'elles peuvent être articulées différemment par contrat individuel de travail ou même être moins favorables. Cette forme de contrat est rare dans la pratique. On peut citer comme exemples le CTT pour les travailleurs agricoles du canton de Zoug ou le CTT pour le personnel exposé aux radiations.

9.2.7 Pratique des tribunaux en matière de paiement du salaire

La formulation imprécise de la loi sur ce point a amené certaines juridictions cantonales à établir un barème (échelle) pour le paiement du salaire en fonction des années de service. On connaît les échelles bernoise, zurichoise et bâloise.

A défaut de convention contractuelle, la plupart des cantons appliquent l'une de ces échelles :

Durée du droit au salaire, en semaines			
Années de service	Echelle bernoise	Echelle zurichoise	Echelle bâloise
1	3	3	3
2	4	8	9
3	9	9	9
4	9	10	13
5	13	11	13
6	13	12	13
7	13	13	13
8	13	14	13
9	13	15	13
10	17	16	13
11	17	17	17
15	22	21	17
20	26	26	22
21	26	27	26
25	30	31	26
30	33	36	26
35	39	41	26
40	39	46	26

Si rien n'est convenu dans le contrat, on calcule le droit au salaire d'après l'une de ces trois échelles :

Echelle bernoise	AG, BE, FR, GE, GL, GR, JU, LU, NE, NW, OW, SG, SO, SZ, TI, UR, VD, VS, ZG
Echelle zurichoise	AI, AR, SH, TG, ZH
Echelle bâloise	BL, BS

9.3 Personnes assurées

Dans le cercle des assurés, il faut faire la distinction entre salariés et personnes qui exercent une activité lucrative indépendante. Tandis que la conclusion d'une assurance d'indemnité journalière maladie (IJM) est facultative pour les indépendants, elle peut être obligatoire pour les salariés si la CCT le prévoit. Le cas échéant, l'assurance se fonde d'ordinaire sur le salaire AVS. La protection d'assurance est exprimée en pour-cent du salaire AVS (p. ex. 80 %). Ainsi, seul le dommage effectif est couvert (assurance de dommage).

Pour les indépendants, du fait que leur salaire AVS est sujet à forte fluctuation, l'assurance se fonde sur une somme de salaire convenue. L'indemnité journalière est donc fixe et non pas réglée sur la somme du salaire AVS.

Les conventions collectives de travail (CCT) peuvent prévoir une assurance obligatoire d'indemnités journalières maladie. Les conditions en sont précisées dans la CCT.

Si une assurance IJM facultative a été conclue par une entreprise ou si la CCT prévoit une assurance IJM obligatoire, tous les travailleurs désignés dans le contrat doivent être assurés. Les exceptions – qui concernent souvent des groupes de personnes comme les apprentis ou le personnel de nettoyage – doivent figurer exactement dans le contrat. Une exclusion du contrat d'assurance IJM ne change rien à l'obligation de payer le salaire.

9.4 Critères d'admission

9.4.1 Examen de santé

L'assurance collective d'indemnités journalières en cas de maladie est généralement conclue selon la loi sur le contrat d'assurance (LCA). Les assureurs déterminent quelles personnes ou quels groupes de personnes sont assurés, et à quelles conditions. Souvent, ils renoncent à demander des travailleurs un examen de santé et l'admission a lieu sans réserve. Cela signifie que même des affections déjà existantes sont assurées (couverture intégrale). Mais en raison de la charge des sinistres en forte croissance dans le secteur de l'indemnité journalière, certains assureurs en viennent à demander un examen de santé lors de la conclusion de petits contrats (jusqu'à 5 personnes).

9.4.2 Admission à des conditions aggravées

- Supplément de prime
- Assainissement
- Réserve
- Réduction des prestations
- Refus d'admission
- Elévation ou prolongation du délai d'attente

9.4.2.1 Supplément de prime

Les assureurs répondent à un risque aggravé par un supplément de prime. Le risque détermine la prime. Pour les indépendants, un supplément de prime peut être imposé en raison de l'état de santé de l'assuré.

9.4.2.2 Assainissement

Pour les contrats portant sur une indemnité journalière maladie, une durée contractuelle est prévue. Si le cours du contrat est défavorable durant la période d'observation (charge des sinistres supérieure p. ex. à 70 %), il est procédé à un assainissement de tout le contrat : tout en appliquant les nouveaux tarifs, l'assureur perçoit un supplément pour assainissement spécifique au contrat. Ce supplément concerne le contrat dans son ensemble ou un groupe du contrat.
D'après les Conditions générales d'assurance, le preneur d'assurance est en droit de résilier le contrat en cas d'adaptation du tarif des primes.

9.4.2.3 Réserve

Emettre une réserve consiste à exclure de l'assurance les prestations relatives à une maladie déterminée. L'assureur ne paie donc aucune prestation en rapport avec la maladie sur laquelle il a émis une réserve. Une réserve est faite lorsque l'état de santé de la personne à assurer s'écarte du « cas normal », étant donné que les primes sont calculées en considération de personnes en bonne santé.

Dans la pratique, des réserves sont émises pour des travailleurs uniquement si l'obligation de prestation est épuisée ou lors de l'examen de la proposition pour un nouveau contrat. Dès lors qu'un contrat IJM a été réalisé, les assurés sont en général admis dans le contrat sans examen de santé supplémentaire.

Pour les personnes exerçant une activité lucrative indépendante, des réserves peuvent être limitées dans le temps ou établies pour une durée illimitée. La clause dite de révision n'est accordée que si l'on peut admettre que du point de vue médical, il n'existe plus de risque aggravé après une certaine période (p. ex. 3 ans) et que l'assureur peut en conséquence renoncer à maintenir cette réserve.

9.4.2.4 Réduction des prestations

Normalement, il n'est pas pratiqué de réduction des prestations pour les travailleurs. Pour les indépendants une réduction peut entrer en ligne de compte si le risque est supérieur à la moyenne. L'obligation de prestation peut être réduite quant à l'ampleur (réduction du montant de l'indemnité journalière) ou à la durée (nombre d'indemnités).

9.4.2.5 Refus d'admission

Dans l'assurance collective d'indemnités journalières maladie, un refus d'admission est signifié au moment où l'entreprise soumet la proposition, si l'institution d'assurance juge le risque trop élevé.

9.4.3 Calcul de la prime et excédents

9.4.3.1 Calcul de la prime

Dans l'assurance IJM, les primes sont calculées sur la base des indemnités journalières convenues ou sur la somme des salaires.

Le montant des primes est déterminé par les paramètres suivants :

■ **Indemnités journalières fixes**

- montant de l'indemnité journalière
- durée du délai d'attente
- age et sexe de la personne à assurer
- genre et montant de la participation aux excédents
- activité professionnelle de la personne à assurer
- état de santé de la personne à assurer

■ **Indemnité journalière en pour-cent de la somme des salaires**

- durée du délai d'attente
- durée du versement de la prestation
- somme des salaires séparée hommes et femmes
- indemnité en cas de maternité
- catégorie d'entreprise pour la classification du risque
- genre et montant de la participation aux excédents

9.4.3.2 Notification de la prime au personnel

L'assureur fixe une prime annuelle provisoire qui fait l'objet d'un calcul ultérieur sur la base de la déclaration des salaires AVS. Si cette déclaration s'écarte de la prime provisoire, une facture de prime subséquente ou une restitution a lieu. Ainsi, chaque entreprise n'a de déclaration à faire qu'une fois par an, sans devoir annoncer isolément les entrées et sorties.

9.4.3.3 Formation et utilisation des excédents

Les coûts sont fixés d'avance dans le contrat. Le calcul des excédents est établi sur la base des recettes de primes dont on déduit les frais administratifs et les sinistres payés. Le solde positif sert à payer la participation aux excédents fixée d'avance.

9.5 Début et fin de la protection d'assurance

9.5.1 Début

Pour l'entreprise, l'assurance collective d'indemnités journalières maladie prend effet au début du contrat d'assurance. Les sinistres survenus auparavant sont exclus.
Pour le travailleur au service d'une entreprise qui a conclu une assurance collective, la protection d'assurance commence en même temps que les rapports de travail.

9.5.2 Fin

Pour l'entreprise assurée, l'assurance collective d'indemnités journalières maladie prend fin à la dissolution du contrat. Pour le travailleur assuré, la protection d'assurance expire 30 jours après sa sortie de l'entreprise. Si un travailleur tombe malade avant sa sortie, les prestations de l'assurance lui sont versées, selon les Conditions générales d'assurance de la plupart des sociétés, jusqu'à épuisement de l'obligation de prestation.
Contrairement à la LAA, l'assurance collective d'indemnités journalières maladie ne connaît pas en principe la clause du maintien ultérieur de la protection d'assurance, à moins qu'elle ne soit expressément donnée. Il existe un accord de libre passage entre les sociétés: Un assuré qui passe dans une autre entreprise ne subira pas d'autres restrictions que celles du précédent contrat. Mais il ne doit pas non plus être moins bien traité qu'un nouvel adhérent sans droit de libre passage.

9.5.2.1 Droit de passage dans l'assurance individuelle

Selon les Conditions générales d'assurances (CGA) usuelles, le travailleur a la possibilité de passer dans l'assurance individuelle s'il en fait la demande dans les 30 jours (éventuellement 90 jours). S'il fait usage de ce droit, il paiera les primes de l'assurance individuelle. Son état de santé à l'entrée dans l'assurance collective ainsi que son âge d'entrée seront pris en considération; une personne malade peut ainsi combler une lacune de couverture.

9.6 Prestations assurables, genres de couverture

9.6.1 Aperçu des principaux produits IJM

- Assurance collective d'indemnités journalières en cas de maladie
- Indemnité journalière en cas d'accident
- Indemnité journalière en cas de maternité
- Indemnité journalière en cas d'hospitalisation
- Salaire après décès

9.6.1.1 Assurance collective d'indemnités journalières maladie

Les prestations de cette assurance collective consistent en une indemnité journalière allouée en cas de maladie. L'indemnité est versée à partir d'une incapacité de travail de 25 % et elle est adaptée au degré d'incapacité de travail. A partir d'une incapacité de 66 $^2/_3$ %, l'assurance verse l'indemnité journalière complète. L'obligation de prestation commence à l'expiration du délai d'attente fixé dans le contrat.

9.6.1.2 Indemnité journalière accident

Une indemnité journalière en cas d'accident peut être incluse. Cette couverture est indiquée pour des personnes qui ne sont pas assurées selon la LAA.

9.6.1.3 Indemnité journalière maternité

Pour le paiement du salaire, la maternité est assimilée à la maladie. Toutefois, dans les Conditions générales d'assurance d'indemnités journalières maladie, la prestation en cas de maternité est souvent restreinte afin de garantir une prime conforme au risque. Dans cette idée, les CGA excluent en général une prestation quatre semaines avant et six semaines après l'accouchement. Cette lacune et une éventuelle obligation de verser le salaire plus longtemps peuvent être compensées par une indemnité de naissance. Les entreprises qui occupent du personnel féminin feront bien d'étudier cette extension de couverture. L'indemnité de naissance est limitée aux jours convenus et le droit à l'indemnité doit être justifié par un acte de naissance. La durée de la prestation peut s'élever, au choix, à 70, 90 ou 112 jours sous déduction d'un éventuel délai d'attente. On trouve aussi des offres sans délai d'attente pour l'indemnité de naissance.

9.6.1.4 Indemnité journalière hospitalisation

Une indemnité journalière d'hospitalisation peut être incluse en tant qu'assurance complémentaire. Les prestations sont alors versées pendant la durée du séjour hospitalier. Etant donné que la perte de salaire est déjà indemnisée via l'assurance de l'indemnité journalière maladie, ce supplément se justifie rarement.

9.6.1.5 Salaire dû après le décès du travailleur

Le décès du travailleur met fin aux rapports de travail. L'employeur est cependant tenu de payer le salaire pour un mois encore à compter du jour du décès et, si les rapports de travail ont duré plus de cinq ans, pour deux mois supplémentaires si le défunt laisse un conjoint ou des enfants mineurs ou d'autres personnes pour lesquelles il remplissait une obligation d'entretien.

9.6.2 Genres de couverture

9.6.2.1 Assurance de somme

Une indemnité journalière fixe est convenue d'avance. Cette indemnité est versée sans égard à la perte de salaire effective. C'est la formule appliquée le plus souvent aux indépendants du fait que leur revenu est sujet à forte fluctuation.

9.6.2.2 Assurance de dommage

Dans cette solution, c'est un pourcentage du salaire AVS, généralement 80 %, qui est assuré. Cela signifie qu'en cas de sinistre, seule la perte de salaire effective est couverte. C'est la formule appliquée aux travailleurs.

9.6.2.3 Couverture intégrale

Selon ce mode de couverture, il n'y a pas de restriction pour des maladies et infirmités préexistantes. Il n'est pas nécessaire d'annoncer les travailleurs à assurer.

9.6.2.4 Couverture échelonnée

Là, les prestations pour des maladies et infirmités préexistantes ne sont allouées que selon une gradation convenue. Ce mode de couverture a presque disparu du marché mais pourrait bien reprendre de l'importance, vu la forte charge des sinistres.

9.6.2.5 Couverture coordonnée avec la LPP

Le délai d'attente dans la prévoyance professionnelle selon la LPP peut être porté à 24 mois dans la mesure où il existe une assurance IJM
- qui couvre au moins 80 % du salaire AVS perdu
- qui prévoit une durée de prestation de deux ans
- dont la prime est payée par l'employeur à hauteur de 50 % au moins.

9.6.3 Différence entre couverture selon la LAMal et selon la LCA

L'étendue de la couverture est différente suivant que l'assurance de l'indemnité journalière maladie a été conclue selon la loi sur l'assurance-maladie ou selon la loi sur le contrat d'assurance.

9.6.3.1 Couverture selon la LCA

La LCA laisse aux parties une large liberté contractuelle. Le contrat peut fixer des réserves sans limite de durée, prévoir l'inclusion de l'indemnité de naissance uniquement sur demande. En général, l'obligation de prestation s'élève à 730 jours par cas, sous déduction du délai d'attente. Le droit de passage dans l'assurance individuelle n'est pas prévu impérativement par le législateur mais il l'est dans les Conditions générales d'assurance de la plupart des compagnies. Pour les assurés au chômage, certaines dispositions de la LAMal sont impératives même dans les contrats fondés sur la LCA.

9.6.3.2 Couverture selon la LAMal

Les caisses-maladie n'offrent d'assurances de l'indemnité journalière selon la LAMal que dans une mesure restreinte; d'ordinaire elles fondent ce genre de contrat sur la LCA qui garantit la liberté contractuelle, évitant ainsi les restrictions de la LAMal.

Les solutions suivantes sont souvent proposées :

- **Assurance d'indemnités journalières selon la LCA**

  - Couverture intégrale (pas de réserves pour les travailleurs); 720 jours d'indemnité par cas de maladie, moins le délai d'attente
  - Droit à l'indemnité journalière à partir d'une incapacité de travail d'au moins 25 %
  - En cas d'incapacité partielle, des jours entiers d'indemnisation sont imputés sur la durée de la prestation
  - Salaire maximal assuré 200 000.– fr. (adaptable au besoin)
  - Montant de la prestation en pour-cent du salaire AVS (assurance de dommage) ou
  - Montant fixe (assurance de somme); libre choix du délai d'attente; droit de passage à l'assurance individuelle selon les CGA (pas de réglementation dans la LCA !)

  Autres possibilités :
  - 720 jours d'indemnité dans une période de 900 jours
  - En cas d'incapacité partielle de travail, les journées ne sont imputées que proportionnellement.

- **Assurance d'indemnités journalières selon la LAMal**

Si une assurance IJM est conclue selon la LAMal, les dispositions de cette loi doivent être observées :

En ce qui concerne les prestations :
- L'indemnité journalière est allouée lorsque l'assuré a une capacité de travail réduite au moins de moitié.
- Sauf accord contraire, le droit prend naissance le troisième jour qui suit le début de la maladie.
- Le versement des prestations peut être différé contre réduction de la prime.
- Les indemnités journalières doivent être versées, pour une ou plusieurs maladies, durant au moins 720 jours dans une période de 900 jours.
- En cas d'incapacité partielle de travail, une indemnité réduite en conséquence est versée pendant la durée prévue ci-dessus.
- Des réserves ne peuvent être faites que pour une durée maximale de 5 ans.
- En cas de maternité, versement obligatoire des indemnités pendant 16 semaines
  - Ces indemnités ne peuvent être imputées sur la durée des indemnités en cas de maladie.
  - L'assurée doit avoir été au bénéfice d'une assurance depuis au moins 270 jours avant l'accouchement, sans interruption de plus de trois mois.
- La protection d'assurance prend fin lorsque l'assuré quitte l'entreprise.
- Le droit de passage dans l'assurance individuelle est prescrit à l'article 71 LAMal.

Pour les assurances d'indemnités journalières selon la LAMal, les caisses-maladie ont souvent limité la prestation à une indemnité journalière maximale de 10 fr. Elles veulent ainsi privilégier l'assurance selon la LCA qui pose moins de restrictions.

9.6.3.3 Versement des prestations

Les prestations IJM sont en principe versées à l'employeur. Les indemnités journalières maladie et accident ne sont pas soumises à l'AVS mais elles sont imposables. Il n'y a donc pas de cotisations AVS et autres à décompter sur les indemnités journalières versées. Dans la caisse de pension, la libération du paiement des primes a lieu après un délai fixé dans le règlement.

- **Droit de créance indépendant**

Le bénéficiaire d'une assurance collective maladie ou accident acquiert, par la survenance de l'accident ou de la maladie, un droit de créance personnel indépendant envers les assureurs. Il en découle que chaque assuré peut faire valoir ses créances en s'adressant non pas à l'employeur, mais directement à la société d'assurance. Cela n'est pas sans importance dans l'hypothèse où l'employeur ne remplit pas ses obligations ou les remplit insuffisamment.

9.7 Obligations de l'employeur

9.7.1 Paiement des primes

L'employeur déduit du salaire des travailleurs (facultativement) une partie de la prime d'assurance IJM et verse la prime entière à la société d'assurance. La prime annuelle est calculée sur la base d'une somme des salaires prédéfinie provisoirement. A la fin de l'année, l'employeur annonce à l'assureur les salaires effectifs au moyen de la déclaration des salaires AVS, sur quoi le calcul de la prime est définitivement établi.

9.7.2 Devoir d'information

L'employeur est tenu de renseigner les travailleurs sur les conditions d'assurance. Cette information est importante du fait qu'elle permet de combler d'éventuelles lacunes d'assurance ou de supprimer une double assurance. Le travailleur qui quitte son emploi doit être informé de son droit à passer dans l'assurance individuelle.

9.7.3 Paiement du salaire

Par les prestations de l'assurance IJM, l'employeur peut s'acquitter de son obligation légale de continuer le paiement du salaire pendant une certaine période si cela est expressément prévu dans la CCT, le CTT ou le CIT écrit.

Si cette exigence formelle n'est pas remplie, l'obligation légale de payer le salaire subsiste intégralement dans la mesure où les indemnités journalières provenant de l'assurance IJM que le travailleur perçoit pendant la même période ne couvrent pas entièrement le salaire.

9.8 L'IJM en bref

Fondement

Protection du personnel par l'employeur supérieure à celle que prévoit la loi, contre les conséquences économiques d'une maladie. Simultanément, l'employeur s'assure contre les conséquences financières de son obligation de payer le salaire.

Droit de passage

Le travailleur a la possibilité, selon les CGA, de passer dans une assurance individuelle de l'assurance d'indemnités journalières (dans les 30 jours, éventuellement 90 jours).

IJM – Assurance collective d'indemnités journalières maladie

Personnes assurées

Indépendants :
La conclusion d'une assurance IJM est facultative. Une somme fixe du salaire est convenue. En cas de sinistre, cette assurance de somme paie la somme convenue.

Travailleurs (salariés) :
Une assurance obligatoire peut être prévue dans les conventions collectives de travail. Elle est basée sur le salaire AVS. En cas de sinistre l'assurance ne couvre que le dommage subi (assurance de dommage).

Critères d'admission

Examen de santé
L'assurance collective d'indemnités journalières maladie est généralement conclue selon la LCA. Pour les travailleurs on renonce souvent à l'examen de santé (assurance intégrale) mais les assureurs le demandent toujours plus souvent pour les petits contrats (jusqu'à 5 personnes environ).

Admission à des conditions aggravées
- supplément de prime
- assainissement (p. ex. lorsque le cours défavorable de l'assurance est connu)
- réserve
- réduction des prestations
- refus

Prestations assurables, genres de couverture

Principaux produits IJM :
- assurance collective d'ind. journalières maladie
- indemnité journalière accident
- indemnité de naissance
- indemnité journalière hospitalisation
- salaire après décès

Genres de couverture
- assurance de somme
- assurance de dommage
- couverture intégrale
- couverture échelonnée
- couverture coordonnée avec la LPP

Différence entre couvertures LAMal et LCA
L'étendue de la couverture diffère selon que l'assurance IJM a été conclue selon la loi sur l'assurance-maladie ou selon la loi sur le contrat d'assurance.

Début et fin

Début
Pour l'entreprise, l'assurance commence au début du contrat d'assurance.
Pour le travailleur elle commence en même temps que les rapports de travail.

Fin
Pour l'entreprise : à la dissolution du contrat.
Pour le travailleur, la protection d'assurance prend fin en principe lorsque le travailleur quitte son emploi.

Obligations de l'employeur

Paiement des primes
L'employeur déduit du salaire des travailleurs une partie de la prime IJM et verse la totalité de la prime à la compagnie d'assurances.

Devoir d'information
- sur les conditions d'assurance (des lacunes d'assurance ou une double assurance peuvent ainsi être évitées)
- sur le droit de passage à l'assurance individuelle (en cas de sortie du travailleur)

Paiement du salaire en cas d'empêchement de travailler

L'assurance de personnes et l'assurance sociale – Notions de base

10 Coordination dans l'assurance sociale

10.1 Fondement

10.1.1 Historique

La coordination en matière d'assurance sociale est un domaine des plus complexes et des plus ardus. En effet, les branches de l'assurance sociale sont autonomes et se sont développées indépendamment les unes des autres. Des décennies séparent la date d'ancrage des buts dans la Constitution fédérale et l'entrée en vigueur des dispositions légales. Des facteurs économiques et politiques ont aussi imprégné l'édification de l'assurance sociale. Avant 1972, date de l'inscription dans la Constitution fédérale du concept des trois piliers, il n'existait aucun projet clairement défini.

Quelques dates clés :

Lois d'assurance sociale	en vigueur depuis
LAM	1902
LAMA	1912
LAVS	1948
LAI	1960
LAA	1984
LPP	1985
LAMal	1996

Cette énumération n'est pas exhaustive.

La législation sur les assurances sociales contient de nombreuses dispositions destinées à harmoniser les différents systèmes, ce que l'on appelle droit de la coordination.

La coordination entre branches de l'assurance sociale se fait toujours à partir d'une loi en particulier. La Loi fédérale sur la partie générale du droit des assurances sociales (LPGA) coordonne le droit fédéral des assurances sociales; entrée en vigueur le 1er janvier 2003,

- elle en définit les principes et les notions
- fixe les normes d'une procédure uniforme
- règle l'organisation juridictionnelle
- harmonise les prestations
- règle le droit de recours des assurances sociales envers les tiers.

Les dispositions de cette loi s'appliquent aux assurances sociales d'obédience fédérale dans la mesure où cela est prévu dans les lois sur les assurances sociales. Un nouvel article premier a été introduit dans chacune des lois qui entrent dans le champ d'application de la LPGA.

10.1.2 Buts

L'assurance sociale a pour but, d'une manière générale, de compenser une perte de revenu ou une atteinte aux moyens d'existence ainsi que la dépense pour le rétablissement de la santé et de la capacité de gain. A côté d'un grand nombre de dispositions spéciales, la coordination est régie par deux impératifs :

Harmonisation	Harmoniser consiste à accorder entre elles les notions, les conditions d'octroi des prestations et les normes de procédure.
Interdiction de surindemnisation	L'assurance ne doit pas procurer un profit à l'ayant droit : après la survenance d'un cas d'indemnisation, l'assuré ne doit pas recevoir plus que ce qu'il gagnerait ou plus que le montant du dommage.

Harmoniser et prohiber la surindemnisation sont donc des principes fondamentaux en droit de la coordination.

10.2 Genres de coordination

Le terme de coordination est souvent employé au sens de composition de la prestation. Une coordination peut aussi concerner, selon le point de vue à considérer :

- **L'organisation :**
  Qui est compétent ? Comment se fait un changement ?
- **La procédure :**
  Qui doit prendre provisoirement le cas à sa charge ? Comment faut-il procéder ?
- **La coordination matérielle :**
  Qu'est-ce qui doit être coordonné ? Quelles prestations sont susceptibles d'être coordonnées ?

Un autre principe peut s'ajouter à la coordination matérielle, celui de la congruence.

Principe de congruence

Dès lors que des prestations de différentes assurances sociales sont exigibles successivement ou simultanément, il y a lieu de les coordonner afin d'éviter une surindemnisation. Selon le principe de congruence, on ne peut comparer que ce qui est de même nature.

Les points suivants doivent être satisfaits pour qu'il y ait congruence :
- même objet
- même personne
- même but
- même événement

Exemple : Un assuré est devenu invalide à la suite d'accident. Il touche des prestations de l'assurance invalidité ainsi que de l'assureur accidents.
Une rente d'invalidité est fixée en remplacement du salaire. Une indemnité pour atteinte à l'intégrité allouée par l'assureur accidents a une autre destination. Etant donné que les deux prestations ne poursuivent pas le même but, il n'y a pas lieu de les coordonner.

10.3 Méthodes et techniques de coordination

Plusieurs régimes d'assurance peuvent être impliqués dans un système de prestation. Dans l'application quotidienne des dispositions de coordination, on rencontre diverses situations qu'il s'agit de considérer distinctement.

En appliquant la méthode de coordination qui convient, on évitera une double couverture ou une surindemnisation. La désignation et la description des diverses techniques ne sont pas toujours uniformes dans la doctrine et la pratique.

Voici quelques méthodes ou techniques :

Premier débiteur de la prestation	L'AI ou l'AVS peuvent être désignées comme premier débiteur de la prestation. Tôt ou tard elles seront tenues à prestation. Le premier débiteur (premier intervenant) verse les prestations en totalité.
Débiteur secondaire de la prestation	La prévoyance professionnelle (LPP) ou l'assureur accidents (LAA) servent leurs prestations en complément de l'AVS et de l'AI. Le régime complémentaire intervient en second lieu.
Exclusivité	Un seul assureur est compétent ; c'est p. ex. l'AI ou l'AA qui verse l'allocation pour impotent.
Cumul	Plusieurs prestations s'additionnent ; p. ex. l'AVS et la prévoyance professionnelle servent une rente de vieillesse.
Complémentarité	Une prestation du premier débiteur est complétée par une autre prestation jusqu'à une limite déterminée ; p. ex. une rente d'invalidité du premier pilier est complétée par une rente de l'assureur accidents jusqu'à hauteur de 90 % du salaire assuré.
Obligation de prise en charge provisoire de la prestation	Lorsqu'il y a doute sur le débiteur d'une prestation, un assureur doit provisoirement prendre en charge la prestation.
Subrogation	L'assureur social qui a pris en charge la prestation est subrogé dans le droit de réclamer la part due par un tiers responsable.

10.4 Prestations à coordonner
(art. 64-66 LPGA)

Concrètement, chaque priorité ou obligation de prestation en présence donne lieu à deux scénarios.

Traitement prestations à court terme	Si les conditions de la loi spéciale concernée sont remplies, le traitement, dans les limites légales, est dans l'ordre suivant à la charge de 1. l'assurance militaire 2. l'assurance-accidents 3. l'assurance-invalidité 4. l'assurance-maladie.
Rentes et allocations pour impotents prestations à long terme	Les rentes et indemnités en capital sont, selon les dispositions de la loi spéciale concernée et dans l'ordre suivant, versées par 1. l'AVS ou l'AI 2. l'assurance militaire ou l'assurance-accidents 3. la prévoyance professionnelle vieillesse, survivants et invalidité selon la LPP Les allocations pour impotents sont, selon les dispositions de la loi spéciale concernée et dans l'ordre suivant, versées exclusivement par 1. l'assurance militaire ou l'assurance-accidents 2. l'AI ou l'AVS.
Autres prestations en nature	p.ex. moyens auxiliaires Les moyens auxiliaires sont, dans les limites de la loi spéciale concernée et dans l'ordre suivant, prises en charge par 1. l'assurance militaire ou l'assurance-accidents 2. l'AI ou l'AVS 3. l'assurance-maladie.

Coordination dans l'assurance sociale

Certains régimes de l'assurance sociale interviennent indépendamment de la cause; d'autres, selon que l'événement assuré est la conséquence d'une maladie ou d'un accident. Le premier pilier sert les prestations indépendamment de la cause; le deuxième pilier fait la distinction. Lorsqu'une maladie a causé le décès ou l'invalidité, la prévoyance professionnelle (LPP) est tenue à prestation. Si la cause du décès ou de l'invalidité était un accident, c'est l'assureur accidents qui doit intervenir. Là aussi il y a des exceptions. L'assurance-accidents selon la LAA est également tenue à prestation si le décès ou l'invalidité est la conséquence d'une maladie professionnelle. Si c'est la conséquence d'un accident, la prévoyance professionnelle (LPP) n'intervient que sous la forme d'une couverture accident subsidiaire.

■ Couverture accident subsidiaire

L'assureur accidents indemnise le gain assuré à concurrence de 90 %. La prévoyance professionnelle est également tenue à prestation à hauteur de 90 %. Mais la LPP couvre toujours le gain dont on peut présumer que l'assuré est privé, c.-à-d. le revenu qu'il pourrait réaliser si l'événement assuré ne s'était pas produit. 90 % de la perte de gain présumée représentent souvent une somme plus élevée que 90 % du gain assuré.

La prévoyance professionnelle peut aussi être tenue à prestation à la suite d'un accident et la limite de coordination serait alors fixée à 90 % du gain dont on peut présumer que l'assuré est privé. Dans ce cas l'institution de prévoyance ne verserait, après l'assureur accidents, que la prestation minimale selon la LPP.

■ La prestation

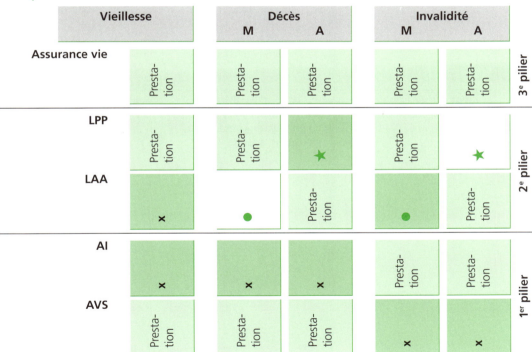

★ couverture accident subsidiaire
● maladie professionnelle
M maladie
A accident
x pas de prestation

Qui sert la prestation lorsque survient un risque déterminé (vieillesse, décès, invalidité)?
Qui sert la prestation à la réalisation d'un risque, en rapport avec quelle cause?
Qui fournit la prestation en cas d'accident ou de maladie?

10.4.1 Prestations du premier et du deuxième piliers

	Vieillesse	Décès	Invalidité
AVS	rente de vieillesse rente complémentaire pour l'épouse (jusqu'en 2004) rente pour enfants moyens auxiliaires allocation pour impotent	rente de veuve rente de veuf rente d'orphelin	
AI			prestations pour réadaptation indemnités journalières moyens auxiliaires allocation pour impotent rente d'invalidité rente complémentaire pour le conjoint rente pour enfant d'invalide
LAA		rente de veuve (A, MP) indemnité en capital pour veuve (A, MP) rente de veuf (A, MP) demi-rente d'orphelin (A, MP) rente complète d'orphelin (A, MP)	traitement médical (A, MP) indemnités journalières (A, MP) rente d'invalidité (A, MP) indemnité pour atteinte à l'intégrité (A, MP) moyens auxiliaires (A, MP) allocation pour impotent (A, MP)
LPP	rente de vieillesse rente pour enfant	rente de veuve (M, sA) rente d'orphelin (M, sA) indemnité en capital pour veuve (M, sA)	rente d'invalidité (M, sA) rente pour enfant d'invalide (M, sA)

M – maladie, **A** – accident, **MP** – maladie professionnelle, **sA** – couverture accidents subsidiaire

10.4.2 Etendue de la prestation

1er pilier

AVS et AI
interviennent comme premier débiteur de la prestation et elles paient généralement des prestations non réduites

2e pilier (AA)

LAA / Rente d'invalidité / Coordination avec le premier pilier
= l'assurance-accidents (AA) complète la rente d'invalidité du premier pilier au moyen des prestations assurées, jusqu'à concurrence de 90 % du gain assuré (90 % du gain assuré, maximum 106 800.– fr. = jusqu'à 96 120.– fr. au maximum)

Prestations en faveur des survivants
= les rentes AA s'élèvent au maximum à 70 % du gain assuré ; avec les prestations au conjoint divorcé : jusqu'à 90 % (70 % du gain assuré, au maximum 106 800.– fr. = jusqu'à 74 760.– fr. au maximum)

Coordination avec le premier pilier
= l'AA complète les prestations du premier pilier en faveur des survivants avec les prestations assurées jusqu'à concurrence de 90 % du gain assuré (90 % du gain assuré, au maximum 106 800.– fr. = jusqu'à 96 120.– fr. au maximum)

2e pilier (PP)

LPP
= la prévoyance professionnelle (PP) apporte le complément au moyen des prestations minimales LPP jusqu'à concurrence de 90 % de la perte de gain présumée.

10.5 Coordination dans le cas d'invalidité

10.5.1 Invalidité par suite de maladie

Si un assuré tombe malade, l'employeur continuera d'abord à lui verser son plein salaire. Il est tenu au paiement du salaire pendant un certain temps selon le Code des obliga-

10.5.1.1 Solution sans indemnité journalière en cas de maladie

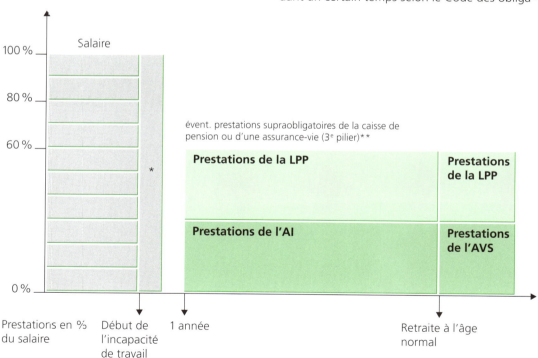

* Continuation du paiement du salaire.
** Les prestations du 3e pilier (assurances selon la LCA) ne sont pas prises en compte dans la coordination entre assurances sociales.

tions. La longueur de cette période dépend de la durée des rapports de travail. Le travailleur n'aura droit aux prestations de la LPP qu'à l'ouverture du droit aux prestations de l'AI.

Bon nombre d'employeurs souscrivent une assurance d'entreprise d'indemnités journalières maladie pour une partie de la période pendant laquelle le salaire continue d'être payé et pour couvrir les lacunes de prestations entre la fin du paiement du salaire et le début des prestations de l'AI et de la LPP.

Si cette assurance est conclue pour 720 jours, qu'elle couvre au moins 80 pour cent du salaire et qu'elle est financée au moins pour moitié par l'employeur, l'institution de prévoyance peut différer d'une année l'ouverture du droit aux prestations LPP. Le délai d'attente de 12 mois pour la rente d'invalidité peut être prolongé à 24 mois.

10.5.1.2 Solution avec indemnité journalière maladie

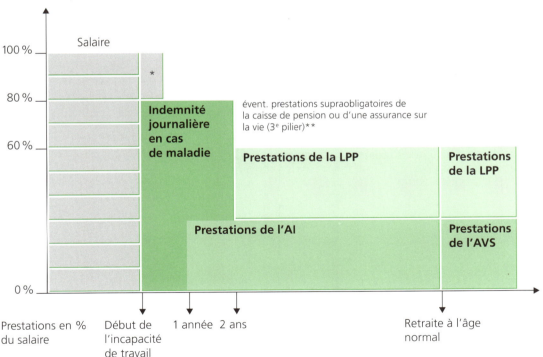

* Paiement du salaire (pendant le délai d'attente imposé par l'assureur de l'indemnité journalière maladie, max. selon CO).

** Les prestations du 3ᵉ pilier (assurances selon la LCA) ne sont pas prises en compte dans la coordination entre assurances sociales.

Exemple : Invalidité par suite de maladie

Situation de départ : Un homme de 32 ans devient invalide à 100 % ensuite de maladie. Il est marié depuis 7 ans avec une femme de 30 ans et il a un enfant de huit ans. Son dernier salaire déclaré à l'AVS s'élève à 112 000.– francs.

1er pilier :   droit à la rente maximale

2e pilier – LAA : assuré selon la loi
*   – LPP : selon l'attestation de prévoyance, la rente d'invalidité s'élève à 13 349.– francs.*

Année de calcul : 2003

1er pilier (assurance invalidité)			
Rente d'invalidité	100 %	Fr.	25 320
Rente supplémentaire pour le conjoint	30 %	Fr.	7 596
Rente pour enfant d'invalide	40 %	Fr.	10 128
Total provenant de l'AI		**Fr.**	**43 044**

2e pilier (assurance accidents)
pas de prestation car il ne s'agit pas d'une maladie professionnelle

2e pilier (prévoyance professionnelle)					
Rente d'invalidité	100 %	Fr.	13 349		
Rente pour enfant d'invalide	20 %	Fr.	2 670	**Fr.**	**16 019**
Total AI et LPP				**Fr.**	**59 063**

En cas de changement de situation, p. ex. suppression de la rente pour enfant, une nouvelle coordination est établie.

10.5.2 Invalidité par suite d'accident

Si un assuré est incapable de travailler à la suite d'un accident, l'assureur accidents LAA lui verse une indemnité journalière correspondant à 80 % du gain assuré. L'assureur verse l'indemnité journalière jusqu'à ce qu'une rente d'invalidité selon la LAA devienne exigible. Dès lors que la rente d'invalidité du premier pilier et celle de l'assureur accidents sont exigibles, une coordination a lieu. La rente d'invalidité de l'assureur accident vient compléter la rente d'invalidité du premier pilier jusqu'à concurrence de 90 % du gain assuré. A la suite d'un accident, les prestations de la LPP sont limitées au minimum légal dans la mesure où 90 % de la perte de gain présumée ne sont pas atteints (couverture accidents subsidiaire).

10.5.2.1 Salaire maximum LAA

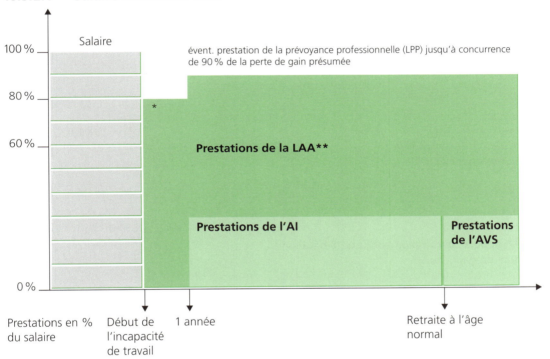

* Paiement du salaire par l'employeur pendant le délai d'attente de l'assureur accidents (indemnité journalière à partir du troisième jour).
** L'assurance accidents verse 80 pour cent du salaire. Dès que les prestations de l'AI sont exigibles, l'assurance-accidents sert une rente complémentaire pour atteindre au maximum 90 pour cent du salaire assuré.

De la coordination avec la LAA, il ne résulte généralement aucune prestation de la LPP pour les salaires inférieurs au salaire maximum LAA. Cela dépend aussi du montant de la rente de l'assurance-invalidité. L'addition d'une rente partielle de l'AI et d'une rente d'invalidité selon la LAA n'atteint pas toujours la limite de 90 % ; le cas échéant, il peut y avoir obligation de prestation de la LPP.

Exemple : Invalidité par suite d'accident (salaire supérieur au maximum LAA)

Situation de départ : Un homme de 32 ans devient invalide à 100 % à la suite d'un accident. Il est marié depuis 7 ans avec une femme de 30 ans et il a un enfant de huit ans. Son dernier salaire déclaré à l'AVS est de 112 000.– fr. (correspondant à la perte de gain présumée).

1er pilier :   droit à la rente maximale

2e pilier   – LAA : assuré selon la loi
             – LPP : selon l'attestation de prévoyance, la rente d'invalidité s'élève à 13 349.– francs.

Année de calcul : 2003

1er pilier (assurance-invalidité)

Rente d'invalidité	100 %	Fr.	25 320
Rente supplémentaire pour le conjoint	30 %	Fr.	7 596
Rente pour enfant d'invalide	40 %	Fr.	10 128
Total provenant de l'AI		**Fr.**	**43 044**

2e pilier (assurance-accidents)

Rente d'invalidité	80 %		
80 % de 106 800 fr.		Fr.	85 440
la LAA apporte le complément jusqu'à hauteur de 90 % du gain assuré			
90 % de 106 800 fr.		Fr.	96 120
Rente complémentaire : Fr. 96 120 – Fr. 43 044		Fr.	53 076
Total AI et LAA		**Fr.**	**96 120**

2e pilier (prévoyance professionnelle)

Octroie une couverture accidents **subsidiaire jusqu'à hauteur de 90 % de la perte de gain présumée**		
90 % de 112 000 fr.	Fr.	100 800
Fr. 100 800 – Fr. 96 120	Fr.	4 680
Total AI, LAA, LPP	**Fr.**	**100 800**

Exemple: Invalidité par suite d'accident (salaire inférieur au maximum LAA)

Situation de départ: Un homme de 32 ans devient invalide à 100% à la suite d'un accident. Il est marié depuis 7 ans avec une femme de 30 ans et il a un enfant de huit ans. Son dernier salaire déclaré à l'AVS est de 80 000.– fr. (correspondant à la perte de gain présumée).

1er pilier : droit à la rente maximale

2e pilier – LAA: assuré selon la loi
– LPP: selon l'attestation de prévoyance, la rente d'invalidité s'élève à 13 349.– francs.

Année de calcul: 2003

1er pilier (assurance-invalidité)

Rente d'invalidité	100 %	Fr.	25 320
Rente supplémentaire pour le conjoint	30 %	Fr.	7 596
Rente d'enfant d'invalide	40 %	Fr.	10 128
Total provenant de l'AI		**Fr.**	**43 044**

2e pilier (assurance-accidents)

Rente d'invalidité	80 %			
80 % de Fr. 80 000		Fr.	64 000	
La LAA apporte le complément jusqu'à 90 % du gain assuré				
90 % de 80 000 fr.		Fr.	72 000	
Rente complémentaire: Fr. 72 000 – Fr. 43 044				Fr. 28 956
Total AI et LAA				**Fr. 72 000**

2e pilier (prévoyance professionnelle)

Pas de prestation ! 90 % de la perte de gain présumée **(ici identique au gain assuré de 80 000.– fr.)** sont déjà atteints.

Un invalide arrive à l'âge de la retraite:

A l'âge de la retraite, dans le premier pilier, la rente d'invalidité de l'AI est remplacée par une rente de vieillesse de l'AVS. La rente d'invalidité selon la LPP est due la vie entière. La rente de vieillesse est prise en compte.

Cela étant, la caisse de pension peut être tenue à prestation la vie entière même en cas d'accident, dans le cadre des dispositions minimales de la LPP. Si au moment de la coordination ainsi qu'à l'entrée dans l'âge de la retraite la limite de 90 % est atteinte par la rente d'invalidité à vie de l'assureur accidents, l'assuré a droit à sa prestation de vieillesse de la caisse de pension malgré une éventuelle surindemnisation. En effet, la limite de coordination dans la prévoyance professionnelle (LPP), soit 90 % de la perte de gain présumée, ne concerne que les prestations d'invalidité et de survivants et non pas les prestations de vieillesse.

10.6 Coordination dans le cas de décès

10.6.1 Décès par suite de maladie

Lorsqu'un assuré décède des suites de maladie, des prestations en faveur des survivants provenant tant de l'AVS que de la LPP deviennent exigibles. S'il y a surindemnisation, les prestations de la LPP peuvent être réduites en conséquence.

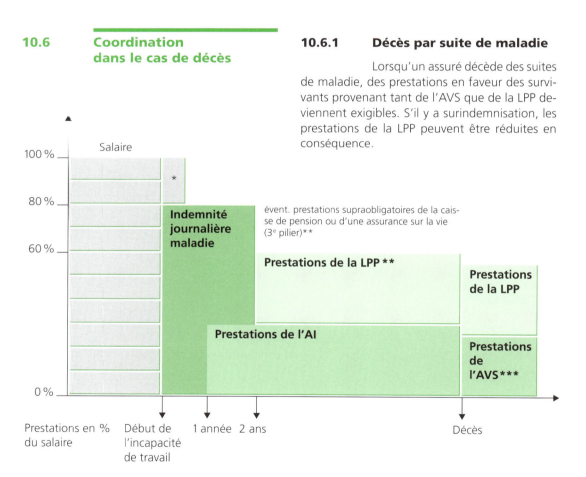

* Paiement du salaire par l'employeur (pendant le délai d'attente fixé par l'assureur de l'indemnité journalière maladie, max. selon CO).
** Les prestations du 3e pilier (assurances selon LCA) ne sont pas prises en compte dans la coordination entre assurances sociales.
*** En cas de décès, la rente AI est remplacée par la rente AVS en faveur des survivants.

Un nouvel événement (décès) s'étant produit, un nouveau calcul de coordination doit être établi. Après un décès pour cause de maladie, la prévoyance professionnelle (LPP) alloue les prestations en faveur des survivants selon l'attestation de prévoyance. Il y a ainsi coordination avec l'AVS.

Exemple : décès par suite de maladie

Situation de départ : Un homme de 32 ans décède des suites de maladie. Il est marié depuis 7 ans avec une femme de 30 ans et il a un enfant de huit ans. Son dernier salaire déclaré à l'AVS s'élève à 80 000 fr. (correspondant à la perte de gain présumée).

1er pilier :   droit à la rente maximale

2e pilier – LAA :   assuré selon la loi
         – LPP :   selon attestation de prévoyance, les prestations suivantes sont assurées :
                   – Rente de veuve   Fr. 8 009.–
                   – Rente d'orphelin Fr. 2 670.–

Année de calcul : 2003

1er pilier (assurance vieillesse et survivants)			
Rente AVS de veuve	80 %	Fr.	20 256
Rente AVS d'orphelin	40 %	Fr.	10 128
Total provenant de l'AVS		**Fr.**	**30 384**

2e pilier (assurance-accidents)
Pas de prestation étant donné qu'il ne s'agit pas d'une maladie professionnelle

2e pilier (prévoyance professionnelle)				
Rente de veuve		Fr.	8 009	
Rente d'orphelin		Fr.	2 670	**Fr. 10 679**
Total AVS et LPP			**Fr.**	**41 063**

10.6.2 Décès par suite d'accident

Si au décès d'un assuré un assureur accident est tenu à prestation en vertu de la LAA, les prestations de la LPP sont limitées au minimum légal. De plus, le droit à ces prestations n'existe que dans la mesure où, avec les autres prestations pour survivants à prendre en compte, elles ne dépassent pas 90 pour cent de la perte de gain présumée.

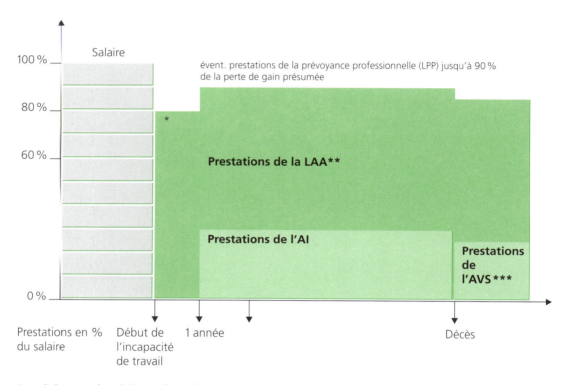

* Paiement du salaire par l'employeur pendant le délai d'attente de l'assureur accidents (indemnité journalière à partir du troisième jour).
** L'assurance-accidents paie 80 pour cent du salaire. Dès le moment où l'AI est tenue à prestation, l'assurance-accidents sert une rente complémentaire jusqu'à concurrence de 90 pour cent du salaire au maximum.
*** En cas de décès, la rente AI est remplacée par la rente AVS en faveur des survivants.

Un nouvel événement (décès) s'étant produit, un nouveau calcul de coordination doit être établi. Après un décès par accident, l'assurance-accidents LAA sert les prestations aux survivants. Il y a ainsi coordination avec les prestations de l'AVS en faveur des survivants.

Coordination dans l'assurance sociale

Exemple : Décès par suite d'accident (salaire supérieur au maximum LAA)

Situation de départ : Un homme de 32 ans décède des suites d'un accident. Il est marié depuis 7 ans avec une femme de 30 ans et il a un enfant de huit ans. Son dernier salaire déclaré à l'AVS s'élève à 112 000 fr. (correspondant au gain présumé perdu).

1er pilier : droit à la rente maximale

2e pilier – LAA : assuré selon la loi
– LPP : selon l'attestation de prévoyance, les prestations suivantes sont assurées :
– Rente de veuve Fr. 8 009.–
– Rente d'orphelin Fr. 2 670.–

Année de calcul : 2003

1er pilier (assurance vieillesse et survivants)

Rente AVS de veuve	80 %	Fr.	20 256
Rente AAS d'orphelin	40 %	Fr.	10 128
Total provenant de l'AVS		**Fr.**	**30 384**

2e pilier (assurance-accidents)

Rente de veuve 40 % de 106 800 fr.	Fr.	42 720		
Rente d'orphelin 15 % de 106 800 fr.	Fr.	16 020	Fr.	58 740
La LAA apporte le complément jusqu'à				
90 % du gain assuré				
90 % de 106 800 fr.			Fr.	96 120
Rente complémentaire :				
Fr. 96 120 – Fr. 30 384 = Fr. 65 736				
⇒ prestation max. assurée			Fr.	58 740
Total AVS et LAA			**Fr.**	**89 124**

Important : AVS et LAA n'atteignent pas 90 % du gain assuré.

2e pilier (prévoyance professionnelle)

fournit une couverture accident subsidiaire jusqu'à		
concurrence de 90 % de la perte de gain présumée		
90 % de 112 000 fr. =	Fr.	100 800
Fr. 100 800 – Fr. 89 124 =	Fr.	11 676
Prestation selon attestation de prévoyance (minimum LPP)		
Rente de veuve	Fr.	8 009
Rente d'orphelin	Fr.	2 670
Total AI, LAA, LPP	**Fr.**	**99 803**

Important : AVS, LAA et LPP n'atteignent pas 90 % de la perte de gain présumée.

Exemple: Décès par suite d'accident (salaire inférieur au maximum LAA)

Situation de départ: Un homme de 32 ans décède à la suite d'un accident. Il est marié depuis 7 ans à une femme de 30 ans et il a un enfant de huit ans. Son dernier salaire déclaré à l'AVS s'élève à 80 000 fr. (correspondant à la perte de salaire présumée).

1er pilier :   droit à la rente maximale

2e pilier – LAA : assuré selon la loi
        – LPP :   selon l'attestation de prévoyance, les prestations suivantes sont assurées :
                  – Rente de veuve Fr. 8 009.–
                  – Rente d'orphelin Fr. 2 670.–

Année de calcul: 2003

1er pilier (assurance vieillesse et survivants)

Rente AVS de veuve	80 %	Fr.	20 256
Rente AVS d'orphelin	40 %	Fr.	10 128
Total provenant de l'AVS			**Fr. 30 384**

2e pilier (assurance-accidents)

Rente de veuve 40 % de 106 800 fr.	Fr. 42 720		
Rente d'orphelin 15 % de 106 800 fr.	Fr. 16 020	Fr.	58 740
La LAA apporte le complément jusqu'à concurrence de 90 % du gain assuré			
90 % de 80 000 fr.	Fr. 72 000		
Rente complémentaire :			
Fr. 72 000 – Fr. 30 384 =		Fr.	41 616
Total AVS et LAA			**Fr. 72 000**

2e pilier (prévoyance professionnelle)

Pas de prestation! 90 % de la perte de salaire présumée (ici identique au gain assuré, soit 80 000 fr.) sont déjà assurés.

10.7 La coordination en bref

Buts de la coordination

La LF sur la partie générale du droit des assurances sociales coordonne le droit fédéral des assurances sociales :
- elle en définit les principes et les notions
- fixe les normes d'une procédure uniforme en la matière
- règle l'organisation juridictionnelle
- harmonise les prestations
- règle le recours des assurances sociales envers des tiers

Principes de coordination
- harmoniser
- prohiber la surindemnisation

Aperçu des prestations

Prestations à court terme
p. ex. traitement médical
dans l'ordre ci-après :
- assurance-maladie
- assurance-accidents
- assurance militaire
- assurance-chômage

Prestations à long terme
p. ex. rentes
dans l'ordre ci-après :
- AVS ou AI
- AM ou AA
- PP

Genres de coordination

La coordination porte sur :
- **l'organisation :** Qui est compétent ? Comment procède-t-on à un changement ?
- **la procédure :** Qui doit prendre provisoirement le cas à sa charge ? manière de procéder ?
- **l'aspect matériel :** Quelles prestations doivent être coordonnées ?

Principe de congruence

Des prestations de même nature et ayant le même but, se rapportant au même événement peuvent être coordonnées entre elles (pour éviter une surindemnisation).

Coordination en cas d'invalidité

Invalidité due à la maladie
- Obligation de l'employeur de payer le salaire
- La durée dépend du nombre des années de service.
- Le début des prestations de l'AI ouvre le droit aux prestations de la LPP.

Invalidité due à un accident
- Indemnité journalière de l'assureur-accidents (LAA)
- Les indemnités journalières sont versées jusqu'au moment où la rente d'invalidité selon la LAA devient exigible.
- La rente d'invalidité de l'assureur accidents complète la rente AI du premier pilier.
- Les prestations LPP sont réduites au minimum légal.

Principes de coordination

Premier débiteur de la prestation

AVS et AI. Elles servent tôt ou tard une prestation en totalité.

Débiteur secondaire de la prestation

La LPP ou l'assureur accidents servent des prestations en second lieu, en complément à l'AVS/AI.

Coordination en cas de décès

Décès par suite de maladie
- Les prestations de l'AVS et de la LPP en faveur des survivants deviennent exigibles.
- En cas de surindemnisation, les prestations LPP sont réduites.

Décès par suite d'accident
- Si un assureur accidents selon la LAA est tenu à prestation, les prestations LPP sont limitées au minimum légal.

**L'assurance de personnes
et l'assurance sociale –
Notions de base**

Annexe

Liens et publications utiles

Autorités, services fédéraux

Autorités fédérales de la Confédération suisse	www.admin.ch
Assemblée fédérale – Parlement	www.parlament.ch
Département fédéral de l'intérieur DFI	www.edi.admin.ch
Département fédéral des finances DFF	www.efd.admin.ch
Département fédéral de justice et police DFJP	www.ejpd.admin.ch
Office fédéral des assurances privées OFAP	www.bpv.admin.ch
Office fédéral des assurances sociales OFAS	www.bsv.admin.ch/ www.avs-ai.info www.ofas.admin.ch
Office fédéral de la statistique OFS – Section de la protection sociale	www.statistik.admin.ch/stat_ch/ber13/dber13.htm
Secrétariat d'Etat à l'économie seco	www.seco.admin.ch

Droit

Recueil systématique du droit fédéral	www.admin.ch/ch/d/sr/sr.html
Tribunal fédéral	www.bger.ch
Arrêts du Tribunal fédéral	www.bger.ch/index/jurisdiction/jurisdiction-inherit-template/jurisdiction-recht.htm www.eurospider.com/buge

Assurances sociales

AVS/AI	www.ahv.ch
Assurance chômage	www.treffpunkt-arbeit.ch/ www.rav.ch
Prévoyance professionnelle	www.bvg.ch www.vorsorgeforum.ch

Liens et publications utiles

Assurance-maladie	www.santesuisse.ch
Ombudsman de l'assurance-maladie sociale	www.ombudsman-kv.ch
Caisse nationale suisse d'assurance en cas d'accidents	www.suva.ch
Info-Centre prévoyance	www.winterthur-leben.ch/home/vorsorge-info.htm
Solutions de prévoyance pour entreprises	www.winterthur-leben.ch/home/unternehmen-link/unternehmen.htm

Assurance privée

Association pour la formation professionnelle en assurance AFA	www.vbv.ch
Fondation Ombudsman de l'assurance privée et de la SUVA	www.versicherungsombudsman.ch
Sociétés d'assurance privées	Diverses adresses Internet
Prévoyance privée	www.finanzinfo.ch/infoservice/vorsorge/f.asp
Association suisse d'assurances ASA	www.svv.ch

Publications

Les assurances sociales au quotidien – Guide à l'intention des PME	www.bsv.admin.ch
Jurisprudence et pratique administrative de l'assurance-maladie et accidents (RAMA)	
Pratique VSI (jurisprudence du TFA concernant la prévoyance VSI)	
Revue suissse des assurances sociales et de la prévoyance professionnelle (RSAS)	
Statistique des assurances sociales suisses	
Bulletin de la prévoyance professionnelle	
Prévoyance professionnelle suisse	VPS Verlag Personalvorsorge und Sozialversicherung AG, Lucerne

Liste des mots clés

A

accident, assureur 102
accident, couverture subsidiaire 247
accident, déclaration 231, 112
accident, définition 98
accident, formes particulières d'assurance 122
accident, indemnité journalière 108, 234
accident, prévention 101
accident, professionnel (et non) 98
accident, risque d' 112
accord de siège 48
accords bilatéraux 48, 157
acquisition, frais d' 176
activité lucrative (sans) 54, 120 s.
administration fiscale 44
agence AVS 68
aggravés, risques 173
agriculteurs 120, 124
aide sociale 26
ajournement de proposition 174
ajournement de rente 57
allocation pour impotent 59, 61, 110, 246
allocation unique (veuve) 150
animaux 99
années de cotisation, de jeunesse 66, 160
anticipé, versement 57
apatrides 55
apprentis 124
aptitude au placement 82
assainissement 231
assistance 3

assistance à des proches 62
assurance à terme 179
assurance de base 206
assurance d'indemnité journalière 207
assurance facultative 33, 103, 120
assurance par convention 104
assurance accidents familiale 121
assurance accidents individuelle 121
assurance accidents obligatoire 103
assurances additionnelles 181
assurance collective 33
assurances complémentaires 208 ss
assurances de choses 32
assurances de dommage 32
assurances de personnes 32
assurances mixtes 178
assurances sur 2 têtes 178
assurances privées 31, 35 ss
assurances sociales 31
assurés 44, 48, 140
assureurs 172
attestation de prévoyance 154
autonome (ou semi-) 135
auxiliaires, moyens 59, 61, 67, 115
avoirs oubliés 158
AVS, agence 68
AVS, assurés 48
AVS, droit à 68
AVS, déclaration 232

B

bancassurance 170
barème dégressif (cotisations) 53
base d'existence 40
base, assurance de 206
bilatéraux, accords 157
blanchiment d'argent 171
bonification pour tâches d'assistance 62
bonification pour tâches éducatives 62
bonifications vieillesse 144, 152
bonus (assurance) 207

C

caisse de pension autonome (semi-) 135
caisse de pension enveloppante 147
caisse supplétive LAA 102
caisses d'association 76
caisses de compensation 46
calcul du tarif 192
canton de domicile 69
capital, assurance de 184
capital décès 127
capital invalidité 127
capital, rendements 190 s.
capital, versement 151
capitalisation 35
carrière, supplément de 58, 66
causalité, rapport de 98
causes de dommage, concours de 111
centrale de compensation 68
centrale du 2e pilier 138, 158
changement d'assureur 209
changement d'institution de prévoyance 157
chiropraticiens 106, 215
choix des fournisseurs 218
chômage 83 ss
chômeurs 85, 103, 142 ss
clause bénéficiaire 198
clause de paiement 172
commission AVS/AI 45
complément à la LAA 120
complémentaires, assurances 114
complémentaires, rentes 66, 110
complémentarité 245
compte individuel 63
compte de primes 176

conditions générales/particulières 171
congruence 244
conjoint 109 s.
conseil de fondation 136
contentieux 69, 91, 198
contrat collectif 208
contrat individuel de travail 229
contrat type de travail 229
contrôle, organes de – LPP 139
convention collective 228
coordination 244 ss
coordination, déduction de 143
cotisation, éléments de la 143
cotisations, années de 67
cotisations, lacunes 66
cotisations, montant des 53
cotisations, primauté des 156, 158
cotisations, réserve de l'employeur 146
cotisations, taux 53
coûts 176
couverture des besoins 35
couverture (double) 245
couverture intégrale 235
couverture selon LCA 235
créance, droit de 236
cumul 245
cures balnéaires 215, 217

D

débiteur de la prestation 245
décès, assurance(s) en cas de 177
décès, cas de 174
décès par accident 256
décès par suite de maladie 257
décision caisse-maladie 221
déduction de coordination 143
degré d'invalidité 66, 109
délai-cadre 86
délais d'attente 87
dentaires (soins) 217
dépôt de primes 176
désordres, participation à 112
devoir de discrétion 222
devoir d'information 158, 237
division commune (hôpital) 106
divorce, divorcés 110, 150, 158
double couverture 245
durée du contrat, réduction de 173

E

échelle 44, 64
échelle bâloise, bernoise, zurichoise 229
échelle des membres 126
échelonnée (couverture) 235
écoliers, assurance accident 121
économique, caractère – des prestations 220
économique, méthode d'évaluation 126
employeurs 44, 81
enfants, assurance 121
enfants, rentes 149, 152, 153
équivalence, principe 35
ergothérapie 215
établissements médico-sociaux 216
étranger, traitement à l' 214
étrangers 55, 57
étudiants 124
excédents, calcul 232
excédents 196, 232
exclusion de prestations 173
exclusivité 245
expert en prévoyance 139

F

faute, cause d'accident 111
femme divorcée 150
financement 34
fondation 136 ss
fondation institution supplétive 138
fonds de compensation AC 78
fonds de compensation AVS 50
fonds de garantie 138, 145
fonds de roulement 78
formes juridiques 135, 205
formes particulières d'assurance 207
fortune, imposition 187 ss
frais administratifs 105, 194
frais d'acquisition 194
frais d'encaissement 194
frais, excédent sur 196
frais funéraires 107
frais médicaux 125
frais, remboursement 106
franchise 207, 211
frontaliers 77

G

gage, mise en 161
gage, réalisation du 161
gain assuré 108
garantie, fonds de 138, 145
génération d'entrée 145
génériques 217
grossesse, interruption de 217
groupe professionnel 124
guerre, actes de 112

H

harmonisation 243
HMO 207
hôpital 106, 107
hôpitaux, liste 217
horaire de travail, réduction 81, 83, 88
hospitalisation, indemnité journalière 126

I

impotent, allocation pour 59, 61, 110
impôts 184 ss
incapacité de gain/de travail 193
indépendants 53
indemnisation, 3 solutions 127
indemnité en capital (pour veuve) 150
indice des prix 69
infirmité congénitale 216
insolvabilité 82 ss
institution supplétive 138
institutions de prévoyance 163
intégrité, indemnité pour atteinte à 109
intempéries 81 ss
invalidité, degré d' 66, 109
invalidité, mise en 193
invalidité permanente 61
invalidité par suite d'accident/de maladie 251 ss

J

jeunesse, années de 66
jours de suspension 88

L

LAA 118
LAMA 118
LAMal 118
LCA 171
légion étrangère 112
libération du paiement de la prime 181
libre circulation des personnes 48, 157
libre passage (caisse-maladie) 208
libre passage, loi fédérale 155
libre passage, cas de 155
libre passage, prestation 158 s.
liste des analyses 219
liste des hôpitaux 218
liste des médicaments 219
liste des moyens et appareils LiMA 219
liste des spécialités 219
logement, propriété 160
loi sur le contrat d'assurance 171
LPP 248 ss
LPP, régime obligatoire 140
LPP, coordination 235
lunettes 214

M

maintien temporaire de l'assurance 142
maladie 227
maladie de longue durée 60
maladie, indemnité journalière 231 ss
maladies infectieuses 99
maladies tropicales 99
manifestations, assurance accident 121
marché du travail, mesures 82 ss
maternité 214
maxime officielle 221
médecin de famille 207
médecine complémentaire 215
médecins 215, 217
médecins-conseils 220
médiation, office de 198
médicaments 215, 217
médico-théoriques, critères 126
ménagères 121
mesures médicales 60
mesures spéciales 145
militaire (service) 104, 112
mois supplémentaires 67

mortalité 192
moyens auxiliaires 59, 61, 115

N

naissance, ind. journalière 234
nantissement 182
négligence 111
notification de la prime 232

O

obligation de cotiser AVS 51
obligation de cotiser AC 79
obligation de cotiser, couples 54
obligation d'entretien 83
offices des poursuites 45
offices régionaux de placement 76
ombudsman 198
opposition, mainlevée de 221
organes de contrôle LPP 139
organisations internationales 47
orientation professionnelle 60
orphelin, rentes 59, 150, 153

P

participation aux frais 211
patrimoine, assurance du 32
pénales, dispositions 222
pharmaciens 217
physiothérapeutes 215
pilier (1er) 29
pilier (2e) 28
pilier (3 b) 186
piliers, concept des 3 28 ss
placement, service de 60
placement, offices régionaux 76
placements, prescriptions sur 145
plafonnement de rentes 56
plans par étapes 178
police liée à un fonds, à un portfolio 179
police en monnaie étrangère 180
portefeuille, frais de gestion 194
pour-cent du salaire 79
preneur d'assurance 172
prestation, débiteur de la 245
prestation, étendue de la 249
prestations AC 83

prestations, droit aux 177
prestations, exclusion de 173
prestations, primauté des 156
prestations, réduction des 122
prestations, refus des 111
prestations, traitement fiscal 186
prestations en espèces 107 ss
prestations en nature 246
prestations obligatoires, supra-obligatoires 147
prévention 214
prévoyance : règlement (statuts) 148
prévoyance en faveur du personnel 133
prévoyance étatique 28
prévoyance libre 187
prévoyance liée 189
prévoyance professionnelle 135
prévoyance sociale 41
proposition d'assurance 172, 232
prime, éléments de la 175
prime, libération 181
prime, notification 232
prime, suppléments 124
prime de coûts 176
prime d'épargne 176
prime de risque 175
prime naturelle, nivelée 175
primes 105, 175
privilèges 198
professionnel, accident 98, 105
professionnel, groupe 124
professionnelles, maladies 99
propre assurance 33
Pro Infirmis 56
Pro Senectute 56
protection des données 222
protection immédiate 172
protection tarifaire 219
provisoire, prise en charge 245

Q

qualité des prestations 220
quote-part 211

R

rabais 124
rachat 146, 164, 195
réadaptation 216
réciprocité, principe de 212
reclassement 60
reconversion 85 ss
recours 212
recours, autorité cantonale 91
recours de droit administratif 69
récusation de fournisseurs de prestations 219
réduction (conversion) 195
réduction des primes 211
réfugiés 55
règlement de l'institution de prévoyance 148
réinsertion 60
réintégration 59
renchérissement 69, 110
renchérissement, allocations de 110
rente complète 63, 65
rente ordinaire, extraordinaire 67
rente partielle 63, 65
rente pour enfant d'invalide 149, 151
rente de vieillesse AVS 248
rente de vieillesse LPP 149, 152
rente viagère 182
rentes complémentaires 66 ss
rentes de veuve 150
rentes d'orphelin 59, 150
rentes pour incapacité de gain 181
rentes, assurance de 181
rentes, coordination 252 ss
rentes, montant 110
rentes, restitution 69
rentiers, tables de 193
répartition des dépenses 34, 50, 105
répartition de la valeur des rentes 35, 105
réserve mathématique 182
réserves (santé) 158, 207, 231
réticence 173
retraite flexible 57
retraite anticipée 78
revenu de l'activité lucrative 74
revalorisation 63
révision AI 68
risque, analyse du 173
risque, assurances de 180
risques assurés 140

risques extraordinaires 112
risques, compensation des 212
risques, excédent sur 196
rixes 112

S

salaire après décès 235
salaire assuré 143
salaire AVS 52, 143
salaire coordonné 143
salaire déterminant 52
salaire maximum LAA 250 ss
salaire, paiement du 229
sauvetage 107, 214
seco 76, 91
secret du patient 220
sociale, aide 27
sociale, sécurité 27
sociale, politique 26
sociales, assurances 26
soins 106
soins à domicile 214
splitting (rentes) 56
splitting (caisse de pension) 147
subrogation 212, 245
subsidiaire, couverture accident 247
substances nocives 100
supplément de veuvage 58
suppléments de primes 124
surindemnisation 113, 243
surveillance 205
surveillance (haute) 76
survivants 58
suspension de couverture 104, 206
suspension, jours de 88
SUVA 102

T

tâches éducatives 62
tarifs 219
taux de cotisation maximum 78 ss
téméraires, entreprises 112
terrorisme, actes de 112
tiers, assurance pour 33
tiers garant/payant 219
traitement médical 106, 246
transports 107
travail, contrats, convention collective 227
travail, marché du 82
travail, perte de 80
travail, rapports de 142
travailleurs 52, 77, 103
tribunal arbitral 221
tribunal des assurances 69, 221
tropicales, maladies 99

U

UE, citoyens 48, 206
urgence, cas d' 213

V

valeur de rachat 182
valeur de réduction 183
versement anticipé 57, 160
veufs, veuves (rentes) 58, 109 ss
vie, assurance en cas de 177 ss
violation d'obligations 112
visiteurs, assurance accidents 121
voie de droit 221
voyage 107